MW01092948

EL PODER DE LA PALABRA

Robert Dilts

El poder de la palabra

La magia del cambio de creencias
a través de la conversación

URANO

Argentina - Chile - Colombia - España
Estados Unidos - México - Uruguay - Venezuela

Título original: *Sleight of Mouth. The Magic of Conversational Belief Change*
Editor original: Meta Publications, Capitola, California
Traducción y actualización del glosario: David Sempau

© 1999 *by* Meta Publications
© 2003 *by* Ediciones Urano, S. A.
   Aribau, 142, pral. - 08036 Barcelona
   www.mundourano.com

ISBN: 84-7953-519-9
Depósito legal: B. 28.026 - 2003

Fotocomposición: Ediciones Urano, S. A.
Impreso por Romanyà Valls, S. A. - Verdaguer, 1 - 08786 Capellades (Barcelona)

Impreso en España - *Printed in Spain*

Dedicatoria

Este libro está dedicado con afecto y respeto a:

Richard Bandler
John Grinder
Milton Erickson
y
Gregory Bateson

quienes me enseñaron la magia del lenguaje
y el lenguaje de la «magia».

Índice

Agradecimientos

Deseo expresar mi gratitud a:

Judith DeLozier, Todd Epstein, David Gordon y Leslie Cameron-Bandler por su contribución y su apoyo cuando empecé a desarrollar las ideas que constituyen la base de El *poder de la palabra*.

Mis hijos, Andrew y Julia, cuyas experiencias y explicaciones me ayudaron a comprender el proceso natural de cambio de creencias y la «metaestructura» de las creencias.

Ami Sattinger quien, al igual que ha hecho con tantos otros de mis libros y proyectos, me ayudó con la lectura de pruebas y la edición de este libro.

John Wundes, que ha transformado en imágenes algunas de las estructuras más profundas subyacentes en El *poder de la palabra*, de modo que puedan ser comprendidas con mayor claridad. John es el creador de la cubierta de este libro, así como de las sugestivas imágenes que abren cada uno de sus capítulos.

Prefacio

Me he estado preparando durante muchos años para escribir este libro. Trata de la magia del lenguaje y se basa en los principios y las clarificaciones de la Programación Neurolingüística o PNL. Entré en contacto por primera vez con la PNL hace ya casi veinticinco años, como alumno en una clase de lingüística en la Universidad de California en Santa Cruz. La clase estaba a cargo de John Grinder, cofundador de la PNL. Junto con Richard Bandler, Grinder acababa de completar el primer volumen de su obra pionera *The Structure of Magic* (1975). En esta obra, estos autores modelaban los patrones del lenguaje y las capacidades intuitivas de tres de los más eficaces psicoterapeutas del mundo (Fritz Perls, Virginia Satir y Milton Erickson). Este conjunto de patrones (conocido como *Metamodelo*) hacía posible que cualquier persona, como yo mismo (estudiante de tercer curso de ciencias políticas), sin ninguna experiencia propia en terapia de clase alguna, pudiera formular las preguntas que un terapeuta experimentado plantearía.

Quedé asombrado ante las posibilidades que tanto el metamodelo como el propio proceso de modelado ofrecían. Me pareció que el modelado podía tener implicaciones importantes en todas las áreas de la actividad humana: arte, política, gestión empresarial, ciencia, enseñanza, etc. (ver *Creación de modelos con PNL*, Dilts, Urano, Barcelona, 1999). Se me ocurrió que, mucho más allá de la psicoterapia, la metodología del modelado podía conducir a amplias innovaciones en muchas otras áreas en las que interviniera la comunicación humana. Como estudiante de filosofía política, mi primer «proyecto de modelado» versó sobre la aplicación de los filtros lingüísticos que Grinder y Bandler habían empleado para analizar a aquellos terapeutas, para tratar de descubrir qué patrones surgirían del estudio de los *Diálogos Socráticos de Platón* (*Plato's Use of the Dialectic in The Republic: A Linguistic Analysis*, 1975; en *Aplications of NLP*, Dilts, 1983).

Si bien aquel estudio resultó ser a la vez fascinante y revelador, de algún modo sentía que, en la capacidad de persuasión de Sócrates, tenía que haber algo más que las distinciones que el metamodelo podía explicar. Lo mismo sucedía con otras diferenciaciones verbales proporcionadas por la PNL, tales como los predicados sistémicos representacionales (palabras descriptivas que indican determinada modalidad sensorial: «ver», «mirar», «oír», «sonar», «sentir», «tocar», etc.). Sin duda, aquellas clarificaciones contribuían a la comprensión, pero no acaban de captar la totalidad de las dimensiones de los poderes persuasivos de Sócrates.

A medida que avanzaba en el estudio de los escritos y los discursos de personas que habían influido o incidido en el curso de la historia de la humanidad —como Jesús de Nazaret, Karl Marx, Abraham Lincoln, Albert Einstein, Mohandas Gandhi y Martin Luther King, entre otros—, me fui convenciendo de que, para influir sobre las creencias de quienes les escuchaban, aquellas personas empleaban determinadas series de patrones, comunes y fundamentales. Es más, aquellos patrones que sus palabras codificaban, seguían influyendo y modelando la historia, a pesar de que quienes las pronunciaron hubieran desaparecido físicamente muchos años atrás. Los patrones de *El poder de la palabra* constituyen mi intento por codificar algunos de los mecanismos lingüísticos clave que esas personas emplearon para persuadir a otras, así como para influir sobre creencias sociales y sistemas de creencias.

Fue una experiencia con Richard Bandler, cofundador de la PNL, la que me condujo a reconocer y formular conscientemente esos patrones en el año 1980. Para aclarar un punto de sus enseñanzas durante un seminario, Bandler, reputado por su dominio del lenguaje, estableció un sistema de creencias jocoso pero «paranoide», desafiando a los participantes a que le convencieran para cambiarlo (ver Capítulo 9). A pesar de poner en ello todo su empeño, nadie entre los presentes tuvo el menor éxito en influir sobre el aparentemente impenetrable sistema de creencias que Bandler acababa de establecer (un sistema basado en lo que yo denominaría más tarde «virus mentales»).

Al escuchar los distintos «reencuadres» verbales que Bandler creaba espontáneamente, pude reconocer algunas de las estructuras que empleaba. Incluso a pesar de que aplicaba patrones «negativos» para defender su posición, me percaté de que se trataba exactamente de las mismas estructuras que habían utilizado personajes como Lincoln, Gandhi y Jesús, entre otros, para promover cambios sociales poderosos y positivos.

En esencia, estos patrones de *El poder de la palabra* están formados por categorías y distinciones verbales, que permiten a su vez establecer, cambiar o transformar creencias a través del lenguaje. Pueden ser definidas como «reencuadres verbales» que influyen tanto sobre las creencias como sobre los mapas mentales a partir de los que éstas han sido construidas. En los casi veinte años transcurridos desde su formalización inicial, los patrones de *El poder de la palabra* han demostrado ser uno de los grupos de clarificaciones proporcionados por la PNL con más poder para la persuasión efectiva. Tal vez más que ningún otro concepto de PNL, estos patrones proporcionan una herramienta para el cambio de creencias a través de la conversación.

No obstante, enseñar estos patrones de forma eficaz presenta sus dificultades, habida cuenta de que tratan de palabras y éstas son fundamentalmente abstractas. Como la propia PNL señala, las palabras son *estructuras superficiales* que tratan de representar o de expresar *estructuras profundas*. Para comprender realmente y aplicar con creatividad determinado patrón de lenguaje, debemos interiorizar su «estructura más profunda», de lo contrario, nos estaremos limitando a imitar o a repetir «como un loro» los ejemplos que se nos hayan propuesto. Así pues, es importante que al aprender y practicar *El poder de la palabra* sepamos distinguir la *magia* genuina de los trucos «triviales». La magia del cambio proviene de la capacidad para acceder a algo que está más allá de las propias palabras.

Hasta ahora, los patrones de *El poder de la palabra* han sido enseñados por lo general por medio de la presentación al alumnado de definiciones y ejemplos verbales, demostrativos de las diferentes estructuras verbales, suponiendo que el discípulo adivinará intuitivamente por su cuenta la estructura profunda necesaria para generar los patrones adecuados. Aunque, en cierta medida, este planteamiento refleje el modo en que aprendimos nuestra lengua materna siendo niños, no es menos cierto que tiene sus limitaciones.

Por ejemplo, hay personas (particularmente las no anglófonas por origen) a las que los patrones de *El poder de la palabra* les parecen útiles y poderosos, aunque al mismo tiempo les resultan a veces complejos y algo confusos. Hay incluso practicantes[*] de PNL (algunos con muchos años de experiencia) que no siempre tienen claro cómo encajan estos patrones con otros conceptos de la PNL.

Es más, los patrones son a menudo presentados y utilizados en un marco adverso, básicamente como herramienta para la discusión y el debate, lo cual les ha conferido con el tiempo cierta reputación de pomposos.

Algunas de estas dificultades reflejan simplemente el propio desarrollo histórico de estos patrones. Los identifiqué y formulé antes de tener la oportunidad de explorar con detenimiento la estructura más profunda de las creencias y del cambio de creencias, así como su relación con otros niveles de cambio y aprendizaje. Desde que identifiqué los patrones de *El poder de la palabra*, he ido desarrollando una serie de técnicas para el cambio de creencias, tales como la Reimpronta, el Patrón de Transformación del Fracaso en Enseñanza, el Proceso de Instalación de Creencias, el Metaespejo y la Integración de Creencias Enfrentadas (ver *Changing Belief Systems with NLP*, Dilts, 1990, y *Beliefs: Pathways to Health and Well-Being*, Dilts, Hallbom y Smith, 1990). Sin em-

---

[*] *Practitioners*, con mayúscula, en el original. Se refiere a una de las categorías dentro de la formación reglada y certificada en PNL. (*N. del T.*).

bargo, hasta hace pocos años no he conseguido la profundiza-
ción y la comprensión necesarias acerca de cómo se forman las
creencias y de cómo se mantienen, tanto cognitiva como neurológicamente, que me permitieran presentar con claridad y conci-
sión suficientes las estructuras más profundas subyacentes en *El
poder de la palabra.*

Tengo previsto un segundo volumen, titulado en principio
El Lenguaje del Liderazgo y del Cambio Social, en el que explo-
raré e ilustraré cómo fueron utilizados estos patrones por personajes históricos como Sócrates, Jesús, Marx, Lincon y Gandhi, entre otros, para establecer, influir y transformar creencias
que resultaron cruciales en la fundación de nuestro mundo
moderno.

El poder de la palabra es un tema apasionante. Conocerlo
me permite ayudarte a pronunciar las palabras adecuadas en el
momento oportuno, sin necesidad de técnicas formales o de
contextos específicos, como puedan ser los típicamente relacionados con la terapia o el debate. Confío en que disfrutes de
este viaje a la magia del lenguaje y del cambio de creencias a
través de la conversación.

ROBERT DILTS
Santa Cruz, California
Mayo de 1999

1

Lenguaje y experiencia

La magia del lenguaje

El poder de la palabra trata de la magia de las palabras y del lenguaje. El lenguaje constituye uno de los componentes fundamentales a partir de los cuales construimos nuestros modelos mentales del mundo, y puede ejercer una tremenda influencia sobre el modo en que percibimos la realidad y respondemos ante ella. El lenguaje verbal constituye una característica exclusiva de la especie humana, siendo considerado como uno de los principales factores que nos distinguen de las demás criaturas. El gran psiquiatra Sigmund Freud, por ejemplo, opinaba que las palabras son el instrumento básico de la conciencia humana y que, como tal, tienen poderes muy especiales. Como él mismo expuso:

> *Palabras y magia fueron al principio una y la misma cosa, e incluso hoy las palabras siguen reteniendo gran parte de su poder mágico. Con ellas podemos darnos unos a otros la mayor felicidad o la más grande de las desesperaciones, con ellas imparte el maestro sus enseñanzas a sus discípulos, con ellas arrastra el orador a quienes le escuchan, determinando sus juicios y sus decisiones. Las palabras apelan a las emociones y constituyen, de forma universal, el medio a través del cual influimos sobre nuestros congéneres.*

Los patrones de *El poder de la palabra* proceden del estudio del modo en que el lenguaje ha sido y puede ser utilizado para influir sobre la vida de las personas. Consideremos, por ejemplo, los casos siguientes:

Una agente de policía de recibe orden de acudir urgentemente a una vivienda para atender un incidente de violencia doméstica. Sabe que es precisamente en esta clase de situaciones en las que más peligra su integridad física. A la gente no le gusta que la policía se meta en sus asuntos familiares, sobre todo si se trata de personas violentas e irritadas. Al aproximarse a la vivienda en cuestión, la agente escucha voces y chillidos procedentes del interior de aquélla. Un hombre está gritando fuertemente y se oye el ruido de objetos al ser arrojados contra la pared, junto con los chillidos de terror de una voz femenina. De repente sale volando a través de la puerta de entrada un televisor, que va a estrellarse contra el suelo para hacerse añicos ante los pies de la agente. Ésta se precipita hacia la puerta y comienza a golpearla con todas sus fuerzas. Del interior de la vivienda surge una voz de trueno que pregunta:

—¡¿Quién demonios es?!

La agente echa una mirada de reojo a los restos del televisor, esparcidos por el lugar donde ella estaba tan sólo un par de segundos antes, y responde:

—Servicio de reparación de televisores.

Tras unos instantes de silencio sepulcral, el hombre de dentro estalla en una sonora carcajada y abre la puerta, permitiendo que la agente haga su trabajo sin más violencia ni enfrentamientos. Como más tarde comentaría, aquellas afortunadas palabras le sirvieron a la agente mucho más que meses de preparación física para el combate cuerpo a cuerpo.

Un joven se halla internado en el ala de psiquiatría de un hospital mental, donde está siendo tratado de su creencia de ser «Jesucristo». Pasa sus días sin hacer nada, deambula por la sala y predica a los demás pacientes, que lo ignoran sistemáticamente. Hasta el momento, ni los psiquiatras ni los cuidadores han tenido el menor éxito en sus intentos por persuadirle de que abandone su ofuscación hasta que, un buen día, llega un nuevo psiquiatra. Tras observar discretamente al paciente durante un tiempo, el recién llegado se acerca al joven y le dice:

—Tengo entendido que tienes experiencia como carpintero.

A lo que el otro le responde, sorprendido:

—Bueno... sí... más o menos.

Entonces el psiquiatra le explica que están construyendo una nueva instalación en la sala de recreo y que necesitan a alguien que sepa manejar la madera.

—Tu ayuda nos sería de gran utilidad —prosigue el psiquiatra—. Bueno, si es que eres de la clase de persona que gusta de ayudar a los demás.

Incapaz de negarse, el paciente decide prestarse al juego. Se implica en el proyecto y establece nuevas amistades con otros pacientes y con los obreros que trabajan en la construcción. Finalmente consigue establecer relaciones sociales normales, dejar el hospital y conseguir un empleo estable.

Un paciente despierta de la anestesia en la sala de recuperación de un hospital, tras una intervención quirúrgica. El cirujano va a verlo para informarle del resultado de la operación. Medio aturdido aún por los efectos de la anestesia y en cierta medida ansioso, el paciente le pregunta al médico cómo ha ido la intervención. Éste le responde:

—Lamento traer malas noticias. El tumor que hemos extirpado es canceroso.

Enfrentándose a sus peores temores, el paciente le pregunta:

—¿Y ahora qué?

A lo que el cirujano le responde:

—Bueno, las buenas noticias son que hemos extirpado todo el tumor, en la medida de lo posible... El resto es ahora cosa suya.

Espoleado por el comentario del médico, el paciente comienza a reevaluar su estilo de vida y las posibles alternativas. Hace cambios en su dieta y comienza a hacer ejercicio con regularidad. Reflexionando acerca de lo estresante y poco gratificante que ha sido su vida en los años preceden-

tes a la intervención, se embarca en un proceso de crecimiento personal, clarificando sus creencias, sus valores y su
propósito vital. Su vida cambia espectacularmente para mejor y, años más tarde, se siente feliz, libre de su cáncer y más
sano de lo que nunca antes había estado.

Un joven que ha estado en una cena con sus amigos y se ha
tomado varios vasos de vino, coge su coche para volver a
casa en medio de la helada noche invernal. Al tomar una
curva, se encuentra delante de él con una persona que cruza
la calle. Pisa el freno a fondo, pero el coche patina, golpea al
peatón y éste muere. Durante semanas el joven se siente pa-
ralizado por el desasosiego y la confusión, sabe que ha acabado con una vida y que ha destrozado una familia de forma
irreparable. Siente que el accidente es por completo culpa
suya. Si no hubiera bebido tanto, probablemente habría visto
antes a aquel peatón y habría podido responder con mayor
rapidez y precisión. Sintiéndose cada vez más deprimido,
considera incluso la idea de suicidarse. Su tío va a visitarle y,
al ver el lamentable estado del muchacho, se sienta a su lado
y permanece en silencio unos minutos. Luego, colocando su
mano sobre el hombro del sobrino, el hombre le dice con
sinceridad y sencillez:
    —Seamos o no conscientes de ello, todos corremos peli-
gro constantemente.
    De repente, el joven siente como si una nueva luz comen-
zara a iluminar su vida. Cambia por completo sus hábitos,
estudia psicología y se convierte en consejero de víctimas de
conductores ebrios y en terapeuta para personas que han
sido arrestadas por conducir bajo los efectos del alcohol. De
este modo consigue transformarse en una fuerza positiva de
cambio y sanación para la vida de muchas personas.

Una muchacha se está preparando para acceder a la universidad. Ha barajado diversas opciones, y lo que más le gustaría sería entrar en la facultad de ciencias empresariales de
una de las universidades más prestigiosas de su entorno. Sin

embargo, teme que, habida cuenta de la cantidad de solicitudes, no tenga la menor oportunidad de ser aceptada. Tratando de ser más «realista» y de evitar el desengaño, decide presentar solicitudes únicamente para otras opciones más modestas. Mientras rellena los formularios, le explica su razonamiento a su madre, diciéndole:

—Seguro que esa universidad estará inundada de solicitudes.

A lo que su madre le responde:

—Siempre hay sitio para alguien bueno.

Esta sencilla verdad anima a la joven a mandar también su solicitud a esa universidad de sus sueños. Para su sorpresa y deleite, es aceptada y acaba convirtiéndose en una prestigiosa consultora.

Un muchacho trata desesperadamente de aprender a jugar a béisbol. Quiere estar en el equipo con sus amigos, pero parece incapaz de atrapar bien la pelota y ésta le asusta. A medida que el curso y los entrenamientos avanzan, se siente cada vez más desanimado. Finalmente, le dice a su entrenador que piensa dejarlo porque se considera un «mal jugador». El hombre le responde:

—No hay malos jugadores, tan sólo hay personas que no confían en su capacidad para aprender.

Poniéndose de pie frente al chaval, le pone la pelota en su guante y le pide que se la lance. Luego da un paso atrás y se la devuelve con suavidad al muchacho. Paso a paso va aumentando la distancia entre ambos, hasta que el chico recibe y lanza con seguridad a una distancia respetable. Imbuido de la sensación de que sí puede aprender, el chaval vuelve a entrenar hasta convertirse en un miembro valioso para su equipo.

Todos estos ejemplos comparten una característica común: unas pocas palabras cambian para mejor el curso de la vida de alguien, convierten alguna creencia limitadora en una perspectiva más rica, que permite más opciones. Ilustran hasta qué punto las palabras adecuadas en el momento oportuno tienen poder para generar efectos poderosos y positivos.

Por desgracia, también las palabras pueden confundirnos y limitarnos. Las palabras inadecuadas en el momento inoportuno pueden resultar dañinas y destructivas.

Este libro trata del poder benéfico o perjudicial de las palabras y de las distinciones que determinan el tipo de impacto que esas palabras van a tener, así como de los patrones de lenguaje a través de los cuales podemos transformar afirmaciones perjudiciales en declaraciones positivas.

La prestidigitación consiste en el arte de practicar la «magia» a corta distancia, a la vista de todos. Esta clase de magia se caracteriza por la experiencia «ahora lo ves, ahora no lo ves». Por ejemplo, un espectador coloca el as de espadas sobre la baraja pero, cuando vuelve a mirar la carta, ésta se ha «transformado» en la reina de corazones. Los patrones verbales de *El poder de la palabra* tienen una cualidad «mágica» en cierto modo parecida, puesto que consiguen a menudo provocar cambios espectaculares, tanto en la percepción como en las presuposiciones sobre las que se basa cada percepción en particular.

Lenguaje y Programación Neurolingüística

El presente estudio se basa en los patrones y las precisiones de la Programación Neurolingüística o PNL. Ésta se ocupa de la influencia que el lenguaje tiene sobre nuestra programación mental y demás funciones de nuestro sistema nervioso. La PNL trata asimismo del modo en que nuestra programación mental y nuestro sistema nervioso se reflejan tanto en nuestro lenguaje como en los patrones lingüísticos que empleamos.

La esencia de la Programación Neurolingüística estriba en que el funcionamiento de nuestro sistema nervioso («neuro») está íntimamente vinculado a nuestra capacidad para el lenguaje («lingüística»). Las estrategias («programas») a través de las que nos organizamos y conducimos nuestro comportamiento están construidas sobre patrones neurológicos y verbales. En su primer libro, *The Structure of Magic* (1975), Richard Bandler y John Grinder, cofundadores de la PNL, pugnaban por definir algunos de los principios ocultos tras la aparente «magia» del lenguaje a la que se refiere Freud:

> *Todos los logros de la especie humana, tanto en lo positivo como en lo negativo, han implicado la utilización del lenguaje. Como humanos, empleamos el lenguaje de dos formas. En primer lugar para representar nuestra experiencia, en una actividad que denominamos razonar, pensar, fantasear o ensayar. Cuando utilizamos el lenguaje como sistema de representación, estamos creando un modelo de nuestra experiencia. Este modelo del mundo, que hemos creado por medio del uso representativo del lenguaje, se basa en nuestras percepciones del mundo, y éstas están, a su vez, determinadas en parte por nuestro modelo de representación... En segundo lugar, nos servimos del lenguaje para comunicarnos unos a otros nuestro modelo o representación del mundo. A esta actividad consistente en la utilización del lenguaje como medio de comunicación la denominamos hablar, discutir, escribir, conferenciar o cantar.*

Según Bandler y Grinder, el lenguaje nos sirve como medio tanto para representar o crear modelos de nuestra experiencia, como para comunicarnos acerca de los mismos. En realidad, los griegos antiguos tenían nombres distintos para cada una de estas dos utilizaciones del lenguaje. Empleaban los término *rhema* para referirse a las palabras utilizadas como medio de comunicación, y *logos* para denotar las palabras relacionadas con el pensamiento y la comprensión. *Rhema* (ρημα) equivalía a una expresión, a «palabras como cosas», mientras que *logos* (λογοσ) se refería a las palabras relacionadas con la «manifestación de la razón». El gran filósofo griego Aristóteles describía como sigue la relación entre palabras y experiencia mental:

> *Las palabras habladas son los símbolos de la experiencia mental, mientras que las palabras escritas lo son de las pa-*

labras habladas. Del mismo modo que no todos los hombres tienen la misma escritura, tampoco tienen los mismos sonidos hablados. Sin embargo, las experiencias mentales que ambas expresiones directamente simbolizan son las mismas para todos, del mismo modo que lo son todas las cosas de las cuales nuestras experiencias son imágenes.

La afirmación aristotélica de que las «palabras» simbolizan nuestra «experiencia mental» nos recuerda el concepto de PNL consistente en que las palabras, tanto habladas como escritas, son «*estructuras superficiales*», transformaciones a su vez de otras «*estructuras profundas*». Como resultado de todo ello, las palabras tienen poder, tanto para reflejar como para moldear las expresiones mentales. Ello las convierte en herramientas poderosas para el pensamiento, así como para otros procesos mentales, tanto conscientes como inconscientes. Accediendo a esas estructuras profundas subyacentes a las palabras específicas utilizadas por cualquier persona, podremos identificar e influir, al nivel más profundo, las operaciones mentales que los patrones de lenguaje de esa persona reflejan.

Desde esta perspectiva, el lenguaje no es tan sólo un «epifenómeno» o un conjunto de signos arbitrarios por medio de los cuales nos comunicamos acerca de nuestra experiencia mental, sino que constituye también *una parte crucial* de esta misma experiencia mental. Como señalaran Bandler y Grinder:

> *El sistema nervioso, responsable del sistema representacional del lenguaje, es el mismo sistema nervioso por medio del cual los humanos producimos todos y cada uno de los diferentes modelos del mundo (visual, cinestésico, etc.). En cada uno de ambos sistemas actúan los mismos principios estructurales.*

Por consiguiente, en nuestros sistemas de representación interna, el lenguaje puede ser paralelo e incluso substituir a las experiencias y las actividades. Una importante implicación consiste en que «hablar de algo» puede hacer mucho más que reflejar simplemente nuestras percepciones: puede en realidad crear o modificar esas percepciones. Ello implica un papel especial y particularmente profundo para el lenguaje en el proceso de cambio y sanación.

En la filosofía de la Grecia antigua, por ejemplo, se consideraba que el «*logos*» constituía el principio controlador y unificador del universo. Heráclito (540-480 a.C.) definía el «*logos*» como el «principio universal a través del cual todas las cosas estaban interrelacionadas y sucedían todos los acontecimientos naturales». Para los estoicos, «*logos*» era el principio regidor y generador, inmanente y activo en toda realidad y omnipresente en todo cuanto existe. Según Philo —filósofo judío griegoparlante, contemporáneo de Jesús—, «*logos*» era el punto intermedio entre la realidad última y el mundo perceptible.

Mapa y territorio

La piedra angular, tanto de *El poder de la palabra* como del enfoque al lenguaje de la PNL, consiste en el principio de que «el mapa no es el territorio». Formulado inicialmente por Alfred Korzybski (1879-1950), fundador de la Semántica General, reconoce la distinción fundamental entre nuestros mapas del mundo y el propio mundo. La filosofía del lenguaje de Korzybski ha significado una de las influencias más poderosas en el desarrollo de la PNL. La combinación de su trabajo en el área de la *semántica* con la teoría *sintáctica* de gramática trasformacional de Noam Chomsky constituye el núcleo de gran parte del aspecto «lingüístico» de la Programación Neurolingüística.

En *Science and Sanity* (1933), su obra capital, Korzybski afirma que el progreso del ser humano es, en gran medida, una consecuencia de la superior flexibilidad de sus sistemas nerviosos, capaces de formar y utilizar representaciones simbólicas o mapas. El lenguaje, por ejemplo, constituye un tipo de mapa o modelo del mundo que nos permite resumir o generalizar nuestras experiencias y transmitirlas a otros humanos, ahorrándoles así la necesidad de tener que cometer de nuevo los mismos errores, o de reinventar lo que ya ha sido previamente descubierto. Esta clase de capacidad lingüística generalizadora de los humanos —señala Korzybski— explica la diferencia abismal entre nuestro progreso y el de los animales, al mismo tiempo que su mal uso y su mala comprensión constituyen también la explicación de nuestros problemas. Korzybski sugiere que los humanos necesitan ser adecuadamente entrenados en la utilización del lenguaje con el fin de evitar las confusiones y los conflictos innecesarios que surgen de la confusión entre el «mapa» y el «territorio».

La *ley de individualidad* de Korzybski, por ejemplo, declara que «no hay dos personas, dos situaciones o dos etapas de un proceso que sean iguales en detalle». Korzybski señala que disponemos de un número de conceptos y palabras muy inferior al de experiencias únicas, lo cual tiende a conducir a la identificación o «confusión» entre dos o más situaciones, fenómeno que se conoce en PNL como «generalización» o «ambigüedad». Por ejemplo, la palabra «gato» es comúnmente aplicada a millones de animales individualmente distintos, al «mismo» animal en diferentes etapas de su vida, a nuestras imágenes mentales, a ilustraciones y fotografías, a una palabra de cuatro letras, o incluso metafóricamente (ojos de gata) a las personas. Así pues, cuando alguien utiliza el término «gato», no está siempre claro si se está refiriendo a un animal de cuatro patas, a una palabra de cuatro letras, o a un homínido de dos piernas.

Korzybski consideraba importante enseñar a las personas el modo de reconocer y trascender sus hábitos lingüísticos, para que pudieran así comunicarse más eficazmente y apreciar mejor las características únicas de sus experiencias cotidianas. Trató de desarrollar herramientas que ayudaran a la gente a evaluar sus experiencias, menos por las implicaciones de su lenguaje cotidiano y más por las realidades irrepetibles de su situación particular. El objetivo de Korzybski consistía en estimular a las personas a posponer sus reacciones inmediatas y a buscar las características únicas de la situación junto con interpretaciones alternativas.

Como ha quedado dicho, las ideas y los métodos de Korzybski constituyen una de las bases de la PNL. De hecho, el propio

Korzybski señaló, en 1941, a la «neurolingüística» como área de estudio importante en relación con su semántica general. La PNL postula que todos tenemos nuestra propia visión del mundo, así como que esta visión se basa en los mapas internos que hemos ido construyendo a través de nuestro lenguaje y de nuestros sistemas sensoriales de representación, como resultado de nuestras experiencias vitales individuales. Son estos «mapas lingüísticos» los que determinarán, más que la propia realidad, cómo interpretaremos el mundo que nos rodea, cómo reaccionaremos ante él, qué significado extraeremos de nuestras experiencias y cuál daremos a nuestros comportamientos. Como señala el *Hamlet* de Shakespeare: «No hay más bien ni mal que el que el pensamiento construye».

En *The Structure of Magic, Vol. I* (1975), su primer libro, los cofundadores de la PNL Richard Bandler y John Grinder señalaron que la diferencia entre quienes responden eficazmente al mundo que les rodea y quienes lo hacen deficientemente está, en gran medida, en función de su modelo interno del mundo:

> *Las personas que responden creativamente y se las arreglan con eficacia... son las que poseen una representación o un modelo ricos de su situación, en la que perciben un amplio abanico de posibilidades donde elegir su acción. Las otras creen tener pocas opciones, ninguna de las cuales les resulta atractiva... Hemos descubierto que no es que el mundo sea demasiado limitado para ellas, o que no dispongan de opciones, sino que se bloquean y no pueden ver las opciones y las posibilidades que se abren ante ellas, debido a que éstas no encajan en sus modelos del mundo.*

La distinción de Korzybski entre mapa y territorio implica que nuestros modelos mentales de la realidad determinan, más que la propia realidad, el modo en que actuaremos. Por consiguiente, es importante que expandamos sin cesar nuestros mapas del mundo. En palabras del gran científico Albert Einstein: «Nuestra forma de pensar genera problemas que la misma clase de pensamiento nunca logrará resolver».

Una de las creencias fundamentales en la PNL consiste en que, dada una misma realidad, si enriqueces o expandes tu mapa del mundo podrás percibir más opciones disponibles. Como resultado de ello, actuarás con más eficacia y mayor sabiduría, sea lo que sea lo que estés haciendo. Una de las misiones prioritarias de la PNL consiste en crear herramientas (como los patrones de *El poder de la palabra*) que ayuden a las personas a ampliar y enriquecer sus mapas internos de la realidad. Según la PNL, cuanto más extenso y rico sea tu mapa del mundo, más posibilidades tendrás para manejar los retos que la realidad te plantee.

Desde la perspectiva de la PNL, no hay ningún mapa del mundo «verdadero» o «correcto». Cada cual tiene el suyo y ninguno es más «bueno» o «real» que otro. Lo que sucede es que las personas más eficaces son aquellas cuyo mapa del mundo les permite percibir el mayor número posible de posibilidades y perspectivas. Su forma de percibir el mundo, organizarse y responder ante él es mucho más rica.

Experiencia

Nuestros mapas del mundo pueden ser contrastados con nuestra experiencia del mismo. «Experiencia» se refiere aquí al proceso de experimentar, sentir y percibir tanto el mundo que nos rodea como nuestras reacciones ante él. Nuestra «experiencia» de una puesta de sol, de una discusión o de unas vacaciones está directamente relacionada con nuestra percepción personal de estos acontecimientos, así como con nuestra participación en los mismos. Según la PNL, nuestras experiencias se construyen a partir de la información sobre el medio externo que recibimos a través de los órganos sensoriales, junto con los recuerdos, las fantasías, las sensaciones y las emociones asociadas que emergen de nuestro propio interior.

Utilizamos también el término «experiencia» para referirnos al conocimiento acumulado a lo largo de nuestra vida. Toda la información que nos llega por medio de los sentidos es constantemente codificada o envuelta en conocimiento precedente. De este modo, nuestra experiencia constituye la materia prima a partir de la cual creamos nuestros propios mapas o modelos del mundo.

Experiencia sensorial se refiere a la información recibida a través de los órganos sensoriales (ojos, oídos, piel, nariz y boca), así como al conocimiento del mundo externo derivado de esta información. Los órganos sensoriales constituyen las facultades por las que los humanos y otros animales perciben el mundo que les rodea. Cada canal sensorial actúa como un filtro que responde a un rango determinado de estímulos (ondas luminosas, ondas sonoras, contacto físico, etc.), que variará según la especie de que se trate.

A modo de primera interfaz con el mundo que nos rodea, los sentidos constituyen nuestras «ventanas al mundo». Toda la información de la que disponemos acerca de nuestra existencia física procede de estas ventanas sensoriales. Por esta razón la PNL valora en extremo la experiencia sensorial y la considera como la fuente primordial de todo nuestro conocimiento acerca del medio externo, así como la materia prima fundamental para la construcción de nuestros modelos del mundo. El aprendizaje, la comunicación y el modelado eficaces hunden por igual sus raíces en la experiencia sensorial.

La experiencia sensorial puede ser contrastada con otras clases de experiencias, como la fantasía o la alucinación, generadas desde el cerebro del individuo en lugar de percibidas por los sentidos. Además de la experiencia procedente de los sentidos, los humanos tenemos también una red interna de información y conocimiento, construida a partir de experiencias generadas internamente, tales como los «pensamientos», las «creencias», los «valores» y el sentido de «sí mismo». Esta red interna de conocimiento genera otra serie de filtros «internos» que enfocan y dirigen nuestros sentidos y que actúan asimismo para eliminar, distorsionar y generalizar los datos recibidos a través de ellos.

La experiencia sensorial constituye el medio principal por el que obtenemos información nueva acerca de la realidad, y con ella enriquecemos nuestro particular mapa del mundo. A menudo, el conocimiento previo existente actúa a modo de filtro para la experiencia sensorial nueva, valiosa en potencia. Una de las misiones de la PNL consiste precisamente en ayudar a las personas a enriquecer la cantidad de experiencia sensorial que son capaces de recibir, ensanchando lo que Aldous Huxley denominó «válvula reductora» de la conciencia. Richard Bandler y John Grinder no se cansaban de encarecer a sus alumnos que «utilizaran la experiencia sensorial» en lugar de proyectar o alucinar.

De hecho, la mayoría de técnicas de PNL se basan en habilidades de observación enfocadas a tratar de maximizar nuestra experiencia sensorial directa de cada situación. Según el modelo de la PNL, el cambio eficaz proviene de la capacidad para «recuperar el sentido». Para lograrlo, necesitamos aprender antes a dejar caer nuestros filtros internos y obtener una experiencia sensorial directa del mundo que nos rodea. De hecho, una de las habilidades básicas más importantes de la PNL consiste en alcanzar el estado de «alerta». Se trata de un estado en el que la conciencia sensorial del individuo está concentrada en el medio externo, en el «aquí y ahora». El estado de alerta, junto con el aumento de experiencia sensorial que le acompaña, nos ayudan a percibir y disfrutar con mayor plenitud la vida y las abundantes oportunidades de aprendizaje que nos rodean.

Así pues, nuestra «experiencia» de algo puede ser contrastada con los «mapas», las «teorías» o las «descripciones» *acerca* de esa experiencia. La PNL distingue entre experiencia *primaria* y *secundaria*. La experiencia «primaria» consiste en la información que recibimos y percibimos realmente a través de los sentidos, mientras que la experiencia «secundaria» trata de los mapas verbales y simbólicos que creamos para representar y organizar nuestras experiencias primarias. La experiencia primaria es una función de nuestras percepciones directas del territorio circundante. La experiencia secundaria deriva de nuestros mapas mentales, de las descripciones e interpretaciones de estas percepciones, y está sujeta por lo tanto a eliminación, distorsión y generalización significativas. Cuando experimentamos algo directamente, no tenemos conciencia ni pensamientos disociativos acerca de lo que sentimos y experimentamos.

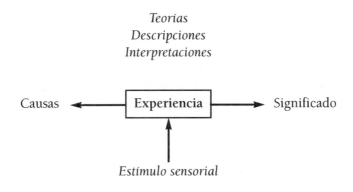

**Nuestra experiencia es la materia prima
a partir de la cual creamos nuestros modelos del mundo**

Es nuestra experiencia primaria la que aporta vibración, creatividad y sensación de singularidad a nuestra vida. Nuestra experiencia primaria es por fuerza mucho más rica y completa que cualquier mapa o descripción que consigamos hacer de ella. Las personas con éxito y que disfrutan de la vida tienen la capacidad de experimentar directamente más del mundo, y no se limitan a diluirlo en los filtros de lo que «deberían» experimentar o esperan experimentar.

Desde la perspectiva de la PNL, nuestra experiencia subjetiva es nuestra «realidad», y es prioritaria ante cualquier teoría o interpretación con ella relacionada. La PNL no cuestiona la validez subjetiva de las vivencias «fuera de lo corriente» que las personas puedan tener, como las experiencias «espirituales» o de «vidas pasadas». Las teorías y las interpretaciones relacionadas con las causas o las implicaciones sociales de las experiencias podrán ser discutidas y cuestionadas, pero la experiencia en sí misma forma indudablemente parte de los datos esenciales de nuestra vida.

Los procesos y los ejercicios de la PNL ponen el énfasis sobre la experiencia. Las actividades basadas en la Programación Neurolingüística (sobre todo las de descubrimiento) tienden a «conducir con la experiencia». Una vez en condiciones de experimentar algo directamente, sin la contaminación de juicios y evaluaciones, nuestras reflexiones sobre esa experiencia pueden ser mucho más ricas y significativas.

Como cualquier otro concepto o modelo de PNL, *El poder de la palabra* nos ayuda a cobrar conciencia de los filtros y los mapas, susceptibles de bloquear o distorsionar nuestra experiencia del mundo y su potencial. Desde esta nueva conciencia ampliada de estas limitaciones, podemos también comenzar a librarnos de ellas. El propósito de los patrones de *El poder de la palabra* es el de ayudar a la gente a enriquecer sus perspectivas, a ampliar sus mapas del mundo y a restablecer la conexión con su experiencia.

En general, los patrones de *El poder de la palabra* pueden ser considerados como «reencuadres verbales», que influyen tanto sobre las creencias como sobre los mapas mentales a partir de las que éstas se han formado. Los patrones de *El poder de la palabra* operan sobre la base de llevar a la persona a encuadrar o reencuadrar sus percepciones en relación con determinada situación o experiencia, invitándola a «puntuar» sus experiencias de forma diferente y a adoptar distintas perspectivas.

Cómo el lenguaje encuadra la experiencia

Las palabras no tan sólo representan nuestra experiencia, sino que, a menudo, la «encuadran». Y lo hacen mostrando en primer plano ciertos aspectos de la experiencia y dejando otros en la sombra. Consideremos, por ejemplo, palabras conectivas como «pero», «y» o «aunque». Cuando conectamos ideas o experiencias con esta clase de palabras, enfocamos la atención sobre distintos aspectos de ellas. Cuando una persona nos dice que «Hoy es un día soleado, *pero* mañana lloverá», nos mueve a centrar más nuestra atención sobre la preocupación de la lluvia de mañana que sobre el buen día que hace hoy. Si alguien, en cambio, conecta ambas frases con la palabra «y» —«Hoy luce el sol y mañana lloverá»—, el resultado queda equilibrado. Finalmente, si la palabra conectiva es «aunque» —«Hoy luce el sol, *aunque* mañana lloverá»—, el efecto resultante consiste en centrar nuestra atención sobre la primera parte de la manifestación —el buen día que hace hoy—, dejando la otra en segundo término.

Hoy hace sol	Hoy hace sol	Hoy hace sol
pero	**y**	**aunque**
mañana lloverá	*mañana lloverá*	*mañana lloverá*

Algunas palabras «enmarcan» nuestras experiencias, colocando en primer plano ciertos aspectos de las mismas

Esta clase de encuadre y «reencuadre» verbal ocurre en todos los casos, con independencia de cuál sea el contenido que se expresa. Por ejemplo, las afirmaciones «Hoy me siento feliz, *pero* sé que no durará», «Hoy me siento feliz *y* sé que no durará» y «Hoy me siento feliz, *aunque* sé que no durará», generan cambios de énfasis similares a los de las declaraciones anteriores, referentes a la climatología. Lo mismo sucede con las expresiones «Deseo alcanzar mi objetivo, *pero* tengo un problema», «Deseo alcanzar mi objetivo *y* tengo un problema» y «Deseo alcanzar mi objetivo, *aunque* tengo un problema».

Cuando alguna estructura se ajusta de este modo a diferentes contenidos, la denominamos patrón. Algunas personas, por ejemplo, funcionan con un patrón habitual que minimiza constantemente el lado positivo de su experiencia con la palabra «pero».

Esta clase de marco verbal puede influir en gran medida sobre el modo en que interpretamos afirmaciones y situaciones concretas y, por ende, en el modo en que respondemos ante ellas. Veamos la siguiente afirmación: *Puedes lograr lo que te propongas si estás dispuesto a trabajar duro.*[*] Se trata de una creencia sumamente afirmadora y potenciadora, que conecta dos partes significativas de la experiencia en una relación de causa y efecto: «lo-

---

[*] Mi agradecimiento a Teresa Epstein por este ejemplo.

grar lo que te propongas» y «estar dispuesto a trabajar duro».
«Lograr lo que te propongas» constituye sin duda algo sumamente motivador. Sin embargo, eso de «trabajar duro» ya no es
tan apetecible. No obstante, al ir unidos ambos conceptos con
«lograr lo que te propongas» en primer lugar, el conjunto genera un fuerte sentido de motivación, que conecta un sueño o un
deseo con los recursos necesarios para convertirlo en realidad.

Observa ahora lo que sucede si le das la vuelta a la expresión
y dices: «Si estás dispuesto a trabajar duro, podrás lograr lo que
te propongas». Aunque las palabras utilizadas sean las mismas,
su impacto queda de algún modo disminuido debido a que la
disposición a «trabajar duro» ha sido colocada en primer término de la secuencia. El resultado final se parece más a un intento
para convencer a alguien de que trabaje duro, que a una afirmación de que podrá «lograr lo que se proponga». En esta segunda
versión, «lograr lo que se proponga» parece más bien una even-
tual recompensa por haber «trabajado duro». En la primera afirmación, en cambio, «trabajar duro» quedaba enmarcado como
un recurso interno, necesario para «lograr lo que te propongas».
Esta diferencia, aunque sutil, puede ejercer un poderoso impacto sobre el modo en que el mensaje es recibido y entendido.

Reencuadrar con «aunque»

Identificar los patrones verbales nos puede permitir crear herramientas lingüísticas que nos ayuden a moldear e influir en el significado que percibimos como resultado de una experiencia. El
reencuadre con «aunque» constituye un buen ejemplo. Se trata
de un patrón que se aplica simplemente substituyendo la palabra
«pero» por «aunque», en cualquier frase en la que «pero» dis-
minuya o minusvalore algún aspecto positivo de la experiencia.

Prueba con los siguientes pasos:

1. Identifica alguna afirmación en la que una experiencia
   positiva quede perjudicada por la palabra «pero».

Ejemplo: «*He encontrado una solución a mi problema, pero seguro que volverá a surgir de nuevo*».

2. Cambia la palabra «pero» por «aunque». Observa hacia dónde se desplaza tu atención.

Ejemplo: «*He encontrado una solución a mi problema, aunque vuelva a surgir de nuevo*».

Esta estructura permite mantener un centro de atención positivo, al mismo tiempo que satisface la necesidad de mantener una perspectiva equilibrada. He descubierto que esta técnica resulta particularmente poderosa en el caso de personas adictas a la clase de patrón «Sí, pero...»

2

Marcos y reencuadres

Marcos

Por «Marco» o encuadre psicológico se entiende el foco de atención general o la dirección que proporciona una línea maestra para los pensamientos y las acciones durante una interacción. En este sentido, los marcos se refieren al *contexto* cognitivo que envuelve determinado suceso o experiencia. Como el propio término indica, el «marco» establece el perímetro y los límites a los que se circunscribe determinada interacción. Los marcos suelen influir tanto sobre el modo en que percibimos experiencias y acontecimientos concretos, como sobre la forma en que respondemos a ellos, en la medida en que sirven para «puntuar» esas experiencias y dirigir nuestra atención. Un recuerdo doloroso, por ejemplo, puede aplastarnos y absorber toda nuestra atención en el marco temporal breve de los cinco minutos siguientes al acontecimiento. Sin embargo, esta misma experiencia dolorosa tal vez se nos antoje incluso trivial al contemplarla desde la perspectiva de toda una vida. Los marcos contribuyen asimismo a la eficacia de las interacciones, en la medida en que determinan qué información y cuáles cuestiones quedan dentro o fuera del propósito de la interacción.

El «marco temporal» constituye un ejemplo común de encuadre. Por ejemplo, predeterminar un marco temporal de diez minutos para una reunión o un ejercicio influirá en gran manera sobre lo que estos acontecimientos puedan dar de sí. Determinará dónde pondrán su atención las personas implicadas, qué temas y qué cuestiones considerarán apropiado incluir en la interacción y qué cantidad de esfuerzo aplicarán en ella. Un marco temporal de una o de tres horas para el mismo acontecimiento generará dinámicas completamente distintas. Los marcos temporales breves tienden a centrar la atención de los implicados en la tarea, mientras que otros más dilatados abren la posibilidad de prestar también atención a las relaciones interpersonales. Si se fija para una reunión un marco temporal de quince minutos, lo más probable es que las personas convocadas entiendan que se trata de un encuentro orientado a la tarea, más que de una sesión abierta y exploratoria dedicada a un «bombardeo» de ideas.

Entre los «marcos» más habituales en PNL se cuentan el del «objetivo», el «como si» y el de «enseñanza frente a fracaso». El énfasis básico del *marco-objetivo*, por ejemplo, consiste en centrar y mantener la atención en el objetivo o en el estado deseados. Establecer esta clase de marco implica evaluar cualquier actividad o información con referencia a su importancia para el logro de determinado objetivo o estado.

Temas que están
«dentro» del marco

Temas que están
«fuera» del marco

Marco
por ejemplo,
un marco de «objetivo»

**Los marcos dirigen la atención e influyen sobre
el modo en que los acontecimientos son interpretados**

Un marco-objetivo puede ser provechosamente contrastado con un marco-problema. El segundo pone el énfasis sobre «lo que está mal» o «lo no deseado», en oposición a «lo deseado» o «lo que queremos». El marco-problema conduce a centrar la atención sobre los síntomas indeseables y la búsqueda de las causas que los provocan, mientras que el marco-objetivo nos invita a pensar en los objetivos y los efectos deseados, así como en los recursos necesarios para alcanzarlos. Por consiguiente, el marco-objetivo nos mueve a mantenernos con la atención puesta en las soluciones, orientados hacia las posibilidades positivas del futuro.

Marco-objetivo	Marco-problema
¿Qué es lo que quieres?	¿Qué es lo que está mal?
¿Cómo puedes conseguirlo?	¿Por qué es eso un problema?
¿Cuáles son los recursos disponibles?	¿Qué lo causó?
	¿Quién es responsable de ello?

Comparación entre marco-objetivo y marco-problema

La aplicación del marco-objetivo implica tácticas como transformar las afirmaciones de problemas en afirmaciones de objetivos, o reencuadrar descripciones formuladas negativamente en otras expresadas en términos positivos. Desde la perspectiva de la PNL, por ejemplo, todos los problemas pueden ser percibidos de nuevo como desafíos u «oportunidades» de cambio, crecimiento o aprendizaje. Visto de este modo, todo «problema» comporta objetivos apetecibles. Si alguien nos dice: «Mi problema es que me da miedo fracasar», podemos asumir que hay ahí un objetivo implícito que consiste en «tener la seguridad de que voy a triunfar». De forma parecida, si el problema es que «caen los beneficios», podemos deducir que el objetivo correspondiente es el de «aumentar los beneficios».

Es muy frecuente que las personas formulen sus objetivos de forma negativa: «Deseo evitar las situaciones embarazosas», «Quiero dejar de fumar», «A ver si me libro de esta interferencia», etc. Con ello, lo que se consigue es centrar la atención en el problema y, paradójicamente, generar sugerencias implícitas en relación con el estado-problema. Pensar «No quiero sentirme tan asustado» comporta realmente la sugestión de «estar asustado» como parte del propio pensamiento. Mantener un marco-objetivo implicaría formular preguntas como: «¿Qué es lo que *quieres*?» o «Si no estuvieras tan asustado, ¿qué es lo que sentirías entonces?»

Aunque sea importante examinar los síntomas y sus causas como parte de la resolución eficaz de problemas, asimismo es importante hacerlo dentro de un contexto orientado hacia la obtención del estado deseado, de lo contrario, el análisis de los síntomas y sus causas no conducirá a ninguna solución. Cuando el objetivo o el estado deseado constituyen el foco de la recogida de información a menudo surgen las soluciones, incluso sin haber llegado a comprender plenamente el estado-problema.

Otros «marcos» de la PNL operan de forma parecida. El foco del marco «como si» consiste en actuar «como si» ya se hubiera alcanzado el objetivo o el estado deseados. El marco de «enseñanza frente a fracaso» centra la atención sobre el modo en que lo que aparece como problemas, síntomas o errores, sea interpretado como enseñanzas, como información acerca de las correcciones necesarias para alcanzar ese objetivo deseado, más que como un fracaso.

Tal vez el objetivo más fundamental de la aplicación de los patrones verbales de *El poder de la palabra* consista en ayudar a las personas a cambiar su perspectiva 1) de un marco-problema a un marco-objetivo; 2) de un marco-fracaso a un marco-realimentación, y 3) de un marco-imposibilidad a un marco «como si». Los ejemplos de la agente de policía, del psiquiatra, del cirujano, del entrenador, etc., que hemos visto al principio de este libro son casos ilustrativos de cambio del marco desde el que era percibida cada una de las situaciones descritas. El psiquiatra, el cirujano, el tío, la madre o el entrenador ayudaron a cambiar la percepción de una situación que estaba siendo experimentada como un «problema» o un «fracaso», ubicándola dentro de un marco de objetivo o de enseñanza. La atención pudo entonces desplazarse del «problema» al «objetivo», abriendo nuevas posibilidades. (Incluso al identificarse como miembro del «servicio de reparación de televisores», la agente de policía nos ofrecía una forma metafórica de cambio a un marco-objetivo y de enseñanza, al poner el énfasis en «reparar», algo preferible a «librarse de» lo que no se quiere.)

Cambio de objetivos

Se ha señalado, a mi entender acertadamente, que «el propósito dirige la actividad». En consecuencia, un objetivo concreto crea un tipo de marco que, a su vez, determina lo que se percibe como relevante, exitoso y situado «dentro del marco», y lo que se considera irrelevante, inútil y «fuera del marco». En una sesión de bombardeo de ideas, una *brainstorming*, por ejemplo, el objetivo consiste en conseguir que afloren ideas «nuevas y singulares». Utilizar analogías poco habituales, contar chistes atrevidos, formular preguntas aparentemente tontas y comportarse de un modo un tanto «extraño» son actividades relevantes y positivas en ese contexto concreto. Señalar soluciones y políticas ya existentes como «la respuesta correcta», o evaluar si algo de lo que se dice es o no «realista» resultaría, en cambio, inadecuado y estéril en ese mismo contexto.

Por otro lado si, en lugar de un bombardeo de ideas se trata de la fase final de las negociaciones con un cliente clave, el objetivo consistirá probablemente en «establecer y alcanzar un consenso sobre las prioridades para la culminación y entrega de determinado producto o servicio». Con respecto a ese objetivo, parece menos probable que utilizar analogías poco habituales, contar chistes atrevidos, formular preguntas aparentemente tontas y comportarse de un modo un tanto «extraño», sea percibido como relevante y útil, a menos, por supuesto, que la reunión se haya estancado en un estado que requiera para su superación un poco de bombardeo de ideas.

De forma parecida, comportamientos diferentes serán percibidos como más relevantes y útiles para «conocernos mejor» que para «cumplir con un plazo inminente». De este modo, cambiar el objetivo que constituye el foco de la atención con relación a determinada situación o interacción alterará nuestros juicios y nuestras percepciones acerca de lo que resulta o no relevante y significativo para ese contexto concreto.

El patrón de *El poder de la palabra* denominado *Otro objetivo* implica formular una afirmación que traslade la atención de los actores a un objetivo distinto del propuesto en principio o implícitamente asumido por determinado juicio o generalización. El propósito de este patrón consiste en cuestionar (o reforzar) la relevancia de ese juicio o generalización.

Supongamos, por ejemplo, que un participante en un seminario o en un taller ha realizado un ejercicio y se siente frustrado porque «no ha obtenido los resultados esperados». Suele suceder que las personas se sientan así por haberse fijado con anterioridad el objetivo de «hacerlo todo perfecto». En este caso, resulta adecuada una generalización del tipo «no lograr los resultados apetecidos significa que has hecho algo mal o que aún no eres lo suficientemente competente». Sin embargo, si cambiamos el objetivo de ese ejercicio de «hacerlo todo bien» a «explorar», «aprender» o «descubrir algo nuevo», conseguiremos alterar en lo fundamental el modo de plantearse e interpretar las experiencias que vayan surgiendo a lo largo de la realización del ejercicio. Lo que sería un fracaso en relación con «hacerlo todo perfecto», se convierte en un éxito cuando de lo que se trata es de «descubrir algo nuevo».

Aplicar en este caso el patrón *Otro objetivo* implicaría decirle al participante: «El resultado del ejercicio no consiste en demostrar que ya sabes hacerlo a la perfección, sino en aprender algo nuevo. Al reflexionar sobre la experiencia, ¿qué nuevas enseñanzas has descubierto?»

Un principio parecido opera con relación a todas nuestras experiencias vitales. Si evaluamos nuestra respuesta ante una situación complicada con relación al objetivo de «sentirnos cómodos y seguros», es muy probable que nos parezca que hemos fracasado estrepitosamente; sin embargo, si percibimos esa misma situación bajo el prisma del objetivo de «hacernos más fuertes», tal vez descubramos que hemos tenido un éxito sorprendente.

Veamos la siguiente afirmación, formulada por el famoso psiquiatra e hipnoterapeuta Milton H. Erickson, que no es otro que el que solucionó el problema del joven que creía ser Jesucristo en nuestro ejemplo del Capítulo 1:

Es importante tener un sentido de seguridad, la sensación de estar preparado, el conocimiento pleno de que, venga lo

que venga, podrás enfrentarte a ello, manejarlo... e inclu-
so disfrutar haciéndolo. También es una buena enseñanza
encontrarte frente a una situación que no puedes manejar
y, al reflexionar sobre ello más tarde, darte cuenta de que
esa enseñanza te resultó útil en muchas, muchas formas
distintas. Te permitió medir tus fuerzas. También te permi-
tió descubrir las áreas en las que necesitabas emplear más
a fondo la seguridad en ti mismo, sacar más de tu potencial
interior... Reaccionar ante lo bueno y lo malo y manejar
ambas cosas adecuadamente: ahí es donde reside el verda-
dero gozo de vivir.

La declaración de Erickson constituye un ejemplo de aplicación del patrón *Otro objetivo* de *El poder de la palabra*. Su comentario transforma lo que podría haber sido considerado como
un «fracaso» en relación con determinado objetivo (manejar la
situación) en una enseñanza en relación con otro objetivo diferente («reaccionar ante lo bueno y lo malo y manejar ambas cosas adecuadamente»).

Manejar la situación

Reaccionar ante lo bueno y lo malo
y manejar ambas cosas adecuadamente

Cambiar el objetivo modifica el marco
de lo que se considera relevante y exitoso

Ensaya en ti mismo este patrón:

1. Piensa en una situación en la que te sientas atascado, frustrado o fracasado.

Situación: _____

Por ejemplo: Pienso que esa persona se está aprovechando de mí, pero no me creo capaz de decírselo abiertamente.

2. ¿Cuál es la generalización o el juicio negativo que has hecho (sobre ti mismo o sobre los demás) con respecto a esa situación? ¿Qué objetivo u objetivos están implícitos en ese juicio o en esa generalización?

Juicio: _____

Por ejemplo: No decir abiertamente lo que siento significa que soy un cobarde.

Objetivo(s): _____

Por ejemplo: Conseguir decir abiertamente lo que pienso. Ser fuerte y valiente.

3. Explora el impacto que tendría sobre tu percepción de esa situación si pensaras también en ella en relación con otros objetivos posibles, por ejemplo, seguridad, aprendizaje, exploración, autodescubrimiento, respeto por ti mismo y por los demás, actuar con integridad, sanación, crecimiento, etc.

Por ejemplo, si cambiaras el objetivo a «tratarme a mí mismo y a los demás con respeto» o «tratar a los demás como me gustaría ser tratado», considerarte un «cobarde» por no hablar abiertamente ya no te parecería una generalización tan relevante o apropiada.

4. ¿Qué otro objetivo podrías añadir a —o cambiar por— tu objetivo actual, que hiciera parecer menos relevante la generalización o el juicio negativo, o te ayudara a ver las consecuencias de la situación presente como una enseñanza en lugar de un fracaso?

Objetivo(s) alternativo(s): _____

Por ejemplo: Aprender a actuar conmigo mismo y con los demás con congruencia, sabiduría y compasión.

Desde la perspectiva de la PNL, cambiar a otro objetivo sirve para «reencuadrar» nuestra percepción de la experiencia. El «reencuadre» se considera en PNL como uno de los procesos cruciales para el cambio. También constituye el mecanismo primario de *El poder de la palabra*.

Reencuadre

Reencuadrar implica ayudar a las personas a reinterpretar problemas y a encontrar soluciones, por medio de la substitución del marco en el que esos problemas son percibidos. *Reencuadrar* significa literalmente poner un marco nuevo alrededor de una imagen o experiencia. Desde el punto de vista de la psicología, «reencuadrar» algo significa transformar su significado colocándolo dentro de un marco o contexto distinto de aquel en el que ha sido percibido inicialmente.

El marco alrededor de una imagen constituye una buena metáfora para ayudar a comprender el concepto y el proceso de reencuadre. La información que podamos tener de la imagen variará según la parte de ella que quede dentro del marco, con lo que nuestra percepción del significado de esa imagen también será distinta. Por ejemplo, un fotógrafo o un pintor que estén reproduciendo un paisaje pueden enmarcar tan sólo un árbol o, por el contrario, incluir dentro del marco todo un prado con sus árboles, sus animales y tal vez un riachuelo o un estanque. Ello determinará más tarde lo que el espectador verá del paisaje original. También puede suceder que el comprador del cuadro o de la fotografía decida cambiar el marco por otro que se adapte mejor a la decoración de la habitación concreta donde lo va a colgar.

De forma parecida, en la medida en que determinan lo que «vemos» y percibimos de determinada experiencia o situación, los marcos psicológicos influyen sobre el modo en que las experimentamos e interpretamos. A modo de ejemplo, observa la siguiente imagen:

Marco pequeño

Mira lo que sucede ahora al ampliar el marco. Observa que tu experiencia y tu comprensión de la situación se ensanchan para dar cabida a una nueva perspectiva.

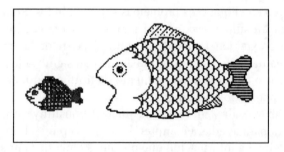

Marco más grande

La primera imagen no tiene demasiado significado por sí misma. Se trata simplemente de algún pez. Sin embargo, al ampliar el marco y producir con ello la segunda imagen, nos percatamos de inmediato de que nos hallamos ante una situación distinta. El primer pez no es ya simplemente «un pez», sino que se ha convertido en «un pez pequeño que va a ser comido por otro mayor».

Parece que el pez pequeño no se da cuenta de la situación, de la que nosotros sí podemos percatarnos gracias a nuestra perspectiva de «marco más grande». Podemos sentirnos alarmados e inquietos por el pez pequeño, o aceptar en cambio que el pez grande se tiene que comer al pequeño para sobrevivir.

Observa ahora lo que sucede cuando «reencuadramos» de nuevo la situación ampliando aún más nuestra perspectiva.

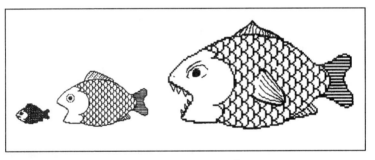

Marco aún más grande

He aquí que nos encontramos de nuevo ante otra perspectiva y otro significado completamente diferentes. Al cambiar el tamaño del marco, nos damos cuenta de que el pez pequeño no es el único que corre peligro. El pez grande también va a ser comido por otro aún mayor. En su lucha por la supervivencia, el pez grande se ha concentrado tanto en comerse al pequeño que no se da cuenta de la amenaza del otro pez mucho mayor.

La situación aquí descrita, junto con los nuevos niveles de conciencia que derivan de reencuadrar nuestra perspectiva de la situación, constituyen una buena metáfora tanto para el proceso como el propósito del reencuadre psicológico. Con demasiada frecuencia, las personas acaban en la posición del pez pequeño, ignorantes de alguna amenaza inminente, o del mediano, tan concentradas en conseguir tal o cual objetivo que no se percatan de la crisis que se les viene encima. En el caso del pez mediano, la paradoja consiste en que está tan absorto en un comportamiento específico relacionado con su supervivencia que la pone en peligro de otro modo. Reencuadrar nos permite ver la «imagen mayor», de modo que podamos implementar opciones y acciones más apropiadas.

En PNL, reencuadrar implica colocar un nuevo marco mental en torno al contenido de una experiencia o situación, expandiendo nuestra percepción de la misma de modo que pueda ser manejada con más recursos y sabiduría.

Cambiar el tamaño del marco

El patrón de *Cambio de tamaño del marco* de *El poder de la palabra* aplica directamente este principio a nuestras percepciones de alguna situación o experiencia. Este patrón supone reevaluar (o reforzar) la implicación de determinada acción, generalización o juicio en el contexto de un marco temporal más largo (o más corto), de un número de participantes mayor (o desde el punto de vista individual) o de una perspectiva mayor o menor. Por ejemplo, un acontecimiento que nos parezca insoportablemente doloroso considerado a la luz de nuestros propios deseos y expectativas, puede de repente parecernos trivial si lo comparamos con los sufrimientos de otras personas.

Los espectadores de un acontecimiento deportivo pueden volverse locos si su equipo gana o pierde determinado partido, o si tal o cual jugador lo hace excepcionalmente bien o muy mal. Sin embargo, al considerar años más tarde el acontecimiento con respecto al contexto mayor de sus vidas personales, aquel mismo suceso les parecerá del todo insignificante.

Una acción que resulte aceptable si la hace una sola persona, puede resultar destructiva y dañina si la hace un grupo de personas.

Dar a luz suele ser una experiencia intensa y sobrecogedora para quien la vive por primera vez. Sin embargo, si se le recuerda a esa persona que se trata de un proceso que lleva evolucionando millones de años a través de millones de mujeres, tal vez la ayude a sentir más confianza y menos miedo por lo que está ocurriendo dentro de su cuerpo.

Observa que el proceso de cambio del tamaño del marco es distinto del de cambio de objetivo. Una persona puede mantener el mismo objetivo («sanación», «seguridad», etc.) y cambiar al mismo tiempo el tamaño del marco dentro del que evalúa su progreso hacia ese objetivo. Los síntomas específicos de una enfermedad, por ejemplo, pueden ser considerados como «no saludables» en el marco de sus consecuencias inmediatas, pero también como un proceso de «limpieza» o de inmunización en relación con sus consecuencias a largo plazo. El campo de la homeopatía, por ejemplo, se basa en la premisa de que pequeñas cantidades de una substancia tóxica producen inmunidad ante la misma a largo plazo.

De forma parecida, lo que podría parecer algo «seguro» a corto plazo, puede situar a quien lo hace en grave peligro en un plazo más amplio.

El cambio del tamaño del marco está relacionado con la amplitud o la extensión de la perspectiva que tomamos, en relación con el objetivo concreto que estamos considerando dentro de ese marco. En la película *Cabaret* podemos ver un buen ejemplo de este cambio de tamaño del marco. En una escena del film la cámara nos muestra un primer plano del rostro angelical de un adolescente que canta con su hermosa voz. La imagen parece dulce y completa. Sin embargo, a medida que la cámara retrocede, vemos primero que el muchacho viste un uniforme militar, luego vemos que lleva un brazalete con la esvástica. Cuando el tamaño del marco se hace lo suficientemente grande, nos damos cuenta de que el cantor está en medio de una gigantesca marcha nazi. El significado y el sentimiento transmitidos por la imagen cambian radicalmente, según las informaciones que acompañan cada cambio de tamaño del marco.

Con el uso del lenguaje podemos lograr cambios parecidos. Expresiones tales como «viendo el asunto desde una perspectiva mayor», «considerando las implicaciones a largo plazo» o «por muchas generaciones», pueden influir directamente sobre el tamaño del marco que aplicamos para percibir la situación, el acontecimiento o el objetivo. El tamaño del marco puede también ser modificado mediante la inclusión de palabras que presupongan un marco mayor. Decir algo así como «hace unos diez años» o «en los próximos siglos» invita, de modo natural, a pensar en términos de determinado marco temporal.

Considera los cambios de tamaño del marco en las siguientes estrofas de una canción de cuna tradicional escocesa:

> Le di a mi amor una cereza sin cuesco
> Le di a mi amor una gallina sin huesos
> Le di a mi amor un bebé sin llanto
>
> ¿Cómo puede haber una cereza sin cuesco?
> ¿Cómo puede haber una gallina sin huesos?
> ¿Cómo puede haber un bebé sin llanto?
>
> Cuando la cereza florece, no tiene cuesco
> Cuando la gallina es un huevo, no tiene huesos
> Cuando el bebé duerme, no llora

La solución a las dos primeras estrofas requiere que ampliemos nuestro marco de percepción a los ciclos vitales de la cereza y la gallina. La solución a la tercera estrofa requiere que vayamos en la dirección opuesta, que estrechemos nuestra percepción a períodos concretos del ciclo cotidiano el bebé. Los términos «florece», «huevo» y «duerme» nos conducen de forma natural a este cambio en la percepción.

El tamaño del marco que estamos considerando determina en gran medida el significado y la importancia que seremos capaces de percibir, por lo que puede ser una cuestión de suma importancia en relación con la resolución eficaz de problemas.

Prueba tú mismo este patrón practicando los pasos siguientes:

1. Piensa en alguna situación que juzgues difícil, desagradable o de algún modo dolorosa.

Situación: _____

2. ¿Cuál es el marco actual desde el que estás viendo esta situación? (Por ejemplo, resultados inmediatos, consecuencias a largo plazo, individuo, grupo, comunidad, pasado, futuro, acontecimiento específico, sistema global, adulto, niño, etc.)

Marco actual: _____

3. Cambia el tamaño del marco ensanchándolo para abarcar con él más tiempo, más personas, un sistema mayor, etc. Luego estréchalo hasta que se centre en un individuo específico, en un lapso de tiempo limitado, en un solo acontecimiento, etc. Observa cómo cambia todo esto tus percepciones y tus evaluaciones con respecto a esa situación. Algo que parece un fracaso a corto plazo se ve a menudo como un paso necesario para el éxito a largo plazo. (Por ejemplo, darte cuenta de que tus esfuerzos son algo por lo que muchas personas tienen que pasar alguna vez, puede ayudarte a que se te hagan menos pesados.)

4. ¿Cuál sería el marco temporal (más largo o más corto), el número de personas (mayor o menor), o la mayor o menor perspectiva que cambiarían tu juicio o tu generalización acerca de esa situación, para que fueran algo más positivo?

Nuevo marco: _____

Los patrones de *Cambio de tamaño del marco* y de *Otro objetivo* de *El poder de la palabra* son ejemplos de lo que en PNL se conoce como reencuadre de *contexto* y de *contenido*.

Reencuadrar el contexto

Reencuadrar el contexto tiene que ver con el hecho de que determinada experiencia, conducta o acontecimiento pueden tener distintas implicaciones, según el contexto en el que se produzcan. La lluvia, por ejemplo, puede ser percibida como un acontecimiento extremadamente positivo por un grupo de personas que hayan estado padeciendo una sequía severa, pero como algo muy negativo para otro grupo que se encuentre en medio de unas inundaciones, o que tuviera prevista una boda al aire libre. En sí misma, la lluvia no es ni «buena» ni «mala». El juicio que cada cual se haga de ella estará relacionado con las consecuencias que provoque en un contexto determinado.

Según Leslie Cameron-Bandler (1978, p. 131), el *reencuadre contextual* en PNL «acepta que todo comportamiento es útil en algún contexto». El propósito del reencuadre contextual consiste en cambiar la respuesta interna negativa de la persona ante determinado comportamiento, resaltando la utilidad de éste en algunos contextos. Ello nos permite ver el comportamiento simplemente como lo que es, «un comportamiento» (como la lluvia), con lo cual podemos centrar nuestra atención en las cuestiones relacionadas con el contexto mayor, por ejemplo, en lugar de maldecir la lluvia cuando nos inunda, aprender a crear sistemas de drenaje más eficaces.

Como ejemplo, imaginemos que una madre está preocupada porque su hijo adolescente se mete constantemente en peleas en la escuela. Reencuadrar el contexto implicaría preguntar algo así como: «¿No es agradable saber que su hijo podría proteger a su hermana pequeña, si alguien la molestara en su camino de vuelta a casa desde la escuela?» Eso puede ayudar a la madre a cambiar su percepción del comportamiento del hijo y verlo desde una perspectiva más amplia. En lugar de sentirse irritada y avergonzada, tal vez pueda apreciar el comportamiento de su hijo como útil en determinado contexto, estando así en condiciones de poder responder de forma más constructiva.

En lugar de acabar con ellos, las respuestas negativas consiguen a menudo mantener, e incluso aumentar, los comportamientos problemáticos. El sentimiento de culpa produce a menudo una especie de «respuesta de polaridad» que, en realidad, sirve más para estimular que para inhibir el comportamiento no deseado. Percibir los efectos positivos, en un contexto determinado, del comportamiento de su hijo, ayudará a la madre del ejemplo anterior a situarse en una mejor «metaposición» con relación a ese comportamiento, y así comenzará a comunicarse de forma más útil con él acerca de ese comportamiento dentro del contexto en el que se está produciendo.

Ver que su comportamiento es validado como útil en determinado contexto, en lugar de sentirse sólo atacado y criticado, permite asimismo al hijo percibir ese comportamiento desde una perspectiva distinta, en lugar de tener que estar constantemente a la defensiva. Como paso siguiente, la madre y el hijo pueden trabajar conjuntamente para tratar de establecer la intención positiva y los beneficios relacionados con la conducta del chaval en la escuela, buscando juntos alternativas más apropiadas.

Cambiar el tamaño del marco desde el que estamos percibiendo algún acontecimiento constituye claramente un medio para percibirlo dentro de un contexto diferente.

Reencuadrar el contenido

En lugar de cambiar de contexto, el *reencuadre de contenido* comporta alterar nuestra perspectiva o nuestro nivel de percepción respecto a determinado comportamiento o situación. Imaginemos, por ejemplo, un campo de hierba vacío. Para un agricultor, ese campo es una oportunidad para cultivar. Para un arquitecto, un espacio en el que construir una casa de ensueño. Para una pareja joven, un lugar ideal para un picnic. Para un piloto de avioneta al que se le está acabando el combustible, una oportunidad para aterrizar con garantías. Y así sucesivamente. Un mismo contexto (el «campo») es percibido de formas diferentes según la perspectiva y la «intención» del observador. Ése es claramente el mecanismo subyacente en el patrón de *reencuadre de contenido* de *El poder de la palabra*.

Utilizando como ejemplo una imagen física, un modo de mirar un cuadro o una fotografía de forma diferente consiste en «reencuadrarlo» tomando en consideración la intención del artista o del fotógrafo al crear la imagen. ¿Qué respuesta trataba de suscitar en el espectador? ¿Qué emociones trataba de comunicar? Considerar algo dentro del marco de esa intención altera nuestra percepción al respecto.

De forma parecida, el *reencuadre de contenido* implica en PNL explorar la intención que se oculta tras el comportamiento externo de una persona, lo que se suele conseguir en PNL tratando de averiguar la «intención positiva», el «propósito positivo» o el «metaobjetivo» relacionado con determinado síntoma o comportamiento problemático. Uno de los principios básicos de la PNL consiste en la importancia de separar comportamiento y persona, es decir, de diferenciar el comportamiento en sí de la intención positiva, la función, la creencia, etc., que lo motivan. De acuerdo con este principio, ante un comportamiento problemático resulta más respetuoso, ecológico y productivo responder a su «estructura profunda» que a su manifestación superficial. Percibir un síntoma o un comportamiento problemático dentro del marco más amplio del propósito positivo que trata de satisfacer modifica las respuestas ante ese comportamiento, abriendo la puerta a la posibilidad de tratarlo con más recursos y de forma más creativa.

Veamos un ejemplo. Un practicante de PNL aconsejaba a la familia de un adolescente que se quejaba de que su padre siempre se oponía a los planes de futuro que él proponía. El practicante le dijo al chaval: «¿No te parece fantástico tener un padre que trata de protegerte por todos los medios de que te hagas daño o te decepciones? Apuesto a que no conoces a muchos padres que se preocupen tanto por sus hijos». Este comentario pilló al muchacho por sorpresa, nunca se le había ocurrido que pudiera haber un propósito positivo tras las críticas de su padre. Hasta entonces, sólo lo había visto como un ataque contra él. El practicante prosiguió, explicándole las diferencias entre «soñador», «realista» y «crítico», así como la importancia que cada uno de estos papeles tiene para una planificación eficaz. Señaló que la función de un buen crítico consiste en detectar lo que le falta a una idea o un plan para evitar problemas, así como que quedaba claro que su padre estaba en la posición de «crítico» en relación con los sueños de su hijo. También le explicó los problemas que pueden presentarse entre un soñador y un crítico si no media entre ambos un realista.

Los comentarios del experto bastaron para que cambiara la respuesta del chico a las objeciones de su padre, desde la rabia al aprecio sincero. Este nuevo encuadre del comportamiento de su progenitor también le permitió considerar a su padre como un recurso potencial para ayudarle a aprender a planificar su futuro, más que como un incordio o una piedra en el camino. La nueva validación de la intención del padre también le permitió a éste cambiar la percepción de su propio papel (y, por consiguiente, su método de participación) en la vida de su hijo. Se percató de que, además del papel de crítico, también podía asumir el de realista o entrenador.

Así pues, reencuadrar el contenido implica determinar la posible intención positiva que podría subyacer en un comportamiento problemático. La intención tiene dos aspectos distintos. El primero consiste en la motivación positiva interna que hay detrás del comportamiento (por ejemplo, el deseo de seguridad, amor, atención, respeto, etc.). El segundo es el efecto beneficioso con el que contribuye el comportamiento en el contexto o sistema mayor en el que se está produciendo (por ejemplo, protección, cambio de foco de atención, reconocimiento, etc.)

Una de las principales aplicaciones del reencuadre de contenido en PNL es el *Reencuadre en seis fases*. En este proceso, el comportamiento problemático es separado de la *intención positiva* del programa interno o «parte» responsable de ese comportamiento. Al permitir que la parte causante del comportamiento pasado asuma la responsabilidad de implementar comportamientos alternativos que satisfagan la misma intención positiva, pero que no tengan consecuencias negativas, se consigue establecer alternativas de conducta viables.

Reencuadrar a los críticos y las críticas

Como hemos visto en el ejemplo del padre crítico y su hijo adolescente, el reencuadre puede constituir un método eficaz para tratar con los críticos y las críticas. Los «críticos» son considerados a menudo como las personas más difíciles de tratar dentro de una interacción, por causa de su aparente negatividad y de su tendencia a encontrar problemas en las ideas y las sugerencias de otros. Se les suele considerar «aguafiestas» porque gustan de operar desde un «marco-problema» o «marco-fracaso». (Los soñadores operan desde el «marco-como-si», mientras que los realistas lo hacen desde un «marco-objetivo» o «marco-realimentación»).

En el nivel lingüístico, uno de los problemas principales con las críticas consiste en que suelen ser expresadas en forma de juicios generalizados, como «Esta propuesta es demasiado costosa», «Esa idea nunca funcionará», «No es un plan realista», «Este proyecto requiere demasiado esfuerzo», etc. El problema con esta clase de generalizaciones verbales consiste en que, dada la forma en que son formuladas, no quedan más opciones que estar de acuerdo con ellas o no estarlo. Si alguien dice que «Esa idea nunca funcionará» o que «Esta propuesta es demasiado costosa», el único modo de responder directamente consiste en decir «Creo que tienes razón» o bien, por el contrario, «Te equivocas, no es demasiado costosa». De este modo, la crítica suele conducir a la polarización, a la pérdida de sintonía y finalmente al conflicto, si uno no se muestra de acuerdo con la crítica.

Los problemas más difíciles se presentan cuando el crítico no se limita a criticar la idea o el plan, sino que enjuicia también al «soñador» o al «realista» a nivel personal. Estamos hablando de la diferencia entre decir «Es una *idea* estúpida» o decir «*Eres* un estúpido por proponer esta idea». En este caso, cuando el crítico ataca a la persona al nivel de su identidad, no solamente es un «aguafiestas», sino también un «asesino».

A pesar de todo ello, es importante no perder de vista que el comportamiento crítico, como cualquier otro, está motivado por su correspondiente intención positiva. El propósito del «crítico» consiste en evaluar los resultados del «soñador» y del «realista». Un crítico eficaz realiza un análisis del plan o camino propuesto para tratar de detectar qué es lo que podría salir mal y cómo podría ser evitado. Los críticos descubren lagunas, consideran desde la lógica «lo que podría pasar si» se presentaran problemas. Los buenos críticos suelen adoptar el punto de vista de personas no involucradas directamente en el asunto, pero que podrían o bien verse afectadas por sus consecuencias o bien influir positiva o negativamente en la implementación del plan o actividad propuestos.

Obtener afirmaciones positivas a partir de intenciones positivas

Uno de los problemas con gran parte de las críticas es que, además de ser juicios «negativos», suelen formularse en términos lingüísticamente negativos, es decir, se expresan en forma de negaciones verbales. Por ejemplo, «evitar el estrés» y «sentirse más cómodo y relajado» son dos formas de expresar verbalmente un estado interno parecido, aunque para ello se utilicen palabras distintas. La primera de las expresiones («evitar el estrés») describe lo que *no* queremos. La segunda, en cambio («sentirse más cómodo y relajado»), describe lo que *sí* deseamos.

De forma parecida, muchas críticas vienen enmarcadas en términos de lo que no se quiere, en lugar de lo que sí se quiere. Por ejemplo, la intención (o criterio) positiva subyacente en la crítica «esto es una pérdida de tiempo» reside, probablemente, en el deseo de «utilizar los recursos disponibles de forma juiciosa y eficiente». Sin embargo, esta intención no resulta fácil de discernir a partir de la «estructura superficial» de la crítica expresada, debido a que ha sido formulada en términos de lo que se quiere evitar. Por consiguiente, la capacidad para reconocer y extraer afirmaciones de intención positiva a partir de críticas formuladas negativamente constituye una habilidad lingüística crucial para tratar con las críticas y transformar los marcos-problema en marcos-objetivo.

Esto puede resultar a veces complicado, habida cuenta de que los críticos suelen operar desde un marco-problema. Por ejemplo, si le preguntas a un crítico por la intención positiva tras un comentario como «Esta propuesta es demasiado costosa», lo más probable es que consigas una respuesta parecida a «La intención consiste en evitar gastos». Observa que, si bien se trata de una intención positiva, aún está lingüísticamente formulada o enmarcada en términos negativos, es decir, señala lo que se trata de «evitar», en lugar de lo que se desea conseguir. La formulación positiva de esa misma intención positiva sería algo así como «Asegurarnos de que el coste sea asequible» o «Estar seguros de que respetamos el presupuesto».

Para extraer formulaciones positivas a partir de intenciones y criterios, deberemos plantear preguntas como: «Si lo que *no* quieres es estrés/gasto/fracaso/desperdicio, ¿qué es lo que *sí* quieres?» o «En caso de que lograses evitar eso que no quieres, ¿qué es lo que conseguirías con ello (cual sería tu beneficio)?»

Veamos a continuación algunos ejemplos de reformulación positiva de declaraciones negativas:

Declaración negativa	Reformulación positiva
demasiado caro	asequible
pérdida de tiempo	utilización juiciosa de los recursos disponibles
temor al fracaso	deseo de triunfar
irreal	concreto y alcanzable
demasiado esfuerzo	fácil y cómodo
estúpido	juicioso e inteligente

Convierte las críticas en preguntas

Una vez que la intención positiva tras la crítica haya sido desvelada y reformulada en términos positivos, la crítica puede ser transformada en una pregunta. Cuando una crítica es transformada en pregunta, las opciones de respuesta son completamente diferentes de cuando se formula como juicio o generalización. Supongamos, por ejemplo, que en vez de decir «Eso es demasiado caro», el crítico preguntara: «¿Cómo vamos a costearlo?» Con esta pregunta, se le brinda al interlocutor la posibilidad de entrar en los detalles del plan, en lugar de limitarlo a mostrarse en desacuerdo o discutir con el crítico. Lo dicho es de aplicación para la práctica totalidad de las críticas. El comentario «Esa idea nunca funcionará» puede ser transformado en la pregunta «¿Cómo pondrías esa idea en práctica?» «Este plan no es realista» puede convertirse en «¿Cómo podrías hacer más tangibles y concretas las etapas de este plan?» La queja «Eso requiere demasiado esfuerzo», puede reformularse así: «¿Cómo podrías conseguir que fuera más fácil y sencillo ponerlo en práctica?» Por lo general, esta clase de pregunta sirve al mismo propósito que la crítica, pero resulta mucho más productiva.

Observa que se trata de preguntas principalmente sobre el «cómo». Esta clase de preguntas tienden a ser las más útiles. Las que se hacen con «por qué», por ejemplo, presuponen a menudo otros juicios, lo que puede conducir de nuevo al desacuerdo y al conflicto. Preguntar, por ejemplo, «¿Por qué tiene que ser tan cara esa propuesta?», o «¿Por qué no puedes ser un poco más realista?» sigue presuponiendo un marco-problema. Lo mismo sucede con preguntas como «¿Qué es lo que hace que tu propuesta sea tan cara?» o «¿Quién va a pagarlo?» En líneas generales, las preguntas sobre el «cómo» suelen ser más eficaces para centrar la atención sobre el marco-objetivo o el marco-realimentación.

[Nota: Al nivel de sus estructuras profundas, las críticas son declaraciones ontológicas, afirmaciones sobre lo que algo *«es»* o *«no es»*. Las preguntas sobre «cómo» conducen a exploraciones epistemológicas, a examinar *«cómo sabes»* que eso *«es»* o *«no es»*.]

Cómo ayudar a los críticos a convertirse en consejeros

En resumen, para ayudar a alguien a ser un crítico «constructivo», o un consejero, resulta útil: 1) descubrir el propósito que se oculta tras la crítica; 2) asegurarse de que la intención positiva se exprese (encuadrada) positivamente, y 3) convertir esa crítica en una pregunta, preferiblemente sobre el «cómo».

Todo eso se puede conseguir empleando la siguiente secuencia de preguntas:

1. ¿Cuál es tu crítica u objeción?
   Por ejemplo: «Lo que propones es superficial».

2. ¿Cuál es el criterio o la intención positiva que hay tras esa crítica u objeción? ¿Qué es lo que tratas de conseguir o de preservar con tu crítica?
   Por ejemplo: «Un cambio profundo y duradero».

3. Asumido que ésta es la intención de la que se trata, ¿cuál es la pregunta «cómo» que tiene que ser formulada?
   Por ejemplo: «¿Cómo puedes estar seguro de que la propuesta presentada satisfará los aspectos cruciales para conseguir un cambio profundo y duradero?»

Practica este proceso contigo mismo. Piensa en algún aspecto de tu vida en el que trates de manifestar nuevos valores o creencias y colócate en posición de «crítico» respecto a ti mismo. ¿Qué objeciones o problemas encuentras a lo que estás haciendo?

Cuando hayas identificado algunos problemas u objeciones, recorre los pasos antes descritos y convierte tus críticas en preguntas. Descubre la intención positiva y las preguntas «cómo» relacionadas con tu autocrítica (a veces resulta útil hacerlo con ayuda de otra persona). Una vez que hayas transformado tus críticas en preguntas, podrás llevarlas ante el «soñador» y el «realista» que hay en ti, para obtener las correspondientes respuestas.

En última instancia, el objetivo de la fase crítica de un proyecto es asegurarse de que un proyecto o un plan sea ecológicamente sólido y que preserve cualquier beneficio o subproducto positivo de la forma presente de tratar de alcanzar el objetivo. Cuando un crítico formula preguntas sobre el «cómo», pasa de ser un «aguafiestas» o un «asesino» a convertirse en un «consejero».

(Nota: También resulta útil conducir primero al crítico a reconocer qué criterios han sido satisfechos, antes de pasar a comentar lo que falta o se necesita.)

Los patrones de «*Intención*» y «*Redefinición*» de El poder de la palabra

Identificar y reconocer la intención positiva del crítico, así como convertir la crítica en una pregunta sobre el «cómo», constituye un ejemplo de una modalidad de «truco mágico verbal», en el que utilizamos *El poder de la palabra* para trasladar la atención de un marco-problema o un marco-fracaso a un marco-objetivo y un marco-realimentación. Este proceso se basa en dos formas fundamentales de reencuadre que forman parte del núcleo mismo de los patrones de *El poder de la palabra*: el patrón de Intención y el de Redefinición.

El patrón de Intención comporta dirigir la atención de la persona hacia el propósito o la intención (por ejemplo, protección, llamar la atención, establecer límites, etc.) subyacente tras alguna generalización o afirmación, para poder o bien reencuadrarla o bien reforzarla.

El patrón de Redefinición comporta la substitución de una o más palabras o frases de la generalización o afirmación por otras nuevas que, sin alterar el significado de ésta, tengan implicaciones distintas. Reemplazar una frase formulada en negativo por otra expresada en positivo constituye un ejemplo de «redefinición».

El patrón de Intención de *El poder de la palabra* se basa en la presuposición básica de la PNL que afirma que:

> **En algún nivel, todo comportamiento tiene (o en algún momento tuvo) una «intención positiva». Es (o fue) percibido como apropiado dado el contexto en el que fue establecido, desde el punto de vista de la persona a la que ese comportamiento pertenece. Es más fácil y más productivo responder a esa intención positiva que a la expresión de un comportamiento problemático.**

Aplicar el patrón de Intención implicaría responder a la(s) intención(es) positiva(s) tras determinada generalización o juicio, más que directamente a la propia expresión. Como ejemplo, supongamos que un cliente entra en unos almacenes y muestra interés por determinado artículo, pero dice: «Me gusta, pero me temo que es demasiado caro para mí». Si aplicara el patrón de Intención, la vendedora diría algo así como: «Entiendo que para usted es importante obtener valor por su dinero». Esta frase sirve para dirigir la atención del cliente a la intención subyacente tras el juicio de que algo es «demasiado caro» (en este caso, la intención de «obtener valor»). Eso contribuirá a que el cliente responda desde un marco-objetivo en lugar de hacerlo desde un marco-problema.

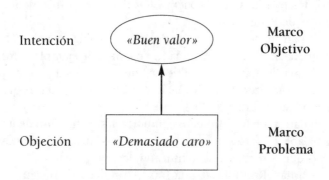

Centrarse en la intención de un juicio o afirmación limitadores ayuda a cambiar de un marco-problema a un marco-objetivo

Redefinir implicaría decir algo parecido a: «¿Es porque usted cree que el precio es excesivo o porque le preocupa que no se lo pueda permitir?» En este caso, la afirmación «Me temo que es demasiado caro para mí» ha sido redefinida por la vendedora en dos líneas distintas, con el propósito de obtener más información específica sobre la objeción del cliente. La primera redefinición cambia «teme» por «cree» y «demasiado caro» por «excesivo». La segunda substituye «temo» por «preocupa» y «demasiado caro» por «no se lo pueda permitir». Ambas reformulaciones significan algo parecido a la objeción original, pero tienen implicaciones distintas, que sirven para reubicar el juicio del cliente en un marco-realimentación.

«Creer» y «no se lo pueda permitir» son expresiones, en

muchos aspectos, diferentes a «temer». Más que una reacción, implican procesos cognitivos y, por consiguiente, más probabilidades de que algo sea percibido como enseñanza. «Excesivo» como redefinición de «demasiado caro» implica que la objeción del cliente está en función de su expectativa sobre el precio que el establecimiento debería cobrar por ese artículo. Redefinir «demasiado caro» como «no se lo pueda permitir» coloca la fuente de la objeción en la preocupación del cliente en relación con sus propios recursos financieros y su capacidad de pagar el precio del artículo.

**Las palabras pueden tener significados superpuestos,
pero implicaciones distintas**

La redefinición que el cliente elija proporcionará información importante para la vendedora. Según cuál sea su respuesta, la vendedora podrá, por ejemplo, decidir ofrecerle un descuento (si el cliente considera que el precio es «excesivo») o una financiación (si lo que le preocupa es que «no se lo pueda permitir»).

Por consiguiente, redefinir constituye un modo simple pero eficaz de abrir nuevos canales de pensamiento e interacción. Volver a etiquetar «dolor» como «incomodidad» constituye otro buen ejemplo del impacto del patrón de Redefinición de *El poder de la palabra*. Por ejemplo, el impacto es distinto si le preguntamos a alguien: «¿Cuánto dolor soporta usted?» o «¿Cuánta incomodidad siente usted?» A menudo, esta clase de reencuadre verbal cambia automáticamente la percepción de dolor en la persona preguntada. Un término como «incomodidad» contiene implícita la sugerencia de «comodidad». «Dolor», en cambio, no permite matiz positivo alguno.

Ejercicio de reencuadre de una palabra

Un buen modo de explorar el patrón de Redefinición de *El poder de la palabra* consiste en formular «reencuadres de una sola palabra». Eso se hace tomando una palabra que exprese determinado concepto o idea y buscando otra que la reemplace y que aporte un matiz más positivo (o negativo) que la anterior. Como señalara jocosamente el filósofo Bertrand Russell: «Yo soy firme, tú eres obstinado, él es un tonto de cabeza dura». Toma prestada la fórmula de Russell y trata de construir algunos ejemplos, como:

> Yo estoy justamente indignado, tú estás enojado, él está haciendo una montaña de un grano de arena.
> Yo lo he reconsiderado, tú has cambiado de idea, él se ha echado atrás.
> Yo me he equivocado de buena fe, tú tergiversas los hechos, él es un condenado mentiroso.
> Yo soy compasivo, tú eres blando, él es un calzonazos.

Cada una de estas afirmaciones toma determinado concepto de la experiencia y lo coloca en diferentes perspectivas, lo «reencuadra» con distintas palabras. Consideremos, por ejemplo, la palabra «dinero». «Riqueza», «éxito», «instrumento», «responsabilidad», «corrupción», «energía verde», etc., son palabras o expresiones que colocan marcos distintos en torno al concepto de «dinero» y que afloran perspectivas diferentes.

Hazte una lista de palabras y practica formando con ellas tus propios reencuadres de una sola palabra.

Por ejemplo:
Responsable (estable, rígido)

Estable (cómodo, aburrido)
Juguetón (flexible, poco sincero)
Frugal (sabio, tacaño)
Amistoso (agradable, ingenuo)
Asertivo (confiado, desagradable)
Respetuoso (considerado, transigente)
Global (expansivo, pesado)

Cuando ya te sientas cómodo con los reencuadres de una sola palabra, podrás tratar de aplicarlos a afirmaciones limitadoras con las que te encuentres, tanto en ti mismo como en los demás. Por ejemplo, tal vez te maldigas a veces por ser tan «estúpido» o «irresponsable». Prueba a ver si encuentras para estas palabras algunas redefiniciones que impliquen aspectos positivos. «Estúpido» podría ser redefinido, por ejemplo, como «ingenuo», «inocente» o «distraído». «Irresponsable» podría ser reemplazado por «espíritu libre», «flexible», o «despreocupado», etc.

También puedes considerar la utilización de reencuadres de una sola palabra para reformular comentarios tuyos acerca de otras personas. Tal vez así suavizarías tus críticas redefiniendo algunas de las palabras que utilizas cuando hablas a tu pareja, a tus hijos, a tus compañeros de trabajo o a tus amigos. En lugar de acusar a un niño de «mentir», por ejemplo, podrías decir que «tiene mucha imaginación» o que «explica cuentos de hadas». Las redefiniciones suelen conseguir «transmitir el mensaje» y evitan, al mismo tiempo, acusaciones o implicaciones negativas, innecesarias y a menudo perniciosas.

Esta clase de redefinición constituye el proceso básico de la «corrección política» en el lenguaje. El propósito de esta modalidad de reverbalización consiste en reducir los juicios negativos y los estigmas que acompañan, a menudo, a las etiquetas que utilizamos para describir a personas de algún modo distintas de nosotros. Por ejemplo, en lugar de llamar «hiperactivo» a un chaval que rebosa de energía y tiene dificultades en hacer lo que le indican, podemos decir que es «fogoso». En lugar de decir que una persona que no oye bien es «sorda», podemos decir que tiene «dificultades auditivas». En lugar de «lisiado» podemos decir «disminuido físico». El «conserje» pasa a ser el «técnico de mantenimiento» y la «recogida de basuras» se convierte en «gestión de los residuos».

La intención de este cambio de etiquetas consiste en ayudar a las personas a ver a los demás desde una perspectiva más amplia y menos enjuiciadora, aunque también habrá quien lo considere paternalista y poco sincero. Cuando resultan eficaces, estos cambios de denominación ayudan también a cambiar la visión y la definición de papeles de un marco-problema a un marco-objetivo.

Percibir una situación desde otro modelo de mundo situándose en «segunda posición»

Una forma sencilla pero poderosa de reencuadrar consiste en considerar la situación, la experiencia o el juicio, desde un modelo del mundo diferente. Desde el punto de vista de la PNL, eso se consigue con facilidad y naturalidad poniéndose en la piel del otro, en lo que se conoce como «segunda posición».

Colocarse en segunda posición implica situarse en el punto de vista del otro, en su «posición perceptiva», dentro de determinada situación o interacción. La segunda posición es una de las tres posiciones básicas definidas por la PNL. Implica cambiar de perspectiva y ver lo que está pasando como si fueses la otra persona. En segunda posición ves, oyes, sientes, hueles y gustas esa interacción desde la perspectiva del otro. Es lo que, en lenguaje popular, llamaríamos «ponerse en su piel», «andar con sus zapatos» o estar «al otro lado de la mesa».

Así pues, la segunda posición implica estar asociado con el punto de vista, las creencias y las presunciones del otro, así como percibir, por consiguiente, las ideas y los acontecimientos desde el modelo del mundo de esa otra persona. Cuando conseguimos ver una situación desde el modelo del mundo de la otra persona, a menudo ganamos con ello nuevas y numerosas ideas y comprensiones.

El patrón de *El poder de la palabra* conocido como *Modelo del mundo* se basa en este proceso. Implica ser capaz de reencuadrar una situación o generalización por medio de la percepción y la expresión de un mapa mental distinto de esa situación. El abogado criminalista Tony Serra nos ofrece un buen ejemplo del proceso de situarse en segunda posición para conseguir un modelo del mundo diferente, y expresarlo acto seguido en palabras para ampliar la perspectiva de los demás. En una entrevista del año 1998 para la revista *Speak*, Serra comentaba:

> [C]*uando representas al acusado... te conviertes en él, sientes como él, te metes en su piel, ves con sus ojos y oyes con sus oídos. Necesitas conocerlo por completo para comprender la naturaleza de su comportamiento. Sólo «la palabra» es tuya. Es decir, debes traducir sus sensaciones, su sentido y su intelecto, como componentes relevantes de su comportamiento, en jerga legal, en el lenguaje de la ley, o en metáforas persuasivas. Tomas en tus manos el barro del comportamiento de esa persona y lo embelleces, lo conviertes en una obra de arte. Ésa es la creatividad del abogado defensor.*

El patrón de *Modelo del mundo* de *El poder de la palabra* se basa en otra de las presuposiciones de la PNL, que afirma que:

> **El mapa no es el territorio. Toda persona tiene su propio mapa del mundo. No hay ningún mapa del mundo que sea el único correcto. Toda persona elige la mejor opción disponible, dadas las posibilidades y las capacidades que perciba como accesibles a ella desde su propio modelo del mundo. Los mapas más «sabios» y «compasivos» son aquellos que convierten en accesibles el mayor y más amplio número de opciones, en oposición a los más «realistas» o «precisos».**

Identifica una situación que implique a otra persona, en la que no hayas logrado actuar con toda la maestría que hubieras podido. ¿Cuál es la generalización o el juicio que hiciste, tanto de ti mismo como de la otra persona? Enriquece tu percepción de la situación y de tu generalización considerándola desde al menos tres puntos de vista o «mapas del mundo».

Colócate en la piel de la otra persona. ¿Cómo percibirías esa situación si fueras ella?

Imagina ahora que eres un observador neutral, que contempla esa situación. Desde esta nueva perspectiva, ¿qué es lo que te llamaría la atención en esa interacción? ¿Cómo la percibiría un antropólogo/artista/sacerdote/periodista?

Elegir para esa segunda posición a alguien que haya sido un profesor o un mentor importante para ti, y observar la situación desde su punto de vista, puede ser una experiencia muy poderosa.

Un ejemplo de palabras adecuadas en el momento oportuno

A modo de ejemplo práctico sobre cómo he aplicado personalmente algunos de los principios que hemos comentado hasta aquí, recuerdo una ocasión en la que me encontraba con Richard Bandler en un bar, donde habíamos quedado para vernos. Era la clase de bar que podríamos llamar «de moteros», en el sentido de que estaba lleno de esa clase de personajes rudos y malcarados. No es la clase de lugar que prefiero, pero a Richard le gustaba y lo había elegido para encontrarnos.

Habíamos comenzado a hablar cuando aparecieron por la puerta un par de tipos enormes. Estaban ebrios y con ganas de pelea. Evidentemente buscaban alguien con quien meterse. Supongo que les parecería que yo no era la clase de fulano más adecuado para estar allí, porque no tardaron mucho en gritarnos obscenidades, a llamarnos «mariquitas» y a invitarnos a que nos fuéramos de allí.

Mi primera estrategia consistió en tratar de ignorarles cortésmente, pero, por supuesto, no funcionó. No pasó mucho tiempo antes de que uno de ellos empezara a darme golpes en el

brazo y a hacerme derramar la bebida. Quise mostrarme amistoso, así que lo miré y sonreí. Uno de ellos dijo:

—¿Qué demonios estás mirando? —de modo que bajé la
vista. Entonces el otro me espetó:

—¡Mírame cuando te hablo!

La cosa se iba poniendo cada vez más fea y, para sorpresa
mía, me estaba comenzando a enfadar. Afortunadamente, me di
cuenta a tiempo de que seguir el patrón habitual de respuesta
sólo serviría para empeorar la situación, de modo que tuve una
idea brillante: ¿Por qué no usar la PNL? Decidí tratar de descubrir y atender su intención positiva. Respiré hondo y me puse en
su piel por un instante. Con voz pausada y firme, le dije al que
tenía más cerca:

—¿Sabe? No me puedo creer que piense que somos homo-
sexuales. Como puede ver, llevo anillo de boda. Opino que su intención es otra.

A lo que el tipo me espetó:

—Sí, ¡queremos pelea!

Me imagino que, a estas alturas, te estarás diciendo algo así
como: «Vaya Robert, qué gran cosa eso de *El poder de la palabra*». Pero, en realidad, sí que habíamos progresado algo, puesto
que habíamos conseguido iniciar una conversación, en lugar del
monólogo anterior. Aprovechando la oportunidad, respondí:

—Ya entiendo, pero francamente, no sería una gran pelea.
En primer lugar porque yo no quiero pelear, así que no sacaría
gran cosa de mí. Por otro lado, usted me dobla en tamaño, así
que, ¿qué clase de pelea iba a ser ésa?

En ese momento, el otro tipo (que parecía ser el «cerebro»
del dúo) intervino:

—No, es una pelea justa, nosotros estamos borrachos.

Me volví para mirarle directamente a los ojos y le contesté:

—¿No le parece que eso sería algo así como el padre que llega a casa borracho, sacude a su hijo de catorce años y le dice que
es «justo» porque él está bebido?

Estaba seguro de que, con toda probabilidad, eso era precisamente lo que le había pasado a él una y otra vez cuando tenía
esa edad.

Enfrentados a la verdad, aquellos hombres ya no podían continuar con sus abusos, de modo que se fueron a molestar a otro cliente que, por cierto, resultó ser un karateka experto y les dio en la calle una buena lección.

Tal como Richard interpreta la anécdota, lo que hice fue dilucidar las submodalidades de los dos hombres, junto con su estrategia de decisión para elegirnos, pasando acto seguido a hacer terapia con ellos. (Según él, iba a sugerirles que, puesto que lo que querían era pelear, salieran a la calle a sacudirse entre ellos.) Aunque yo no lo recuerde exactamente así, lo cierto es que el caso confirma mi fe absoluta en el poder del lenguaje y de la Programación Neurolingüística.

3
Fragmentación

Formas de fragmentación

Los procesos de reencuadre alteran a menudo el significado de una experiencia o un juicio al «re-fragmentarlo». En PNL, el término «fragmentar» significa reorganizar o fraccionar alguna experiencia en porciones mayores o menores. «*Fragmentar hacia arriba*» significa desplazarse hacia un nivel de información mayor, más general o abstracto, como por ejemplo incluir coches, trenes, barcos y aviones en una misma categoría de «medios de transporte». «*Fragmentar hacia abajo*» significa desplazarse a un nivel de información más específico y concreto, por ejemplo, el «coche» puede ser fraccionado en «ruedas», «motor», «frenos», «transmisión», etc. «*Fragmentar lateralmente*» comporta encontrar otros ejemplos en el mismo nivel de información, por ejemplo, «conducir un coche» puede asimilarse a «montar a caballo», «ir en bicicleta» o «o navegar a vela».

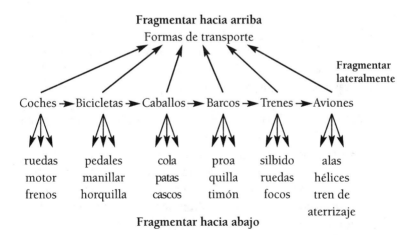

«Fragmentar» implica la capacidad de desplazar la atención entre las generalidades y los detalles

Así pues, fragmentar está relacionado con el modo en que la persona utiliza su atención. El «tamaño del fragmento» se refiere al nivel de detalle o generalización desde el que la persona o el grupo analizan o juzgan determinado problema o experiencia, así como a si el juicio o la generalización es aplicable a toda la categoría o tan sólo a algunos de sus componentes. Las situaciones pueden ser percibidas en términos de grados de detalle variables (microfragmentos de información) y de generalización (macrofragmentos de información). Uno puede fijar su atención en los pequeños detalles, como por ejemplo el deletreo de las palabras de un párrafo, o en grandes detalles, por ejemplo, el tema central del que trata el libro. También hay que considerar la cuestión de la relación entre fragmentos grandes y pequeños. (Si una palabra está mal deletreada, ¿significa eso que la idea expresada por esa palabra también es errónea?)

Ante determinada situación, el modo en que la persona fragmenta su experiencia puede ser útil o problemático. Cuando la persona trata de pensar de forma «realista», conviene pensar en fragmentos más bien pequeños. Si, por el contrario, se trata de un bombardeo de ideas, prestar atención a los pequeños fragmentos puede conducir a que «los árboles no permitan ver el bosque».

Las críticas no constructivas suelen estar expresadas en términos de «fragmentos» o generalizaciones más bien grandes, como: «Eso no funcionará nunca», «Nunca acabas lo que comienzas» o «Siempre sales con ideas demasiado arriesgadas». Palabras como «siempre», «nunca», «jamás» o «sólo» se conocen en PNL con el término genérico de *universales* o *cuantificadores universales*. Esta clase de lenguaje resulta de «fragmentar hacia arriba» hasta un punto que no resulta ya adecuado o útil. Transformar estas críticas en una pregunta sobre el «cómo» (como ya hemos visto) sirve frecuentemente para ayudar a «fragmentar hacia abajo» estas generalizaciones excesivas.

Fragmentar hacia abajo es un proceso fundamental en PNL, que implica reducir una situación o experiencia a sus componentes básicos. Por ejemplo, un problema que tal vez parezca a primera vista insuperable, puede ser fraccionado en problemas más pequeños, que resulten manejables. Un viejo refrán dice: «¿Cómo se come una sandía?» La respuesta constituye un ejemplo de fragmentación hacia abajo: «Trozo a trozo». Esta metáfora es aplicable a cualquier clase de situación o experiencia. Un objetivo sobrecogedor, como por ejemplo «abrir un nuevo negocio», puede ser fragmentado en sub-objetivos, como «desarrollar el producto», «identificar clientes potenciales», «crear un plan de negocio», «buscar inversores», etc.

Para desarrollar competencia con *El poder de la palabra*, es importante mantener la flexibilidad para desplazar libremente la atención entre fragmentos pequeños y grandes. Como dirían los indios nativos americanos: «Ver con los ojos del ratón y del águila».

Descubrir la *intención* subyacente en determinado comportamiento o creencia, por ejemplo, es considerado en PNL como el resultado de la capacidad para fragmentar hacia arriba, es decir, para identificar la categoría más amplia de la que el juicio o el comportamiento son la expresión (por ejemplo, «protección», «reconocimiento», «respeto», etc.) *Redefinir* requiere las capacidades adicionales de «fragmentar hacia abajo» y «fragmentar lateralmente», para poder así identificar conceptos y experiencias similares a los expresados en la afirmación inicial, o relacionados con ellos, pero con asociaciones e implicaciones distintas.

Fragmentar hacia abajo

Los procesos de fragmentar hacia arriba y hacia abajo pueden también ser aplicados directamente a una afirmación, a un juicio o a una creencia, para modificar así el modo en que son percibidos y para «reencuadrarlos». El patrón de fragmentar hacia abajo de *El poder de la palabra*, por ejemplo, implica reducir los elementos de un juicio o de una afirmación a fragmentos más pequeños, creando una percepción distinta y más rica de la generalización expresada por el juicio o la afirmación. Supongamos que alguien ha sido catalogado como «discapacitado para aprender» (obviamente, una etiqueta propia de «marco-problema»). Podemos coger la palabra «aprender» y fragmentarla en otras que reflejen diversos componentes del proceso al que el término «aprender» se refiere, como «asimilar», «representar», «almacenar» y «retirar» información. Entonces ya podemos preguntar: «¿Discapacitado para aprender quiere decir discapacitado para asimilar? Es decir, ¿consiste el problema en que la persona es incapaz de recibir información?» De forma parecida: ¿Significa ser discapacitada para aprender que esa persona no está capacitada para «representar», «almacenar» o «retirar» información?

Tales preguntas y consideraciones son susceptibles de estimularnos a repensar nuestras presuposiciones acerca del significado de esa clase de etiquetas, ayudándonos así a ubicar de nuevo la situación en un «marco-realimentación». Con ello conseguiremos volver a centrar nuestra atención en las personas y en los procesos, en lugar de en las categorías.

Discapacidad para «aprender»

¿Discapacidad para   asimilar   representar   almacenar   retirar?

Fragmentar una generalización hacia abajo puede cambiar nuestras percepciones y presuposiciones sobre ella

Los verbos y las palabras de proceso pueden ser «fragmentados» en la secuencia de subprocesos que las constituyen (como en el ejemplo anterior con «aprender»). Un término como «fracaso», por ejemplo, podría ser fragmentado en una serie de pasos que constituyen la experiencia de «fracasar», tales como fijarse (o no) un objetivo, establecer (o no) un plan, emprender (o no) la acción, atender (o no) a la realimentación, responder con flexibilidad (o rigidez), etc.

Los substantivos y los objetos pueden ser fragmentados en

los componentes que los constituyen. Por ejemplo, si alguien dice que «Este coche es demasiado caro», se puede «fragmentar hacia abajo» con el argumento: «Bueno, en realidad, las ruedas, el parabrisas, el tubo de escape, la gasolina y el aceite son igual de caros que en cualquier otro coche. Son el motor y los frenos los que cuestan un poco más, porque se ha querido garantizar el rendimiento y la seguridad». Incluso ante una afirmación como «No soy atractiva» es posible fragmentar el «yo» implícito: «¿Son asimismo tu barbilla, tu nariz, tu antebrazo, los dedos pequeños de tus pies, el tono de tu voz, el color de tu pelo, tus codos, tus sueños, etc., poco atractivos?»

Una vez más, el proceso sitúa el juicio o la evaluación en un marco completamente distinto.

Practica tú mismo este proceso. Busca alguna etiqueta, algún juicio o alguna generalización negativa y anota las palabras clave. «Fragmenta hacia abajo» lingüísticamente alguna de esas palabras clave buscando elementos o fragmentos *más pequeños*, que estén implícitos en la afirmación. Procura encontrar reformulaciones que tengan implicaciones más ricas o más positivas que las que contiene la etiqueta, el juicio o la generalización, o que estimulen una perspectiva completamente diferente en relación con la etiqueta, el juicio o la generalización de que se trate.

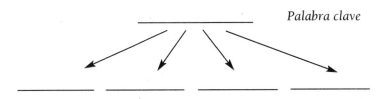

«Fragmentos» más pequeños

Toma una etiqueta como «déficit de atención» y explora con ella diferentes clases de atención (por ejemplo: visual, auditiva, cinestésica; o bien atención a los objetivos, a uno mismo, al contexto, al pasado, al estado interno, etc.)

Fragmentar hacia arriba

El patrón de *El poder de la palabra* para *fragmentar hacia arriba* comporta generalizar hacia una clasificación mayor algún elemento de una afirmación o de un juicio, creando de este modo una percepción nueva o enriquecida da la generalización expresada. «Aprender», por ejemplo, forma parte de una categoría más amplia de procesos, a los que podemos referirnos como formas diversas de «adaptación», entre los que se incluyen también el «condicionamiento», el «instinto», la «evolución», etc. Cuando se le cuelga a alguien la etiqueta de «discapacitada para aprender», ¿significa eso que también está de algún modo «discapacitada para adaptarse»? ¿Es también «incapaz de condicionar», «incapaz para el instinto» o «incapaz de evolucionar»? Puede que algunos de estos términos suenen casi cómicos, pero a pesar de ello no dejan de ser extensiones lógicas posibles de estas etiquetas.

De nuevo, reconsiderar el juicio en relación con esta clase de «reencuadre» nos lleva a comprender nuestro significado y nuestras presuposiciones desde una perspectiva nueva, así como a sacarlo de su «marco-problema».

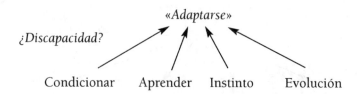

**Fragmentar hacia arriba nos lleva a reconsiderar
las implicaciones de una generalización o de un juicio**

Practica tú mismo este proceso. Coge la misma etiqueta, juicio o generalización negativos que utilizaste en el ejercicio anterior. Fragmenta lingüísticamente «hacia arriba» alguna de sus palabras clave, identificando alguna clasificación superior en la que dicha palabra encaje, pero que tenga implicaciones más ricas o más positivas que las que comporta la expresión actual de esa etiqueta, juicio o generalización, o bien que estimule una perspectiva completamente diferente respecto a ellas.

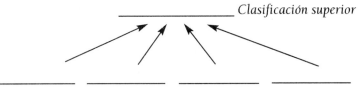

Clasificación superior

Palabra clave   Otros procesos u objetos en la misma categoría

«Fracaso», por ejemplo, podría ser «fragmentado hacia arriba» a la categoría de «consecuencias conductuales». Ser «poco atractivo» lo podría ser a «diferir de la norma». «Gasto» pasaría a ser «consideraciones sobre el movimiento de capital». Y así sucesivamente.

Fragmentar lateralmente (descubrir analogías)

Fragmentar lateralmente consiste por lo general en la búsqueda de metáforas o analogías. El patrón de analogía de *El poder de la palabra* implica descubrir una relación análoga a la definida por la generalización o el juicio, que nos aporte una nueva perspectiva sobre las implicaciones de esa generalización o ese juicio. Podemos decir, por ejemplo, que la «discapacidad para aprender» *es como* el «mal funcionamiento de un programa informático». Eso nos conduciría automáticamente a formular preguntas como: «¿Dónde está el fallo?», «¿Cuál es la causa y cómo puede ser corregida?», «¿Viene el problema de alguna línea concreta de programación? ¿Del medio físico del ordenador? ¿O tal vez el problema está en el programador?»

Analogías como ésta nos estimulan a enriquecer nuestra perspectiva sobre una generalización o un juicio en concreto, así como a desvelar y evaluar nuestras presuposiciones, al mismo tiempo que nos ayudan a cambiar de un marco-problema a un marco-objetivo o a un marco-realimentación.

Una «discapacidad   *es análoga a*   →   Un defecto en un
para aprender»   programa informático

*¿Dónde está el problema
y cuál es su causa?*

**«Fragmentar lateralmente» implica descubrir
analogías susceptibles de estimular ideas y perspectivas nuevas**

Según el antropólogo y teórico de la comunicación Gregory Bateson, «fragmentar lateralmente» para descubrir analogías constituye una de las funciones del *pensamiento abductivo*, modalidad del pensamiento distinta de la «inductiva» y la «deductiva».

El razonamiento inductivo implica la clasificación de objetos o fenómenos particulares de acuerdo con sus características comunes, por ejemplo, percatarse de que todos los pájaros tienen plumas. Esta modalidad de pensamiento es esencial para «fragmentar hacia arriba».

El razonamiento deductivo comporta formular predicciones acerca de determinado objeto o fenómeno basándonos en su clasificación, como en el caso de la lógica del tipo «*si-entonces*». La deducción implica «fragmentar hacia abajo».

El razonamiento abductivo implica buscar las similitudes entre objetos y fenómenos, es decir, «fragmentar lateralmente».

Gregory Bateson esclareció la diferencia entre la lógica deductiva y el pensamiento abductivo contrastando los siguientes razonamientos:

Deductivo	*Abductivo*
Los hombres mueren.	Los hombres mueren.
Sócrates es un hombre.	La hierba muere.
Sócrates morirá.	Los hombres son hierba.

Comparación entre procesos de pensamiento deductivo y abductivo

Según Bateson, las modalidades inductiva y deductiva se centran más en los objetos y las categorías que en la estructura y la relación. Bateson argumenta que razonar exclusivamente a través de estas dos modalidades de pensamiento puede causar rigidez en el modo de pensar. El pensamiento abductivo o metafórico conduce a una mayor creatividad y puede, en realidad, llevarnos a descubrir verdades más profundas acerca de la realidad.

Practica tú mismo este proceso. Vuelve a tomar la misma etiqueta, juicio o generalización negativos que utilizaste en el ejercicio anterior. «Fragmenta lateralmente» en busca de algún otro proceso o fenómeno, análogo al definido por la etiqueta, el juicio o la evaluación (es decir, que sea una metáfora para ellos), pero que tenga implicaciones más ricas o más positivas que las que comporta la expresión actual de esa etiqueta, juicio o generalización, o bien que estimule una perspectiva completamente diferente respecto a ellas.

es análoga a

Palabra clave → *Otros procesos o fenómenos*

Por ejemplo, una analogía a «fracaso» podría ser la incapacidad de Cristóbal Colón para establecer una ruta comercial a Oriente, que lo condujo a las costas de América del Norte. La cría de cisne (o «patito feo») constituye un ejemplo clásico de analogía para una persona «poco atractiva». Podría establecerse otra analogía parecida entre «gasto» y la «energía» requerida para el ejercicio físico o el crecimiento. Y así sucesivamente.

Ejercicio: Busca isomorfismos

La capacidad para «fragmentar lateralmente» y crear analogías constituye una habilidad fundamental para la construcción de metáforas terapéuticas. Éstas implican el establecimiento de isomorfismos o paralelismos entre los personajes y los sucesos del relato y la situación personal de quien lo escucha, con el objetivo de ayudarlo a encontrar nuevas perspectivas y activar recursos.

El ejercicio siguiente te ayudará a desarrollar y aplicar tus habilidades de pensamiento lateral:

En grupos de tres personas, A, B y C:

1. A habla a B y C de un problema o de una situación presentes, para los que le gustaría obtener algún consejo. Por ejemplo, A desearía tener una nueva relación, pero duda debido a los problemas experimentados en relaciones anteriores.

2. B y C están atentos a los elementos significativos de la situación o el problema de A, por ejemplo: «La atención de A sobre el pasado le impide avanzar en su vida».

3. B y C hablan entre sí para ponerse de acuerdo sobre los elementos, personajes, relaciones y procesos contextualmente significativos en la situación o el problema de A. B los expresa verbalmente a A para comprobar su exactitud.

4. B y C trabajan juntos para presentar una metáfora a A. B y C pueden utilizar las siguientes fuentes de inspiración:

   Fantasía
   Temas universales
   Experiencias de la vida en general
   Experiencias de la vida personal
   Naturaleza (animales, estaciones, plantas, geología, geografía, etc.)
   Cuentos populares
   Ciencia ficción
   Deportes

Por ejemplo: «Mi abuelo me enseñó a conducir. Me dijo que podía conducir con seguridad mirando sólo al retrovisor siempre que la carretera delante de mí fuera exactamente la misma que la que dejaba atrás».

5. Cambiar de papeles hasta que todos hayan estado en el de A.

Puntuación y repuntuación

Las diversas formas de fragmentar (hacia arriba, hacia abajo y lateralmente) proporcionan un poderoso conjunto de herramientas lingüísticas con las que enriquecer, reencuadrar y «re-puntuar» nuestros mapas del mundo. Distintas «puntuaciones» de nuestra percepción del mundo nos permiten crear diferentes significados de una misma experiencia. En el lenguaje hablado, por ejemplo, puntuamos las palabras de varias formas diferentes: como preguntas, como afirmaciones o como exclamaciones. Las comas, los signos de exclamación o interrogación nos permiten comprender el significado implícito. En la organización de nuestra experiencia ocurre algo parecido.

El diccionario define puntuar como «poner en la escritura los signos ortográficos necesarios para distinguir el valor prosódico de las palabras y el sentido de las oraciones y de cada uno de sus miembros». En PNL, el término «puntuación» se utiliza para referirse al modo en que el individuo fragmente una experiencia en unidades de percepción significativas. Esta clase de puntuación cognitiva funciona de forma análoga al modo en que la puntuación lingüística opera en el lenguaje hablado y escrito.

Tomemos como ejemplo las siguientes palabras:

lo que es es lo que no es no es no es así así es

A primera vista no parecen más que un parloteo carente de sentido. Pero observa lo que sucede cuando se puntúan como sigue:

Lo que es, es. Lo que no es, no es. ¿No es así? ¡Así es!

Parece que de repente cobran cierto sentido. La puntuación, situada a un nivel distinto al de las propias palabras, las organiza y las «enmarca» de modo que nuestra percepción de ellas cambia. Estas palabras podrían ser puntuadas también de modo distinto. Compara la puntuación anterior con los siguientes ejemplos:

Lo que es, es lo que no es, no es, no es. Así, así es.
Lo que, es. Es, lo que no es. No es. No es así. Así es.

El contenido de nuestra experiencia es como la primera de estas series de palabras. Es relativamente neutral e incluso está vacío de cualquier significado real. Procesos cognitivos como la fragmentación, la percepción del tiempo y los canales representacionales, determinan dónde colocar los interrogantes, los signos de admiración, las comas y los puntos mentales y emocionales. Nuestra puntuación mental influye sobre qué percepciones agrupamos, dónde centramos la atención, qué tipo de relaciones vamos a percibir, etc. Por ejemplo, considerar un acontecimiento en términos de sus implicaciones «a largo plazo», le conferirá un significado completamente distinto a considerarlo en relación con el «pasado inmediato». Ver un detalle en relación con la «gran imagen» es muy diferente a verlo en relación con otros detalles.

Las personas no suelen discutir, deprimirse, o matarse unas a otras por el contenido de su experiencia ni por sus respectivos mapas del mundo, sino más bien por el lugar donde colocan los signos de exclamación y los interrogantes, pues confieren distintos significados a ese contenido.

Tomemos, por ejemplo, una información como: «Los beneficios han caído el trimestre pasado». He aquí cómo puntuarían esos mismos datos un soñador, un realista y un crítico, sobre la base de sus respectivos valores, creencias y expectativas:

Crítico: Los beneficios han caído el trimestre pasado. ¡Eso es terrible! ¡Estamos arruinados (signo de exclamación)!

Realista: Los beneficios han caído el trimestre pasado. Ya hemos atravesado momentos difíciles en otras ocasiones (coma), ¿qué podríamos hacer para esforzarnos más (interrogante)?

Soñador: Los beneficios han caído el trimestre pasado. No es más que un tropezón en el camino (punto y coma); lo peor ya ha pasado. A partir de aquí las cosas mejorarán.

El poder de la palabra trata, en gran medida, del modo en que el lenguaje nos lleva a puntuar y repuntuar nuestros mapas del mundo, así como del modo en que estas puntuaciones le dan sentido a nuestra experiencia.

4

Valores y criterios

La estructura del significado

El significado está relacionado con la intención o el sentido de un mensaje o una experiencia. El equivalente inglés para «significado» es *meaning*, del inglés hablado entre los siglos XII y XIV *menen* (inglés antiguo *maenan*), equivalente a su vez del alemán antiguo *meinen*, que significa «tener en mente». Así pues, *meaning*, «significado», se refiere a las representaciones o experiencias internas asociadas con estímulos y acontecimientos externos.

Los modelos y procesos de PNL, como los que *El poder de la palabra* representa, fueron desarrollados con el objetivo de explorar y descubrir «cómo» simbolizamos, significamos o representamos los datos empíricos, cómo interpretamos esos datos y les damos un significado interno en nuestros mapas mentales del mundo, es decir, cómo construimos a partir de ellos un «sentido». Desde la perspectiva de la PNL, el significado es una función de la relación entre «mapa y territorio». Diferentes mapas del mundo producirán significados internos distintos para un mismo territorio de experiencia. Un mismo incidente o una misma experiencia en el mundo externo cobrarán significados distintos en individuos diferentes o en culturas distintas, dependiendo de cómo sean sus respectivos mapas internos. Tener mucho dinero, por ejemplo, puede ser visto como un «éxito» para algunos, pero también como un «riesgo» o una «carga» por otros. En una cultura árabe, por ejemplo, eructar significa «gracias por la excelente comida». En otras culturas, en cambio, eso significaría que la persona se siente indispuesta, no tiene modales o es grosera.

Todos los animales tienen la capacidad de crear códigos y

mapas del mundo, así como de dar significado a su experiencia a partir de esos mapas. El significado es la consecuencia natural de nuestra interpretación de la experiencia. Qué significado extraemos y cómo lo extraemos está en función de la riqueza y la flexibilidad de nuestras representaciones internas del mundo. Un mapa limitado de la experiencia producirá, con toda probabilidad, un significado igualmente limitado. La PNL subraya la importancia de explorar diferentes perspectivas y niveles de experiencia, para crear así la posibilidad de descubrir distintos significados potenciales en relación con determinada situación o experiencia.

Habida cuenta de que el significado es una función de nuestras *representaciones internas* de la experiencia, alterar estas representaciones internas puede alterar también el significado que esa experiencia vaya a tener para nosotros. Las representaciones sensoriales constituyen la «estructura profunda» de nuestro lenguaje. Sentir el «éxito» es una experiencia distinta a visualizarlo o a hablar de él. Cambiar el color, el tono, la intensidad, la cantidad de movimiento, etc. (las cualidades de «submodalidad»), de las representaciones internas alterará también el significado y el impacto de determinada experiencia.

En significado está asimismo muy influido por el *contexto*. Una misma comunicación o conducta tendrá diferentes significados en contextos distintos. Responderemos de forma diferente si vemos a alguien apuñalado o acribillado a balazos en la ficción de un escenario, que si lo vemos tendido en medio del callejón que hay detrás de ese mismo teatro. Así pues, tanto la percepción del contexto como los indicios contextuales constituyen un aspecto importante de la capacidad de extraer sentido de un mensaje o un acontecimiento.

Los *marcos* mentales que colocamos en torno a nuestra percepción de una situación, de un suceso o de un mensaje sirven a modo de contexto generado en nuestro interior para nuestra experiencia. Percibir una situación desde un «marco-problema», por ejemplo, centrará nuestra atención en determinados aspectos de esa situación y nos llevará a atribuir significados a los acontecimientos, distintos a si percibimos la misma situación desde un «marco-objetivo» o desde un «marco-realimentaciónen-vez-de-fracaso». Las presuposiciones acerca de la *intención* tras determinado comportamiento o determinada comunicación crean, asimismo, cierta clase de marco que influirá sobre el modo en que serán interpretadas. Ésta es la razón que hace que los procesos de PNL de enmarcar y reencuadrar sean herramientas con tanto poder para la transformación del significado de una situación o experiencia.

El *medio* o *canal* a través del que se recibe o se percibe un mensaje o una experiencia, constituye otra fuente de influencia sobre el significado. Una palabra hablada suscitará distinta clase de significado que un símbolo visual, que un contacto físico o que un olor. El teórico del medio Marshall McLuhan asegura que el medio por el que el mensaje es transmitido tiene más importancia sobre cómo se recibe y se interpreta éste que el propio mensaje por sí mismo.

Así pues, el modo en que cada cual extraerá sentido de una comunicación está en gran medida determinado por los paramensajes y *metamensajes* que acompañen a esa comunicación. Los metamensajes no verbales son como guías y marcadores de los mensajes transmitidos, que nos indican cómo interpretarlos para darles el significado adecuado. Las mismas palabras pronunciadas con entonación y énfasis distintos tendrán significados muy diferentes. Por ejemplo, es muy diferente decir «¿No?» que decir «No» o que decir «¡No!»

Uno de los principios fundamentales de la PNL consiste en que *para el receptor, el significado de toda comunicación consiste en la respuesta que suscita en él, sea cual fuere la intención del comunicador.* Veamos un ejemplo, muy realista, de un castillo medieval que estaba bajo el asedio de un ejército extranjero. A medida que el asedio se prolongaba, la comida comenzaba a escasear entre los sitiados. Con él ánimo de no rendirse, decidieron mostrar su determinación. Colocaron en un cesto los pocos alimentos que les quedaban y los catapultaron sobre sus asaltantes. Cuando éstos, que también comenzaban a andar escasos de suministros, vieron caer sobre ellos aquellos alimentos, interpretaron que los del castillo tenían tanta comida que podían permitirse lanzar parte de ella a sus atacantes para desafiarles. Para sorpresa de los sitiados, las tropas asaltantes, descorazonadas por su propia interpretación del mensaje, abandonaron precipitadamente el asedio.

Fundamentalmente, el significado es producto de nuestros *valores* y nuestras *creencias*. Está relacionado con la pregunta «¿Por qué?» Los mensajes, acontecimientos y experiencias que encontramos más «significativos» son aquellos que están más conectados con nuestros valores fundamentales (seguridad, supervivencia, crecimiento, etc.) Las creencias relacionadas con causa-y-efecto, junto con la conexión entre los acontecimientos percibidos y nuestros valores, determinan en gran medida el significado que otorgamos a esos acontecimientos. Alterar las creencias y los valores puede cambiar de inmediato el significado de nuestras experiencias vitales. Los patrones de *El poder de la palabra* operan cambiando el significado de los acontecimientos y las experiencias, por medio de la actualización o del cambio de los valores y las creencias asociados a esos acontecimientos.

Valores y motivación

Según el diccionario *Webster's*, los *valores* son «principios, cualidades o entidades que resultan intrínsecamente valiosos o deseables». En su origen, el término «valor» se refería a «la valía de algo», sobre todo en términos del sentido económico de intercambio comercial. Bajo la influencia de filósofos como Friederich Nietzsche, el uso del término se amplió en el siglo XIX hasta incluir una interpretación más filosófica. Estos filósofos acuñaron el término *axiología* (del griego *axios* o «valioso») para referirse al estudio de los valores.

Habida cuenta de lo asociados que están a los conceptos de valía, sentido y deseo, los valores constituyen en la vida del ser humano una fuente primaria de motivación. Cuando nuestros valores se ven satisfechos o correspondidos, sentimos satisfacción, armonía o sintonía. Cuando sucede lo contrario, solemos sentirnos insatisfechos, incongruentes o violentados.

A modo de exploración de tus propios valores, considera por un momento cómo responderías a las siguientes preguntas: «En líneas generales, ¿qué es lo que te motiva?», «¿qué es lo más importante para ti?», «¿qué te mueve a la acción, qué te saca de la cama por la mañana?»

Entre las respuestas posibles podrían contarse:

Éxito
Elogio
Reconocimiento
Responsabilidad
Placer
Amor y aceptación
Logro
Creatividad

Valores como éstos influyen en y dirigen fuertemente los objetivos que nos fijamos y las opciones que elegimos. Los objetivos que nos fijamos son, en efecto, la expresión tangible de nuestros valores. Por ejemplo, lo más probable es que la persona cuyo objetivo consista en «crear un equipo eficaz», la mueva el valor de «trabajar con otras personas». Quien se fije el objetivo de «aumentar los beneficios», probablemente lo hará porque trata de satisfacer el valor de «éxito financiero». De forma parecida, la persona que se sienta motivada por la «estabilidad» como valor, se marcará objetivos relacionados con la satisfacción de este valor en su vida personal o profesional. Esta persona buscará objetivos distintos a los de otra cuyo valor sea, por ejemplo, la «flexibilidad». Quien valore la estabilidad se contentará con un empleo de 9 a 5, con un salario garantizado y unas funciones bien definidas. Quien valore la flexibilidad, en cambio, tratará de encontrar un empleo que implique variedad de funciones y de horario.

Los valores de la persona también moldearán el modo en el que «puntuará» o atribuirá significado a su propia percepción de una situación concreta. Ello determina qué clase de estrategias mentales seleccionará para abordar esa situación, así como, en última instancia, las acciones que realizará en ella. Quien valore la «seguridad», por ejemplo, estará constantemente evaluando la situación o la actividad para detectar cualquier «peligro» potencial. Quien valore en cambio la «diversión», evaluará esa misma situación o actividad por las oportunidades de recreo o juego que pueda proporcionar.

Así pues, los valores constituyen la base de la motivación y de la persuasión, actuando a modo de poderoso filtro de percepción. Cuando conseguimos conectar nuestros planes y objetivos futuros con nuestros valores y criterios fundamentales, esos objetivos se vuelven mucho más incitadores. Todos los patrones de *El poder de la palabra* giran en torno a una utilización del lenguaje destinada a vincular diversos aspectos de nuestra experiencia y nuestros mapas del mundo con nuestros valores fundamentales.

Criterios y juicios

En PNL, los valores son a menudo equiparados con lo que se conoce como «criterios», aunque ambos conceptos no sean del todo sinónimos. Los valores están relacionados con lo que queremos o deseamos. Los *criterios*, en cambio, lo están con los estándares y las pruebas que aplicaremos para tomar decisiones y formular juicios. El término proviene de la palabra griega *krites*, que significa «juez o árbitro». Nuestros criterios definen y moldean la clase de estados deseados que buscaremos, y determinan las pruebas que utilizaremos para evaluar nuestro éxito y nuestro progreso en relación con estos estados deseados. Por ejemplo, aplicar el criterio de «estabilidad» a un producto, una organización o una familia, conducirá a determinados juicios y conclusiones. Aplicar en cambio el criterio de «capacidad de adaptación» llevará a otra clase de juicios y conclusiones sobre ese mismo producto, esa misma organización o esa misma familia.

Los criterios pueden ser aplicados a cualquier clase de niveles de experiencia. Podemos tener criterios medioambientales, conductuales e intelectuales, al mismo tiempo que criterios basados en emociones. Desde esta perspectiva, los valores son parecidos a lo que en PNL denominamos *criterios fundamentales*.

Los valores y los criterios fundamentales constituyen ejemplos clásicos de experiencia «subjetiva», en contraste con los «datos» y las acciones observables, que representan la «objetividad». Dos personas pueden afirmar que poseen los mismos valores y, sin embargo, actuar de forma muy diferente en situaciones parecidas. Ello se debe a que, a pesar de que las personas compartan valores parecidos (como «éxito», «armonía» o «respeto»), sus respectivas evidencias requeridas para determinar si esos criterios están siendo satisfechos o, por el contrario, vulnerados, pueden diferir substancialmente. Esta realidad suele ser causa tanto de conflicto como de diversidad creativa.

Uno de los retos en la definición, enseñanza, debate, o incluso conversación sobre valores y criterios, consiste en que el lenguaje utilizado para expresarlos sea a menudo muy general y muy poco «basado-en-los-sentidos». Valores y criterios básicos son a menudo expresados con palabras tales como «éxito», «seguridad», «amor», «integridad», etc. Esta clase de palabras, conocidas en PNL como nominalizaciones, suele ser notablemente «resbaladiza». Como etiquetas, tienden a estar mucho más alejadas de cualquier experiencia sensorial específica que otras como «silla», «correr», «sentarse», «casa», etc. Ello hace que sean mucho más susceptibles de sufrir los procesos de generalización, supresión y distorsión. No es raro ver a dos personas proclamando los mismos valores y actuando de forma diferente en situaciones similares, y ello debido a la enorme diferencia entre sus respectivas definiciones subjetivas de esos mismos valores.

Por supuesto, también suele ocurrir que las personas actúen desde valores distintos. Puede que una persona o un grupo busquen «estabilidad» y «seguridad», mientras que otras aspiran a «crecimiento» y «autodesarrollo». Reconocer que las personas tienen diferentes valores y criterios es fundamental para la resolución de conflictos y el manejo de la diversidad. El contacto entre culturas, las fusiones entre organizaciones y las transiciones en la vida de las personas plantean, a menudo, cuestiones relacionadas con las diferencias entre criterios y valores.

Los principios y patrones de *El poder de la palabra* pueden ser utilizados de varios modos para ayudar a resolver cuestiones y problemas relacionados con los valores y los criterios:

1. «Encadenando» criterios y valores por medio de su redefinición.
2. Fragmentando hacia abajo para definir «equivalencias de criterio».
3. Fragmentando hacia arriba para identificar y utilizar «jerarquías» de valores y criterios.

Redefinir valores y criterios para encadenarlos

Se presentan a menudo situaciones en las que parece que haya diferencias entre los valores o criterios fundamentales de personas o grupos. Una empresa, por ejemplo, puede tener la «globalización» como valor fundamental. Para algunas de las personas de esa empresa, sin embargo, tal vez el valor fundamental sea la «seguridad». Si no son atendidas de la forma adecuada, esta clase de diferencias aparentemente fundamentales pueden generar conflictos y disensiones.

Un modo de tratar con los conflictos percibidos entre valores consiste en utilizar el patrón de *redefinición* de *El poder de la palabra* para crear un vínculo o «cadena» que una estos criterios divergentes. Por ejemplo, el término «globalización» puede ser fácilmente reencuadrado como «trabajar junto con personas diversas». «Seguridad», en «la confianza de formar parte de un grupo». En muchos aspectos, «trabajar junto con personas diversas» y «formar parte de un grupo» son conceptos parecidos. De este modo, estos sencillos reencuadres verbales consiguen superar el abismo entre dos criterios que parecían incompatibles.

Prueba a hacerlo tú mismo utilizando los espacios habilitados más abajo. Anota dos criterios aparentemente opuestos en los espacios titulados Criterio 1 y Criterio 2. Reencuádralos luego utilizando palabras o frases compatibles con esos criterios, pero que proporcionen una perspectiva distinta. Trata de encontrar reencuadres que «encadenen» los dos criterios iniciales de forma que éstos puedan ya ser compatibles.

Por ejemplo:

Profesionalidad > *Integridad personal*   *Autoexpresión* < **Libertad**
Criterio 1 ➤   *Reencuadre 1*   *Reencuadre 2* ◄─Criterio2

Procura ahora encontrar reencuadres que ayuden a encadenar los dos criterios siguientes:

Atención ➤ _____   _____ ◄─ **Aumento**
al cliente   **de beneficios**
Criterio 1 ➤   *Reencuadre 1*   *Reencuadre 2* ◄─ Criterio 2

Escribe ahora tus propios ejemplos de Criterio 1 y Criterio 2 en los espacios habilitados y busca reencuadres simples que ayuden a establecer el vínculo entre ambos.

_____   _____   _____   _____
Criterio 1 ➤   *Reencuadre 1*   *Reencuadre 2* ◄─ Criterio 2

_____   _____   _____   _____
Criterio 1 ➤   *Reencuadre 1*   *Reencuadre 2* ◄─ Criterio 2

Encadenar criterios es una modalidad de «fragmentación lateral» orientada a la unión de valores aparentemente contradictorios. Otra posibilidad para evitar o resolver las limitaciones y los conflictos potenciales, susceptibles de surgir del lenguaje utilizado para expresar valores, consiste en «fragmentar hacia abajo» los valores y las afirmaciones para convertirlos en expresiones más específicas o, lo que es lo mismo, en *equivalencias de criterio.*

Fragmentar hacia abajo para definir «equivalencias de criterio»

«Equivalencia de criterio» es el término que utiliza la PNL para describir las evidencias específicas y observables que las personas utilizan para decidir si determinado criterio ha sido o no satisfecho. Los «criterios» están relacionados con objetivos y valores. Las «equivalencias de criterio» están relacionadas con las experiencias y las normas que las personas utilizan para evaluar su éxito en la satisfacción de determinados criterios. Los valores y los criterios suelen ser de carácter muy general, abstracto y ambiguo. Pueden presentar formas y aspectos muy diversos. Las equivalencias de criterio son las demostraciones u observaciones sensoriales o conductuales específicas utilizadas para saber si un criterio está o no siendo satisfecho. Las equivalencias de criterio son el resultado de los procedimientos de prueba. Un *procedimiento de prueba* une el *porqué* (los criterios y los valores) con el *cómo* (las observaciones y las estrategias utilizadas para tratar de satisfacer los criterios).

El tipo de evidencia sensorial, o de equivalencia de criterio, que una persona utiliza para evaluar una idea, un producto o una situación determinará en gran medida si éstos serán juzgados como interesantes, deseables, exitosos, etc. Las personas suelen diferir en cuanto a sus canales sensoriales, su nivel de detalle y las perspectivas que utilizan para evaluar su éxito en la satisfacción de sus criterios. La persuasión eficaz, por ejemplo, implica la capacidad para identificar y satisfacer los criterios fundamentales de la otra persona, igualando para ello su equivalencia de criterio. Establecer criterios y equivalencias de criterio constituye asimismo un aspecto importante para la construcción de equipos, para la creación y el mantenimiento de una cultura organizacional y para la planificación estratégica.

Definir equivalencias de criterio implica preguntar: «¿Cómo podemos saber si determinada conducta o consecuencia cumple con determinado criterio o valor?» En el ámbito personal, mantenemos o nos representamos la «estructura más profunda» de nuestros valores de forma no lingüística bajo el aspecto de imágenes, sonidos, palabras y sensaciones internas. Para explorar algunas de tus equivalencias de criterio, prueba lo siguiente:

1. Piensa en algún valor o criterio que sea importante para ti satisfacer (calidad, creatividad, singularidad, salud, etc.)

2. ¿Cómo podrás saber, de forma específica, que has conseguido satisfacer ese valor o criterio? ¿Es algo que verás, que oirás, que sentirás? ¿Sabes si se basa exclusivamente en tu propia evaluación, o necesitarás por el contrario verificación externa (por ejemplo, de otra persona o de una medición objetiva)?

Las percepciones sensoriales que conforman nuestras equivalencias de criterio influyen en gran medida en el modo en que pensamos y sentimos acerca de algo. Considera el modo en que tus percepciones sensoriales influyen sobre tu grado de motivación. Recuerda, por ejemplo, algún anuncio en la televisión que te haya hecho apetecer la posesión del producto anunciado. ¿Qué fue lo que te estimuló a desear adquirir ese producto? ¿El color, la luz, la música, las palabras, el tono de la voz, el movimiento? Estas características particulares se conocen en PNL con el nombre de «submodalidades», y juegan a menudo un papel significativo en las estrategias de motivación de las personas.

Explóralo tú mismo con el ejercicio siguiente:

1. Imagina que ya has alcanzado un objetivo o un resultado que se corresponde con los criterios que acabas de definir, y que ya los estás disfrutando.

2. Ajusta las cualidades sensoriales de tu experiencia interna de modo que se haga más motivadora y atractiva. ¿Sucede eso cuando añades más color, más brillo, más sonido, más palabras, más movimiento? ¿Qué pasa cuando alejas o acercas la imagen? ¿Qué sucede si subes o bajas el volumen de los sonidos y las palabras? ¿Qué experimentas cuando aceleras o retardas el movimiento? Identifica qué cualidades te hacen sentir mejor esa experiencia.

Estrategias de realidad

Las equivalencias de criterio están estrechamente relacionadas con la *estrategia de realidad* de la persona. Las estrategias de realidad involucran la secuencia de pruebas mentales y los criterios internos que la persona aplica para evaluar si una experiencia o un acontecimiento particulares son o no «reales» o «han sucedido en realidad». Se trata esencialmente de la estrategia por la que distinguimos la «fantasía» de la «realidad».

Es propio de la infancia pretender que ha sucedido algo que, en realidad, no fue más que un sueño o una fantasía. Incluso muchos no están del todo seguros de si alguna experiencia fuerte de su infancia fue real o imaginada. Otra experiencia corriente del mismo fenómeno sucede cuando estamos absolutamente seguros de haberle dicho algo a alguien, pero esa persona lo niega en redondo y más tarde nos damos cuenta de que, en efecto, lo planteamos en nuestra mente pero nunca lo llegamos a expresar.

Desde la perspectiva de la PNL, nunca podemos estar seguros de dónde está la realidad, porque nuestro cerebro nunca conoce *realmente* la diferencia entre la experiencia vivida y la imaginada. Lo cierto es que, para representar ambas experiencias, utilizamos las mismas células del cerebro. No existen partes específicas del cerebro que hayan sido diseñadas para la «fantasía» o para la «realidad». Debido a ello, necesitamos disponer de alguna estrategia que nos confirme que la información recibida por los sentidos supera determinadas verificaciones que la imaginada no puede superar.

Prueba un pequeño experimento. Piensa en algo que pudieras haber hecho ayer, pero que en realidad no hiciste. Por ejemplo, ir de compras, aunque después de todo no fuiste. Luego piensa en algo que sí hiciste, como por ejemplo ir a trabajar o verte con un amigo. Contrasta ambas experiencias en tu mente. ¿Cómo determinas que no hiciste lo uno e hiciste lo otro? Puede que la diferencia sea sutil, pero las cualidades de tus imágenes internas, los sonidos y las sensaciones cinestésicas de ambas experiencias diferirán probablemente de algún modo. Contrasta tu experiencia imaginada con tu experiencia real y comprueba tus representaciones internas. ¿Están situadas en el mismo lugar de tu campo de visión? ¿Es una más clara que la otra? ¿Es una de ellas una película y la otra una imagen fija? ¿Qué hay de las cualidades o sensaciones asociadas con cada una de ellas?

La calidad de la información percibida por los sentidos está, de algún modo, codificada con mayor precisión si la experiencia es real que si es imaginada. Ahí reside la diferencia. Dispones de una «estrategia de realidad» que te permite distinguir entre las dos experiencias.

Muchas personas tratan de cambiar o «reprogramarse» visualizándose a sí mismas en posesión del éxito. A quienes usen esta estrategia de forma natural les funcionará de maravilla. En cambio, para quienes utilicen una voz interior que les diga «¡Tú puedes!», esa misma estrategia no funcionará. Si deseo convencerte de algo, o hacer que una cosa parezca real para ti, tendré que hacerlo de tal modo que encaje con tu propia estrategia de realidad. Tengo que conseguir que sea consistente con las cualidades requeridas para tus imágenes, sensaciones y sonidos internos, es decir, tus submodalidades. Así pues, si quiero ayudarte de algún modo a cambiar tu comportamiento, deberé asegurarme de que el resultado encaje contigo como persona. Identificando tu propia estrategia de realidad podrás determinar con precisión *cómo* necesitas representarte un cambio de comportamiento para que te convenzas de que se trata de algo que puedes conseguir.

En muchos aspectos, la PNL consiste en el estudio del modo en que creamos nuestros propios mapas de la realidad, de qué es lo que mantiene esa realidad o ese mapa de forma estable, de cómo se desestabiliza y qué es lo que hace que un mapa sea o no eficaz. La PNL presupone la existencia de tres realidades distintas, expresadas en nuestros mapas del mundo.

Tanto el sistema o las estrategias de la realidad que creamos, como el modo en que ese sistema interactúa para formar nuestros mapas de la realidad, han sido objeto de la atención de la Programación Neurolingüística desde sus inicios. Las estrategias de realidad son el adhesivo que mantiene unidos nuestros mapas del mundo, constituyen el modo en que «sabemos» que algo es lo que es. Considera el siguiente ejemplo de averiguación de la estrategia de realidad de una persona a partir de su nombre:

Pregunta: ¿Cómo te llamas?

Lucy: Lucy.

P: ¿Y cómo sabes que te llamas así?

L: Bueno, así me han llamado toda mi vida.

P: ¿Y cómo sabes, estando ahí sentada, que así es como te han llamado «toda tu vida»? ¿Acaso oyes voces?

L: Sí, oigo una voz que me dice: «Me llamo Lucy».

P: Si no tuvieras ésa voz que te dice que te llamas Lucy, ¿cómo sabrías que ése es tu nombre?

L: Veo un cartel ante mis ojos con la palabra «Lucy» escrita en él.

P: Si no pudieras ver ese cartel, o si estuviera tan borroso que no pudieses leer el nombre, ¿cómo podrías saber que te llamas Lucy?

L: No podría saberlo.

P: Y si vieras muchos carteles con nombres distintos, ¿cómo sabrías que el que lleva escrito «Lucy» es el tuyo?

L: Es un sentimiento.

Este ejemplo ilustra algunas características comunes como «estrategia de realidad». La persona «sabe» que Lucy es realmente su nombre porque dispone de múltiples sistemas de representación «cruzados». En última instancia, «Lucy» tiene un sentimiento asociado con su nombre. Si pudiera hacer algo para librarse de ese sentimiento, resultaría interesante ver cómo se las arreglaba para seguir sabiendo su nombre. Si este mismo ejercicio se lleva lo suficientemente lejos, la persona puede llegar incluso a dudar de algo tan básico como su propio nombre.

Cuando alguien comienza a llegar realmente a la raíz de su estrategia de realidad puede sentirse algo desorientado, e incluso asustado. Pero también está abriendo la puerta a nuevos descubrimientos y enseñanzas. Como ejemplo, un psicoanalista que estudiaba PNL se mostró muy interesado por descubrir su estrategia de realidad. Primero averiguó que tenía un diálogo interior constante consigo mismo. Luego se percató de que etiquetaba verbalmente para sí mismo todas sus experiencias. Por ejemplo, al entrar en una habitación comenzaba a decirse: «un cuadro», «un sofá», «una chimenea», etc. Al preguntarle si podía silenciar aquella voz, se mostró reticente a hacerlo porque temía que iba a perder el contacto con la realidad, tal como él la conocía. Al preguntarle si había algo más que pudiera hacer para desprenderse sin problemas de sus voces internas respondió: «Necesito algo a lo que agarrarme». Se le instruyó a tener agarrada una cuchara y mantener de este modo el contacto con la realidad de forma cinestésica. Al hacerlo, pudo expandir su estrategia de realidad y abrirse literalmente a una nueva forma «no verbal» de experimentar la realidad.

Ejercicio de estrategia de realidad

Parte I:

a) Elige algo trivial que hayas hecho ayer, junto con algo que podrías haber hecho pero no hiciste. Asegúrate de que lo que podrías haber hecho pero no hiciste sea algo que esté por completo dentro de tu ámbito de comportamiento. No pienses en poner manteca de cacahuete a tu helado cuando no te gusta el helado con manteca de cacahuete, porque nunca lo hubieras hecho. Mejor elige como ejemplo algo que ya hayas hecho antes, como cepillarte los dientes o tomarte una taza de té. La única diferencia es que ayer, precisamente, hiciste «realmente» una de las dos cosas. Por ejemplo, te cepillaste los dientes, pero no te tomaste una taza de té (a pesar de que te la podrías haber tomado perfectamente).

¿Cuál es la diferencia?

Explora tu estrategia de realidad contrastando un recuerdo de algo que sucedió ayer con algo que podría haber sucedido pero no sucedió.

b) Determina cómo conoces la diferencia entre lo que hiciste y lo que no hiciste pero podrías haber hecho. Lo que se te ocurra primero será por lo general tu verificación más obvia de la realidad. Puede que tengas una imagen de lo uno pero no de lo otro. Una vez que hayas construido esa imagen, tal vez observes otras cosas. Comprueba, por ejemplo, las diferencias de submodalidad. Quizás una sea una película y la otra una foto fija. Tal vez una tenga más brillo y más color que la otra. Para explorar capas cada vez más profundas de tu estrategia de realidad, toma cada una de las distinciones que descubras y aplícala al recuerdo de lo que «no sucedió» realmente. Es decir, haz que las cualidades sensoriales del hecho que no sucedió se parezcan cada vez más a las del que sí sucedió. ¿Cómo sigues sabiendo que uno sucedió y el otro no? Continúa haciendo que el recuerdo de lo que «no sucedió» realmente se parezca cada vez más al de lo que «sí sucedió», hasta que no encuentres ya diferencia alguna.

La siguiente relación incluye algunos de los medios por los que las personas «saben» que algo ha sucedido «realmente»:

1) *Tiempo* – ¿Qué acude a tu mente en primer lugar? A menudo determinamos que una experiencia es «real» porque se trata de la primera asociación que hacemos cuando se nos pide que pensemos en ello.

2) *Implicación de múltiples sistemas de representación* – En otras palabras, hay vistas, sonidos, sensaciones, gustos y olores asociados con la experiencia. Por lo general, cuantos más sentidos estén involucrados en un recuerdo, más «real» nos parecerá.

3) *Submodalidades* – La cualidad sensorial de una experiencia interna constituye una de las estrategias de realidad más comunes. Cuando una imagen mental está asociada, es intensa, clara, de tamaño real, etc., parece más «real».

4) *Continuidad* – La correspondencia de un recuerdo concreto (su «flujo lógico») con el recuerdo de otros sucesos inmediatamente anteriores y posteriores al que estamos prestando nuestra atención. Si algo no «encaja» con nuestros demás recuerdos, nos parecerá menos «real».

5) *Probabilidad* – La probabilidad es una evaluación de la posibilidad de que algo ocurra, sobre la base de que disponemos de comportamientos anteriores. En ocasiones percibimos algo como no «real» porque nos parece «improbable» o poco viable que haya ocurrido, habida cuenta del resto de la información de la que ya disponemos. (Eso comienza a superponerse con nuestra creencia de estrategias convincentes.)

6) *Contexto* – El grado de detalle en relación con el entorno o los antecedentes de algún recuerdo constituyen otros indicadores de lo «real» que puede o no ser. A menudo, las experiencias manufacturadas eliminan detalles del contexto circundante, debido a que no se consideran importantes.

7) *Congruencia* – El grado en el que alguna experiencia encaja con nuestras creencias en relación con nuestros propios hábitos y valores influye también en nuestra percepción de su «realidad». Es menos probable que percibamos como «real» el recuerdo de alguna posible acción que pudiéramos haber realizado si ésta no es congruente con nuestras creencias sobre nosotros mismos.

8) *«Meta» recuerdo* – La persona tendrá a menudo el recuerdo de haber creado o manipulado la experiencia imaginaria. Estos procesos de «meta» recuerdo pueden ser expandidos enseñando a la persona implicada cómo «marcar» las experiencias internas que hayan sido fabricadas o manipuladas, por ejemplo, colocando un marco a su alrededor.

9) *Claves de acceso* – Una parte crucial de muchas estrate-

gias de realidad, que queda normalmente fuera del ámbito de la conciencia de las personas, consiste en la fisiología asociada al recuerdo. Los recuerdos van acompañados por lo general de un movimiento ocular hacia arriba y hacia la izquierda (para diestros), mientras que las fantasías lo están de un movimiento ocular hacia arriba y hacia la derecha. Aunque las personas no sean normalmente conscientes de estos indicadores sutiles, pueden aprender a utilizarlos para distinguir la realidad de la fantasía.

Parte II:

c) Elige dos cosas que hayan sucedido durante tu infancia y determina cómo sabes que fueron reales. Descubrirás que resulta un poco difícil determinar qué es lo que sucedió por aquel entonces. En la Parte I tomaste algo ocurrido menos de 24 *horas* antes, y cambiaste tu percepción de la realidad sobre ello. Cuando consideras algo que sucedió hace más de 24 *años*, el proceso de decisión se vuelve aún más interesante, porque tus imágenes no serán tan claras y probablemente estarán distorsionadas. De hecho, con los recuerdos lejanos sucede a veces que las personas distinguen lo que ocurrió en realidad porque aparece más borroso que lo fabulado.

d) Piensa ahora en algo que no haya sucedido en tu infancia pero que, de haber sucedido, hubiera ejercido un impacto poderosamente positivo sobre tu vida. Crea una representación interna de este acontecimiento. Luego haz que las submodalidades y demás cualidades de esta fantasía encajen con las que utilizas en tu estrategia de realidad. ¿Cómo cambia eso tu experiencia del pasado?

Tanto en la Parte I como en la II de este ejercicio, trata de llegar a un punto en el que realmente dudes de cuál de las experiencias fue real. Sin embargo, ten cuidado cuando comiences a cambiar las cualidades de la experiencia que no tuviste para representarla como la que sí tuviste. El objeto del ejercicio no consiste en confundir tus estrategias de realidad, sino en averiguar cuáles son tus verificadores para la realidad. Recuerda que tu objetivo es averiguar cuál es tu estrategia de realidad, no desbaratarla. Si el proceso empieza a sobrecogerte (lo que a veces puede suceder), quizás oigas una especie de zumbido o tal vez te sientas un poco mareado. En estos casos, lo más adecuado y ecológico es detenerse un rato.

La confusión acerca de la propia estrategia de realidad puede conducir a una profunda incertidumbre. De hecho, la incapacidad para distinguir lo imaginado de la «realidad» está considerada como uno de los síntomas de la psicosis y de otros desórdenes mentales severos. Por consiguiente, comprender, enriquecer y reforzar la propia estrategia de realidad es una fuente importante para incrementar la propia salud mental.

El valor de conocer tu propia estrategia de realidad reside en que podrás utilizarla para acompañar en el futuro nuevas experiencias, de modo que te parezcan ya «reales». Personas como Leonardo da Vinci, Nicolás Tesla o Wolfgang Mozart creaban fantasías en sus mentes y, haciéndolas encajar con sus respectivas estrategias de realidad, las convertían en realidades. También podrás servirte de ella para desarrollar un sentido más fuerte de tu propio punto de vista y aumentar la claridad de tus propios pensamientos y experiencias.

Cuando se aplica a las generalizaciones y creencias como uno de los patrones de *El poder de la palabra*, la exploración de las estrategias de realidad sirve para ayudar a fragmentar hacia abajo y descubrir las representaciones y presuposiciones (a menudo inconscientes) sobre las que hemos construido determinada creencia o generalización. Ello puede ayudar a reafirmar o bien a cuestionar la validez de ese juicio, generalización o creencia. Ayuda a la persona a reconocer que sus creencias son, en efecto, «creencias», en oposición a «realidades», lo cual puede aumentar de inmediato las opciones disponibles y servir a modo de «meta marco» en torno a la creencia. La persona queda entonces liberada para preguntar: «¿Es eso realmente lo que quiero creer?», «¿Es ésa realmente la única generalización que puedo extraer de estas representaciones y experiencias?», «¿Estoy en realidad tan seguro de las experiencias a partir de las cuales nace esta creencia como para aferrarme a ella con tanta fuerza?»

Fragmentar hacia arriba para identificar y utilizar jerarquías de valores y criterios

También es posible fragmentar valores y criterios hacia arriba con el objetivo de identificar sus niveles más profundos, es decir, su jerarquía. La *jerarquía de criterios* de una persona o de un grupo es, en esencia, el orden de prioridades que aplicarán a la hora de decidir cómo actuar frente a determinada situación. Las jerarquías de valores y criterios están relacionadas con el *grado* de importancia o significado que cada cual atribuye a diferentes acciones y experiencias.

Un ejemplo de «jerarquía de criterios» sería el de la persona que valora más la «salud» que el «éxito económico». Esta persona tenderá a poner su salud «delante», y estructurará probablemente su vida en torno a actividades físicas más que sobre oportunidades profesionales. Otra persona, en cambio, cuya jerarquía de criterios sitúe el «éxito económico» por encima de la «salud», tendrá un estilo de vida diferente. Estará dispuesta a sacrificar la salud y el bienestar físico con tal de «salir adelante» financieramente.

Clarificar las jerarquías de valores de las personas es importante para el éxito en la mediación, la negociación y la comunicación. Las jerarquías de valores juegan asimismo un papel importante en la persuasión y la motivación.

Uno de las formas más útiles para dilucidar la jerarquía de valores de una persona consiste en descubrir lo que se conoce como «contraejemplos», que son, fundamentalmente, «excepciones a la regla». La siguiente serie de preguntas utiliza el proceso de descubrir contraejemplos para desvelar la jerarquía de criterios de una persona:

1. Dime algo que podrías hacer pero no haces. ¿Por qué?

   Por ejemplo: «Nunca entraría en un aseo para el otro sexo, porque va contra las normas». Criterio = «Seguir las normas».

2. ¿Qué podría ocurrir para que lo hicieras, *a pesar de todo*? (Contraejemplo)

   Por ejemplo: «Entraría si realmente no hubiera otra opción y lo necesitara con urgencia». Criterio superior = «Solucionar una crisis».

Como este ejemplo ilustra, la identificación de contraejemplos puede ayudar a desvelar criterios de «nivel superior», que prevalecen sobre los demás. Para hacerte una idea de tu propia jerarquía de criterios mediante la búsqueda de contraejemplos, responde a las preguntas siguientes:

1. ¿Qué es lo que te motivaría a probar algo nuevo?

2. ¿Qué te haría *dejar* de hacer algo, aunque eso que estuvieras haciendo satisficiera tu respuesta a la pregunta 1? (Contraejemplo A).

3. ¿Qué te haría *reanudar* de nuevo esa acción, a pesar de haberla dejado por las razones que has identificado en la pregunta 2? (Contraejemplo B).

4. ¿Qué te haría *volver a dejar* de hacerlo? (Contraejemplo C).

A medida que avanzas en las respuestas, observa qué criterios van surgiendo, así como en qué orden y en qué prioridad. Tal vez desees hacer algo que sea «creativo», «emocionante» o «divertido». Ése sería tu primer nivel de criterios. Pero quizá dejaras de hacer algo creativo, excitante o divertido si con ello comprendieras que estabas siendo irresponsable con tu familia (Contraejemplo A). En este caso, el criterio «responsabilidad» pasaría por delante de los criterios «creatividad», «emoción» o «diversión». Sin embargo, también podría suceder que volvieras a hacer eso tan «irresponsable» si llegaras a la conclusión de que era necesario para tu «crecimiento como persona». (Contraejemplo B). En tu jerarquía de valores, el «crecimiento como persona» estaría por encima de los criterios de «responsabilidad», «creatividad», «emoción» y «diversión». Descendiendo a un nivel aún más profundo, tal vez descubrirías que podrías dejar de hacer eso tan «necesario para tu crecimiento como persona» si con ello «comprometías tu seguridad y la de tu familia». (Contraejemplo C). Así pues, la «seguridad» ocuparía el lugar más alto en tu «escala» de criterios.

Por cierto, otra forma de identificar contraejemplos (y por consiguiente, jerarquías de criterios) consiste en preguntar:

1. ¿Qué es lo que te motivaría a probar algo nuevo?

   Por ejemplo: «Que fuera seguro y fácil».

2. ¿Qué es lo que te motivaría a probar algo nuevo, aunque *no* satisficiera la respuesta a la pregunta anterior? (Es decir, que *no* fuera ni seguro ni fácil.)

   Por ejemplo: «Que hacerlo me permitiera aprender mucho».

Las jerarquías de criterios constituyen una de las fuentes principales de diferencias entre personas, grupos y culturas. Jerarquías de criterios parecidas, en cambio, son la base de la compatibilidad entre grupos e individuos. Las jerarquías de criterios constituyen un aspecto clave para la motivación y el marketing. Considera, por ejemplo, el siguiente caso hipotético de utilización del proceso de averiguación de contraejemplos para desvelar la jerarquía de criterios de un cliente a la hora de elegir su cerveza:

Pregunta: ¿Qué marca de cerveza suele comprar?
Respuesta: Bueno, normalmente compro XYZ.
P: ¿Por qué XYZ?
R: Es la que siempre he comprado. Supongo que estoy acostumbrado a ella. (*Criterio 1 = Familiaridad.*)
P: Cierto, es importante conocer de antemano lo que uno

compra, ¿verdad? ¿Ha comprado alguna otra marca alguna vez? (*Búsqueda de contraejemplo.*)

R: Claro, algunas veces.

P: ¿Qué fue lo que le decidió a comprar esa otra marca, a pesar de no estar familiarizado con ella? (*Identificación de criterio de nivel superior, en relación con el contraejemplo.*)

R: Estaba de oferta, con un descuento importante sobre su precio habitual. (*Criterio 2 = Ahorro.*)

P: Claro, ahorrar puede venir muy bien a veces. Me estaba preguntando, ¿habrá comprado en alguna ocasión alguna otra marca que no conociera, aunque no estuviera de oferta? (*Búsqueda del siguiente contraejemplo.*)

R: Sí, para agradecer a unos amigos su ayuda cuando me mudé de casa. (*Criterio 3 = Demostrar agradecimiento a los demás.*)

P: Los buenos amigos no abundan. Vale la pena demostrarles nuestro aprecio. ¿Hay alguna otra razón que le motivara a comprar una cerveza desconocida, aunque no estuviese de oferta o no tuviese que agradecer un favor? (*Búsqueda del siguiente contraejemplo.*)

R: Sí, claro, he comprado cervezas caras cuando he salido con los compañeros de trabajo. ¡No soy un roñoso! (*Criterio 4 = Impresionar a los demás.*)

P: Claro, supongo que habrá situaciones en las que la clase de cerveza que uno compra habla de las prioridades que uno tiene. Pero siento mucha curiosidad por saber si hay algo que le hiciera comprar una cerveza desconocida, más cara, sin que hubiera nada que agradecer ni que demostrar con ello. (*Búsqueda del siguiente contraejemplo.*)

R: Supongo que lo haría, si quisiera recompensarme realmente a mí mismo por haber hecho algo difícil (*Criterio 5 = Autoaprecio.*)

Dando por sentado que esta persona sea representativa de una población más extensa de potenciales compradores de cerveza, el entrevistador ha logrado descubrir una jerarquía de criterios a la que apelar para vender una cerveza desconocida y cara a quienes, en condiciones normales, no la comprarían.

Este proceso para desvelar jerarquías de criterios por medio de la identificación de contraejemplos, resulta asimismo de ayuda para la persuasión eficaz. Al invitar a la persona a responder esta clase de preguntas, la puedes ayudar a romper con su forma habitual de pensar y aprender algo acerca del modo en que ordena sus valores.

La información así obtenida puede entonces ser utilizada para superar límites que a menudo se daban por sentados. Como ejemplo, se les enseñó este método a un grupo de hombres que no se atrevían a dirigirse a las mujeres porque creían que no tenían nada que ofrecerles. Se les instruyó para ir en busca de mujeres e interrogarlas, con el objetivo de identificar en ellas valores que les pudieran ayudar a darse cuenta del mayor número de opciones sociales disponibles. La secuencia siguiente es un ejemplo de esta clase de entrevista:

Hombre: ¿Con qué clase de hombre le gustaría salir?

Mujer: Con uno rico y guapo, por supuesto.

H: ¿Ha salido alguna vez con alguien que no fuera ni rico ni guapo?

M: Sí, había uno que era realmente gracioso. Me hacía reír casi con todo.

H: ¿Sale sólo con ricos y guapos o graciosos, o también consideraría la posibilidad de salir con otra clase de hombre?

M: Sí, bueno, también salí con otro que era muy inteligente. Parecía saber de todo.

H: ¿Y qué la animaría a salir con alguien que no fuera rico y guapo, gracioso ni que la deslumbrara con su inteligencia?

M: Hubo uno que me gustaba mucho, aunque no tenía ninguna de esas cualidades. Pero parecía que sabía lo que quería de la vida y tenía la determinación necesaria para conseguirlo.

H: ¿Y ha salido alguna vez con alguien que no fuera apuesto, adinerado, gracioso, inteligente o determinado?

M: No, no que recuerde ahora.

H: ¿Se le ocurre algo que pudiera motivarla?

M: Bueno, tal vez si hiciera algo o estuviera involucrado en alguna actividad única o excitante podría sentirme interesada.

H: ¿Alguna otra cosa?

M: Que yo le importara realmente y me ayudara a entrar en contacto conmigo misma como persona, o supiera encontrar algo especial en mí.

H: ¿Y cómo podría saber que le importaba realmente?

Este diálogo demuestra de qué modo podemos utilizar unas preguntas sencillas para ir desde las creencias superficiales hasta las creencias y valores más profundos, susceptibles de expandir la flexibilidad y el abanico de opciones de una persona.

Reconocer que cada cual tiene sus propios criterios (y su propia jerarquía de criterios) es esencial para la resolución de conflictos y el manejo de la diversidad. Algunos individuos y culturas valoran más el «cumplimiento de tareas» que la «preservación de relaciones». Otros, en cambio, tienen unas prioridades del todo opuestas.

La jerarquía de criterios constituye un patrón clave en *El poder de la palabra*, que implica reevaluar (o reforzar) una generalización, de acuerdo con un criterio que sea más importante que los que dicha generalización está atendiendo.

Veamos a continuación una técnica que aplica este patrón para identificar y superar conflictos relacionados con distintos niveles de criterio.

Técnica de jerarquía de criterios

Los criterios situados en niveles distintos de la propia «jerarquía de criterios» suelen oscilar entre «uno mismo» y «los demás», aproximándose cada vez más a los valores fundamentales a medida que descienden hacia niveles de experiencia más «profundos». En otras palabras, criterios al nivel de comportamiento (por ejemplo, «hacer o conseguir algo para los demás») son a menudo superados por otros relacionados con las capacidades (por ejemplo, «aprender algo para mí mismo»). Los criterios al nivel de las capacidades son a su vez superados por otros, situados al nivel de las creencias y los valores (por ejemplo, «ser responsable ante los demás» o «seguir las normas»). Sin embargo, las creencias y los valores son también superados por los criterios correspondientes al nivel de identidad (por ejemplo, «ser cierta clase de persona» o «mantener la integridad personal»).

Los diferentes niveles de criterios son asociados con frecuencia a sistemas de representación o cualidades de submodalidad concretos, relacionados con sus «equivalencias de criterio». Conocer estos distintos aspectos de los criterios te puede ayudar a «acompañar y conducir» o «igualar» diferentes niveles de criterios, con el objetivo de superar conflictos y alcanzar los objetivos deseados con mayor eficacia. El procedimiento siguiente utiliza la ubicación espacial y el proceso de contraejemplos para identificar diferentes niveles de criterios, así como sus correspondientes características representacionales, para ayudar a superar la resistencia interna al establecimiento de un nuevo patrón de comportamiento.

Antes de comenzar, prepárate cuatro localizaciones distintas, una al lado de otra, como muestra el diagrama siguiente.

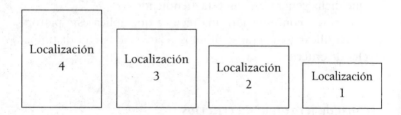

Disposición espacial para la técnica de jerarquía de criterios

1. En la localización 1 identifica un **comportamiento** que desees realizar, pero que te abstienes de llevar a cabo.

   Por ejemplo: Practicar ejercicio de forma constante.

2. Colócate en la localización 2 e identifica el **criterio** que te motiva para desear este comportamiento.

   Por ejemplo: Quiero practicar ejercicio para «estar sano» y «tener buen aspecto».

   Identifica la representación sensorial o «equivalencia de criterio» utilizada para determinar ese criterio.

   Por ejemplo: Una imagen de mí mismo en el futuro con salud y buen aspecto.

3. Pasa a la localización 3 y averigua los **criterios** que te impiden llevar a cabo ese comportamiento.

   (**NOTA:** Ésos serán los **criterios de nivel superior** porque, por definición, superan a los de motivación.)

   Por ejemplo: No me ejercito de forma constante porque «no tengo tiempo» y «duele».

   Identifica la representación sensorial de la «equivalencia de criterio» utilizada para determinar ese criterio.

   Por ejemplo: Una sensación de estrés y tensión asociada con no disponer de tiempo y sentir dolor.

4. Pasa a la localización 4 y encuentra un criterio de nivel superior **que sea más importante que los criterios limitadores** del paso 3.

   Por ejemplo: «¿Qué sería suficientemente importante como para que encontrara siempre tiempo para practicar ejercicio y lo practicara aunque doliera? ¿Qué valor lo satisfaría para que fuera más importante que el tiempo y las molestias?»

   Por ejemplo: «Responsabilidad para con mi familia».

   Identifica la representación sensorial de la «equivalencia de criterio» utilizada para determinar ese criterio.

   Por ejemplo: Una sensación de estrés y tensión asociada con no disponer de tiempo y sentir dolor.

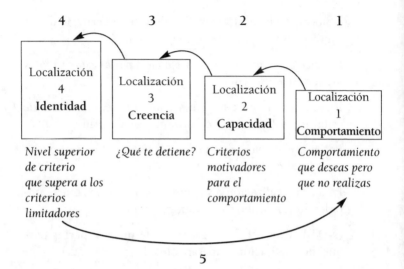

Secuencia de pasos de la técnica de jerarquía de criterios

5. Ahora ya estás listo para utilizar la siguiente secuencia de técnicas:

a. **Apalancamiento** – Mantén en mente tu criterio de más alto nivel y regresa a la localización 1, pasando por alto las localizaciones 2 y 3. Aplica este criterio de más alto nivel al comportamiento deseado para superar con él las objeciones limitadoras.

Por ejemplo: «Puesto que mi comportamiento es un modelo para mi familia, ¿no demostraría más responsabilidad hacia ella encontrando tiempo para mantener la salud y el buen aspecto?»

b. **Utilización de la «equivalencia de criterio» del criterio superior** – Colócate en la localización 2 y ajusta las cualidades de la representación interna de los criterios asociados con el comportamiento deseado, de modo que **igualen** la «equivalencia de criterio» que utilizas para determinar tu criterio de más alto nivel.

Por ejemplo: Visualízate a ti mismo rebosante de salud y con excelente aspecto, contempla a tu familia segura y feliz, siéntete bien con todo ello y repítete a ti mismo lo importante que es todo eso para ti.

c. **Acompañamiento de los criterios limitadores** – Pasa de la localización 2 a la localización 3 y explora las opciones que te permitirán alcanzar el comportamiento deseado, que igualarán los criterios de los tres niveles sin violar los criterios limitadores.

Por ejemplo: «¿Existe alguna clase de programa de ejercicio continuado que no requiera demasiado tiempo, que no provoque molestias dolorosas y en el que pueda involucrar a mi familia?».

5

Creencias y expectativas

Creencias y sistemas de creencias

Además de los valores y los criterios, una de las formas más fundamentales en las que enmarcamos nuestra experiencia y le otorgamos significado es a través de nuestras creencias. Las creencias constituyen otro de los componentes clave de nuestra «estructura profunda». En gran medida, crean las «estructuras superficiales» de nuestros pensamientos, palabras y acciones y les dan forma. Determinan cómo conferimos significado a los acontecimientos y constituyen el núcleo de la motivación y la cultura. Nuestras creencias y nuestros valores proporcionan el refuerzo (*motivación* y *permiso*) que apoya o inhibe determinados comportamientos y capacidades. Las creencias y los valores están relacionados con la pregunta, «¿Por qué?»

Las creencias son básicamente juicios y evaluaciones sobre nosotros mismos, sobre los demás y sobre el mundo que nos rodea. En PNL, las creencias se consideran como generalizaciones firmemente aferradas acerca de 1) causalidad, 2) significado y 3) límites en a) el mundo que nos rodea, b) nuestro comportamiento, c) nuestras capacidades y d) nuestra identidad. Las afirmaciones «El movimiento de las placas continentales provoca los terremotos» y «La ira divina provoca los terremotos», por ejemplo, reflejan creencias distintas acerca del mundo que nos rodea. Afirmaciones como «El polen causa alergia», «No es ético ocultar información», «Un humano no puede correr una milla en menos de cuatro minutos», «Nunca tendré éxito porque aprendo despacio» o «Detrás de todo comportamiento hay una intención positiva», representan creencias de una u otra índole.

Las creencias funcionan a un nivel distinto que el comportamiento y la percepción, e influyen sobre nuestra experiencia e interpretación de la realidad, conectando esta experiencia con nuestros sistemas de valores o criterios. Para aumentar el significado práctico, por ejemplo, los valores deben ser conectados a las experiencias por medio de las creencias. Las creencias relacionan los valores con el medio, con los comportamientos, con los pensamientos y las representaciones, o con otros valores y creencias. Las creencias definen la relación entre los valores y sus causas, sus «equivalencias de criterio» y sus consecuencias (como veremos en más detalle en el Capítulo 6). Una afirmación de creencia típica liga determinado valor a determinada parte de nuestra experiencia. La afirmación de creencia «El éxito requiere trabajo duro», por ejemplo, relaciona el valor «éxito» con cierta clase de actividad («trabajo duro»). Según sean sus creencias, cada cual adoptará un planteamiento distinto al tratar de conseguir el éxito. Es más, el modo en que una situación, una actividad o una idea encaje (o no) con las creencias y los sistemas de valores de un individuo o grupo de individuos, determinará cómo serán éstas recibidas e incorporadas.

Neurológicamente, las creencias están asociadas con el sistema límbico y el hipotálamo del cerebro medio. El sistema límbico ha sido relacionado con las emociones y con la memoria a largo plazo. Si bien el sistema límbico es, en muchos aspectos, una estructura más «primitiva» que el córtex del cerebro, sirve para integrar la información procedente del córtex, así como para regular el *sistema nervioso autónomo*, que controla a su vez funciones corporales básicas como el ritmo cardíaco, la temperatura corporal, la dilatación de las pupilas, etc. Debido a que son producidas por las estructuras más profundas del cerebro, las creencias provocan cambios en las funciones fisiológicas fundamentales del cuerpo, siendo responsables de muchas de nuestras respuestas inconscientes. De hecho, uno de los medios por los que sabemos que creemos realmente en algo es porque activa en nosotros reacciones fisiológicas: hace que nuestro corazón «lata acaloradamente», que nos «hierva la sangre» o que sintamos un «escalofrío», efectos todos ellos que no podríamos provocar conscientemente. Ésa es la razón por la que el polígrafo puede detectar que una persona «miente». Las personas tienen reacciones distintas cuando creen en lo que dicen que cuando «simplemente» pronuncian las palabras como una forma más de comportamiento (como el actor que recita su papel), mienten o son incongruentes.

También es esa íntima relación entre creencias y funciones psicológicas profundas lo que hace posible que unas y otras influyan de manera tan poderosa en el campo de la salud y la sanación, como se demuestra con el efecto placebo. Las creencias tienden a tener un efecto autoorganizador o «autocumplidor» sobre nuestro comportamiento a múltiples niveles, desviando la atención hacia determinada área en detrimento de otras. Una persona que de verdad crea que tiene una enfermedad incurable comenzará a organizar su vida y sus actos en torno a dicha creencia, tomando muchas decisiones sutiles, a menudo de forma inconsciente, que reflejarán esa creencia. Otra persona, en cambio, que crea firmemente que se curará de su enfermedad, tomará decisiones muy distintas. Y puesto que las expectativas generadas por nuestras creencias afectan a nuestra neurología más profunda, producirán también efectos fisiológicos espectaculares. Es el caso de la mujer que adoptó a un bebé y, convencida de que las «madres» tenían que amamantar a sus hijos, ¡comenzó a producir realmente leche en cantidad suficiente para alimentar al bebé adoptado!

El poder de las creencias

Las creencias ejercen una poderosa influencia sobre nuestra vida. Asimismo, resultan notablemente difíciles de cambiar por medio de las normas tradicionales de pensamiento lógico o racional. Existe sobre esto una vieja anécdota, narrada por el psicólogo humanista Abraham Maslow, acerca de un paciente que estaba siendo tratado por un psiquiatra. Aquella persona rehusaba tomar bocado o cuidar de sí misma, aduciendo que era un cadáver. El psiquiatra pasó largas horas argumentando con aquel paciente, para intentar convencerlo de que no era un cadáver. Por fin le preguntó si los cadáveres sangraban, a lo que el enfermo respondió: «Por supuesto que no; todas sus funciones corporales se han detenido». Entonces el psiquiatra le convenció para realizar juntos un pequeño experimento: le pincharía levemente con una aguja y verían si sangraba o no. El paciente se mostró de acuerdo. Después de todo, era un cadáver. El psiquiatra procedió a pincharle en el brazo con una aguja hipodérmica y, por supuesto, comenzó a sangrar. Con una mirada de enorme sorpresa y asombro, el paciente exclamó: «¡Que me aspen..., los cadáveres *SANGRAN!*»

La sabiduría popular tiene claro que, cuando alguien cree que puede hacer algo, lo hace, mientras que si está convencido de que no es posible, ninguna cantidad de esfuerzo lo convencerá de lo contrario. Es lamentable que muchas personas enfermas, por ejemplo de cáncer o afecciones cardíacas, insistan ante sus médicos y sus amistades con la misma creencia de la anécdota. Creencias como «*Ya es demasiado tarde*», «*De todos modos no hay nada que yo pueda hacer*» o «*Soy una víctima... Me ha tocado a mí*», limitan a menudo la plenitud de recursos del paciente. Nuestras creencias sobre nosotros mismos, así como sobre lo que es posible en el mundo a nuestro alrededor, influyen con fuerza en nuestra eficacia cotidiana. Cada uno de nosotros tiene creencias que actúan como recursos, junto con otras que nos limitan.

El poder de las creencias quedó demostrado por un estudio esclarecedor, en el que un grupo de niños de inteligencia media fueron divididos aleatoriamente en dos grupos de igual número. Uno de los grupos fue asignado a un maestro al que se le dijo que sus alumnos eran «superdotados». El otro grupo fue puesto al cargo de otro maestro, al que se le dijo que se trataba de alumnos «lentos». A final de curso se sometió a los dos grupos a test de inteligencia. Como era de esperar, la mayor parte de los alumnos «superdotados» puntuaron mejor que al comenzar el curso, mientras que los «lentos» lo hacían por debajo de sus registros anteriores: las creencias de sus respectivos maestros habían afectado la capacidad de aprendizaje de los alumnos.

En otro estudio, cien «supervivientes» de cáncer (pacientes cuyos síntomas habían desaparecido durante más de diez años) fueron entrevistados acerca de lo que habían hecho para lograrlo. Las entrevistas demostraron que ningún tratamiento sobresalía como más eficaz que los demás. Algunos pacientes habían seguido el tratamiento tradicional de quimioterapia y/o radiación, otros habían adoptado un enfoque nutricional, otros habían seguido un camino espiritual, otros se habían concentrado en los aspectos psicológicos e incluso algunos no habían hecho nada en absoluto. La única característica común a todos ellos consistía en que estaban convencidos que su opción funcionaría.

El de «la milla en cuatro minutos» constituye otro buen ejemplo del poder de las creencias, tanto para limitarnos como para potenciarnos. Con anterioridad al 6 de mayo de 1954, se tenía la absoluta certeza de que los cuatro minutos eran una barrera infranqueable, que era el tiempo mínimo que un humano podía tardar en recorrer una milla. En los nueve años anteriores al día histórico en que Roger Bannister rompió la marca de los cuatro minutos, nadie había conseguido ni siquiera aproximarse a ese tiempo. Seis semanas después de la proeza de Bannister, el corredor australiano John Lundy situó el récord un segundo más abajo. Nueve años después, casi doscientas personas habían roto aquella barrera, que otrora pareciera insuperable.

Efectivamente, parece que todos estos ejemplos demuestran que nuestras creencias pueden moldear, afectar e incluso determinar nuestro grado de inteligencia, nuestra salud, nuestras relaciones, nuestra creatividad, e incluso nuestro nivel de felicidad y éxito personal. Así pues, si es cierto que las creencias tienen tanto poder sobre nuestra vida, ¿cómo podemos controlarlas, para que no nos controlen ellas a nosotros? Muchas de estas creencias nos fueron implantadas en la infancia por padres, maestros, entorno social y medios de comunicación, mucho antes de que fuéramos conscientes de su impacto o de que pudiésemos decidir sobre ellas. ¿Es posible reestructurar, desaprender o cambiar esas viejas creencias, que tal vez nos estén limitando, e incorporar otras nuevas, susceptibles de expandir nuestro potencial mucho más allá de lo que hoy podríamos imaginar? Y si lo es, ¿cómo hacerlo?

La Programación Neurolingüística y *El poder de la palabra* ofrecen algunas herramientas, nuevas y poderosas, con las que remodelar y transformar creencias potencialmente limitadoras.

Creencias limitadoras

Las tres áreas más comunes de creencias limitadoras se centran en torno a las cuestiones relacionadas con la *desesperanza*, la *impotencia* y la *ausencia de mérito*. Estas tres grandes áreas de creencias pueden ejercer una enorme influencia respecto a la salud mental y física de las personas.

1. **Desesperanza**: Creencia de que el objetivo deseado no es alcanzable, sean cuales sean nuestras capacidades.
2. **Impotencia**: Creencia de que el objetivo deseado es alcanzable, pero no somos capaces de lograrlo.
3. **Ausencia de mérito**: Creencia de que no merecemos el objetivo deseado debido a algo que somos o hemos (o no hemos) hecho.

La **desesperanza** se da cuando alguien no cree que determinado objetivo apetecido sea ni siquiera alcanzable. Se caracteriza por el sentimiento de que «*Haga lo que haga nada cambiará. Lo que deseo es inalcanzable. Está fuera de mi alcance. Soy una víctima*».

La **impotencia** se da cuando, aun creyendo que el objetivo existe y es alcanzable, la persona no se siente capaz de lograrlo. Produce el sentimiento de que «*Eso está al alcance de otros, pero no de mí. No soy lo bastante bueno o capaz para conseguirlo*».

La **ausencia de mérito** está presente cuando, aunque la persona crea que el objetivo deseado es alcanzable y que dispone de la capacidad para lograrlo, renuncia a él por que cree que **no merece** conseguir aquello que tanto desea. Se caracteriza por el sentimiento de que «*Soy un fraude. No pertenezco aquí. No merezco ser feliz o estar sano. Hay algo fundamentalmente malo en mí como persona. Merezco el dolor y el sufrimiento que estoy experimentando*».

Para tener éxito, las personas necesitan cambiar esta clase de creencias limitadoras por otras que impliquen **esperanza en el futuro**, **sensación de capacidad y responsabilidad** y **sentido de valía y pertenencia**.

Obviamente, las creencias más penetrantes son aquellas que se relacionan con nuestra identidad. He aquí algunos ejemplos de creencias limitadoras relacionadas con la identidad: «*Soy un inútil/no valgo nada/soy una víctima*», «*No merezco tener éxito*», «*Si consigo lo que deseo perderé alguna otra cosa*», «*No tengo permiso para tener éxito*».

Las creencias limitadoras operan a veces como «virus mentales», con una capacidad de destrucción parecida a la de un virus biológico o informático. Un «virus mental» es una creencia limitadora que llega a convertirse en una «profecía que se cumple por sí misma», y a interferir con nuestros esfuerzos y con la capacidad para sanar o mejorar (la estructura y la influencia de los virus mentales se analizan con más detalle en el Capítulo 8). Los virus mentales contienen suposiciones y presuposiciones no verbalizadas, lo que las hace aún más difíciles de identificar y combatir. Frecuentemente, las creencias más influyentes están fuera del alcance de nuestra conciencia.

Las creencias limitadoras y los virus mentales suelen presentarse como «obstáculos», en apariencia insuperables, en el proceso de cambio. En estas situaciones la persona sentirá: «Lo he intentado todo para cambiar y nada funciona». Tratar con eficacia con estos obstáculos implica descubrir la creencia limitadora que está en su núcleo y tratarla de la manera adecuada.

Transformar las creencias limitadoras

En última instancia, transformamos las creencias limitadoras y nos «inmunizamos» a los «virus mentales» cuando expandimos y enriquecemos nuestro modelo del mundo, y percibimos con mayor claridad nuestra identidad y nuestras misiones. Las creencias limitadoras, por ejemplo, son a menudo desarrolladas con el objetivo de cumplimentar algún propósito positivo, como el de protegerse, establecer límites, dotarse de poder personal, etc. Reconociendo estas intenciones profundas y actualizando nuestros mapas mentales para incluir otras formas, más eficaces, de cumplimentarlas, las creencias pueden ser a menudo cambiadas con un mínimo de esfuerzo y sufrimiento.

Muchas creencias limitadoras surgen como consecuencia de preguntas sin responder sobre el «cómo». Es decir, cuando una persona no sabe *cómo* cambiar su comportamiento, es fácil que elabore la creencia de que «Este comportamiento *no* puede cambiarse». Si una persona no sabe cómo cumplir determinada tarea o función, lo más probable es que desarrolle la creencia de que «Soy *incapaz* de completar esta tarea con éxito». Así pues, también resulta a menudo importante proporcionar las respuestas a una serie de preguntas sobre el «cómo» para ayudar a la persona a transformar sus creencias. Por ejemplo, para tratar con una creencia como «Es peligroso mostrar mis emociones», deberemos responder a la pregunta: «¿*Cómo* puedo mostrar mis emociones y mantener al mismo tiempo la seguridad?»

Las creencias limitadoras pueden ser transformadas o actualizadas mediante la identificación de la intención positiva y de las presuposiciones subyacentes en la creencia y proporcionando alternativas y nuevas respuestas a preguntas sobre el «cómo»

Las creencias, tanto las potenciadoras como las limitadoras, son a menudo construidas mediante la realimentación y el refuerzo procedentes de otras personas significativas para nosotros. Nuestros sentidos de identidad y misión, por ejemplo, vienen a menudo definidos por otras personas importantes, o «mentores», que nos sirven como puntos de referencia para los sistemas mayores de los que nos percibimos como miembros.

Debido a que la identidad y la misión forman el marco mayor que circunda nuestras creencias y nuestros valores, establecer o cambiar relaciones significativas puede ejercer una fuerte influencia sobre las creencias. Por consiguiente, clarificar o alterar relaciones clave, así como los mensajes recibidos en el contexto de esas relaciones, suele facilitar de forma espontánea cambios en las creencias. Establecer nuevas relaciones es a menudo parte importante en la promoción de un cambio de creencias perdurable, sobre todo cuando se trata de relaciones que proporcionan soporte positivo al nivel de identidad. (Éste es precisamente uno de los principios básicos de la técnica de cambio de creencias denominada reimpronta, de la Programación Neurolingüística.)

En resumen, las creencias limitadoras pueden ser actualizadas y transformadas mediante:

- Identificación y reconocimiento de la intención positiva subyacente.
- Identificación de cualquier presuposición o suposición no verbalizada o inconsciente, que sirva de base para la creencia limitadora.
- Expansión de la percepción de las cadenas de causa y efecto o de las «equivalencias de criterio» relacionadas con la creencia limitadora.
- Aportación de información sobre «cómo» en relación con las alternativas para el cumplimiento de la intención positiva o el propósito de la creencia limitadora.
- Clarificación o actualización de las relaciones clave que dan forma al propio sentido de misión y propósito, junto con la correspondiente recepción de apoyo al nivel de identidad.

Expectativas

Las creencias, tanto las limitadoras como las potenciadoras, están relacionadas con nuestras expectativas. Expectativa significa «anhelo o deseo» de que se produzca un resultado o un acontecimiento. Según el diccionario Webster, implica «un alto grado de certeza, hasta el punto de realizar preparativos o anticipar ciertas cosas, acciones o sentimientos». Las expectativas influyen sobre nuestro comportamiento de diferentes modos, dependiendo de hacia donde se dirijan. Sigmund Freud (1893) señaló que:

> *Algunas ideas comportan un sentimiento de expectativa. Tales ideas son de dos clases: ideas sobre mí haciendo esto o aquello, que denominamos intenciones, e ideas sobre que me suceda tal o cual cosa, que denominamos expectativas. El sentimiento a ellas unido depende de dos factores: en primer lugar, del grado de importancia que el resultado tenga para mí; en segundo lugar, del grado de incertidumbre inherente en la expectativa sobre ese resultado.*

Las creencias y las expectativas de las personas sobre los resultados, así como sobre sus propias capacidades personales, juegan un papel importante en su capacidad para alcanzar estados deseados. La distinción de Freud entre «intenciones» y «expectativas» se refiere a lo que, en psicología cognitiva moderna (Bandura 1982), se conoce como expectativa de «eficacia propia» y expectativa de «resultado». La *expectativa de resultado* es fruto de la estimación personal de que determinado comportamiento conducirá a determinado resultado. La *expectativa de eficacia propia* está relacionada con la convicción de que es posible desarrollar con éxito el comportamiento necesario para que se produzca el resultado esperado.

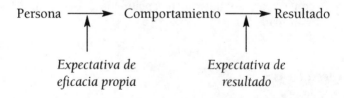

**Relación entre expectativa de eficacia propia
y expectativa de resultado**

Estas creencias y expectativas determinan a menudo la cantidad de esfuerzo que la persona está dispuesta a invertir, así como la duración de su esfuerzo cuando se encuentre con situaciones difíciles o estresantes. En las actividades autogestionadas, por ejemplo, las personas que se sienten escépticas acerca de la posibilidad de que se produzca el resultado, o de sus capacidades para lograrlo, tienden a minar sus propios esfuerzos cuando se aproximan a sus límites. Por lo general, la falta de expectativa de resultado conduce a un sentimiento de «desesperanza» que hace que la persona se abandone a la apatía. La ausencia de expectativa de eficacia propia, por su parte, conduce a un sentimiento de inadecuación que hace que la persona se sienta «impotente».

Las expectativas fuertemente positivas, en cambio, pueden llevar a la persona a invertir un esfuerzo extra y a liberar capacidades dormidas. El fenómeno conocido como «efecto placebo» constituye un buen ejemplo de expectativas consistentes. En este caso, se le suministra al paciente un «falso» fármaco, sin ningún ingrediente terapéuticamente activo. Sin embargo, si esa persona cree que el fármaco es «real» y espera mejorar con él, a menudo comienza a evidenciar mejoría física real. De hecho, algunos estudios sobre el efecto placebo hablan de resultados francamente espectaculares. En estos casos, la expectativa de la persona activa capacidades de comportamiento latentes, pero nunca antes utilizadas.

Con respecto al cambio y el aprendizaje, la expectativa de resultado está relacionada con el grado en que la persona espera que las capacidades y los comportamientos que está aprendiendo o en los que se está implicando lleguen realmente a producir los beneficios deseados, dentro del entorno sistémico que constituye su realidad. La expectativa de eficacia propia se relaciona con el grado de confianza que uno mismo tiene en su propia eficacia o capacidad para aprender las nuevas habilidades, o bien para incorporar los comportamientos necesarios para alcanzar el resultado deseado.

Conseguir los resultados codiciados en situaciones difíciles por medio de una actuación eficaz, contribuye a reforzar la confianza de uno mismo en las capacidades que ya tiene. Ello se debe a que, aun poseyendo las capacidades necesarias, por lo general no desarrollamos nuestro pleno potencial. Sólo bajo condiciones que pongan a prueba nuestros límites descubriremos lo que somos capaces de hacer.

Las expectativas relacionadas con los resultados esperados del propio comportamiento constituyen la fuente primordial de motivación. Desde este punto de vista, lo que hace la persona y el modo en que siente dependerán del valor que otorguen y de las causas que atribuyan a las consecuencias anticipadas. Unas expectativas de resultado fuertes y «positivas», por ejemplo, motivarán a la persona a desarrollar un esfuerzo adicional con la esperanza de alcanzar algún estado deseado. Por otro lado, las consecuencias esperadas y percibidas como «negativas» conducirán a la abstención y a la apatía.

Desde la perspectiva de la Programación Neurolingüística, las expectativas constituyen un ejemplo clásico de la relación entre mapa y territorio, así como de la influencia de los mapas sobre el comportamiento. Según la PNL, la «expectativa» es un mapa mental que relaciona acciones y consecuencias futuras. Ese mapa reflejaría nuestro comportamiento, los resultados de nuestro comportamiento o acontecimientos que nos pueden suceder. Cuando estos mapas son muy fuertes, son capaces de influir sobre nosotros con más fuerza que la propia realidad que nos rodea.

Todos creamos expectativas y esperamos que el mundo se adapte a ellas. Las diferencias entre el mundo en general y las expectativas que construimos con respecto a él son la base de muchos de los quebrantos de nuestra vida. Como señala Richard Bandler, cofundador de la PNL, «los contratiempos requieren una planificación adecuada». Anticiparse a una perspectiva de éxito o fracaso constituye, asimismo, la base para lo que se conoce como «profecías que se cumplen».

Vemos pues que las expectativas actúan como otro tipo más de poderoso «marco» en torno a nuestras experiencias, que influyen o determinan de muchas formas las creencias y los juicios que extraemos de esas mismas experiencias. El conocimiento del impacto de las expectativas ha sido utilizado durante siglos para influir sobre las percepciones de la gente, así como para condicionar sus evaluaciones de determinados sucesos y situaciones. Veamos, por ejemplo, algunos comentarios de Adolf Hitler en su *Mein Kampf*:

> *La capacidad receptiva de las grandes masas es tan sólo muy limitada. Su capacidad de comprensión es corta. Su capacidad para el olvido es, en cambio, grande. Como consecuencia de ello, toda propaganda eficaz tiene que limitarse a unos pocos puntos repetidos como eslóganes hasta la saciedad, hasta que el último de los hombres sea capaz de entender lo que se quiere decir con cada una de esas pocas palabras. Tan pronto como uno sacrifica este principio fundamental y trata de ser versátil, el efecto desaparece y las masas nunca podrán digerir ni recordar el material que se les ha ofrecido. Por consiguiente, el resultado quedará debilitado y finalmente eliminado.*

> *Cuanto más complejo sea el argumento de su representación, más minuciosamente deberán ser diseñadas las tácticas desde el punto de vista psicológico.*

> *Por ejemplo (durante la Primera Guerra Mundial), fue un grave error ridiculizar al enemigo, tal como hacía la propaganda austriaca y alemana en publicaciones cómicas. Fue una estrategia fundamentalmente errónea porque, cuando el combatiente se enfrentaba al adversario real, recibía una impresión completamente distinta, lo cual pasó su terrible factura puesto que el soldado alemán, ante la impresión directa de la resistencia del enemigo, se sintió engañado por quienes hasta aquel momento habían tenido la responsabilidad de informarle, con lo que, en lugar de ver reforzada su combatividad e incluso su firmeza, ocurrió todo lo contrario. El hombre se desesperó.*

> *En cambio, la propaganda de los británicos y los norteamericanos fue acertada. Al presentar a los alemanes ante su pueblo como bárbaros y hunos, preparó al soldado indi-*

vidual para los horrores de la guerra y lo preservó del desengaño. El arma más terrible que se pudiera emplear contra él, no sería ya más que la prueba de la información que previamente había recibido, lo cual venía a reafirmar su creencia en la veracidad de las afirmaciones de su gobierno, reforzando por otro lado su furia y su odio hacia el enemigo atroz. Y es que el efecto cruel del arma de su enemigo, que tuvo que conocer por propia experiencia, le iba apareciendo gradualmente como la evidencia de la ya proclamada brutalidad de los hunos del bárbaro enemigo, sin percatarse en cambio, ni por un instante, de que tal vez, o incluso probablemente, sus propias armas tuvieran un efecto aún más terrible.

De este modo el soldado británico nunca a llegó a tener, ni por un instante, la impresión de que su país le había engañado, lo cual sí sucedió por desgracia entre los combatientes alemanes, hasta el extremo de que acabaron por rechazar todo lo que viniera de su propio bando como «engaños» y «palabrería» (Krampf).

No cabe duda de que buena parte de la influencia de Hitler como líder procede de su visión, comprensión y aplicación de los principios subyacentes en *El poder de la palabra*. Por fortuna, ha pasado a la historia como un ejemplo arquetípico del mal uso de estos principios. Las declaraciones que acabamos de leer ilustran el impacto de las expectativas como «marcos», que influyen sobre las conclusiones que las personas extraen de sus experiencias. Los soldados alemanes se sintieron contrariados, engañados y descorazonados al descubrir que sus adversarios no eran los estúpidos bufones que se les había inducido a esperar. La experiencia directa de los soldados británicos, en cambio, confirmaba sus expectativas de que se iban a enfrentar a hunos brutales, lo cual «reforzó su furia y su odio» hacia el enemigo.

Nuestras expectativas ejercen, pues, un fuerte impacto, tanto sobre nuestra motivación como sobre las conclusiones que derivamos de nuestra experiencia.

Las expectativas sobre el apoyo, por ejemplo, ejercen una influencia sobre el comportamiento mayor que el propio apoyo. Experimentos realizados con estudiantes que habían sido recompensados por realizar determinados comportamientos, demostraron que el esfuerzo aplicado a dicha realización disminuía notablemente cuando supieron que no iban a recibir recompensa alguna por hacer lo mismo en el futuro, tanto si al final la recibían como si no. Así pues, las creencias y las expectativas acerca del apoyo futuro influyen más sobre el comportamiento que el hecho objetivo de que ese mismo comportamiento haya recibido apoyo en el pasado.

La fuerza de una expectativa está en función de la solidez de la representación de la consecuencia anticipada. Desde la perspectiva de la PNL, cuanto más puede una persona ver, oír y sentir en su imaginación alguna consecuencia futura, más fuerte será la expectativa correspondiente. Por consiguiente, las expectativas pueden ser intensificadas mediante el enriquecimiento de las sensaciones, las imágenes y los sonidos internos, asociados con una posible acción o consecuencia futura. De forma parecida, las expectativas se debilitarían si disminuyera la calidad o la intensidad de las representaciones internas asociadas con las posibles consecuencias futuras.

Como demuestra el experimento con los estudiantes antes mencionado, la intensidad de una expectativa está también condicionada por las creencias subyacentes sobre causa y efecto. Si los estudiantes creen que «el experimento ha terminado», ya no esperarán recibir la recompensa por realizar las mismas tareas por las que fueron previamente reforzados. En este sentido, las expectativas son a menudo reflejo de las creencias subyacentes. Si creemos que «el trabajo duro compensa» esperaremos ver recompensados nuestros esfuerzos. Si creemos que «Fulanita es una buena estudiante», esperaremos de ella que saque buenas notas.

Las creencias subyacentes pueden asimismo generar resistencias o «contraexpectativas», que se hacen patentes en forma de representaciones de interferencia. Freud lo describió como sigue:

La incertidumbre subjetiva, la contraexpectativa, está representada por un conjunto de ideas a las que daré el nombre de «ideas antitéticas perturbadoras»... En el caso de una intención, estas ideas antitéticas se despliegan del modo siguiente: «No triunfaré en llevar a cabo mis intenciones porque esto o aquello es demasiado difícil para mí y no estoy preparado para ello. También sé que otros han fracasado en una situación parecida». El otro caso, el de la expectativa, no precisa de comentarios: la idea antitética consiste en enumerar todas las cosas que podrían pasarme, a excepción de la que deseo que me suceda.

Así pues, las expectativas pueden ser «positivas» o «negativas», es decir, pueden apoyar los resultados deseados o bien oponerse a ellos. Las expectativas contradictorias suelen crear confusión o conflicto interno. La Programación Neurolingüística proporciona una serie de herramientas y estrategias para ayudar a desarrollar expectativas positivas y manejar las expectativas negativas. El planteamiento fundamental de la PNL para el establecimiento o el cambio de expectativas implica una de estas dos estrategias:

a) Trabajar directamente sobre las representaciones sensoriales internas asociadas con la expectativa.
b) Trabajar sobre las creencias subyacentes que constituyen la fuente de la expectativa.

Las expectativas y el patrón de consecuencias de El poder de la palabra

El patrón de consecuencia de *El poder de la palabra* utiliza las expectativas bien para reforzar, bien para cuestionar las generalizaciones y las creencias. Este patrón comporta dirigir la atención hacia un efecto potencial (positivo o negativo) resultante de una creencia o de la generalización definida por ella. Las consecuencias positivas anticipadas fortificarán y reforzarán las creencias y los juicios, aunque el juicio sea en sí mismo negativo o limitador (una aplicación del principio de que «el fin justifica los medios»). ¿Cuántas veces habrás oído decir: «Sólo lo digo (o lo hago) por tu bien»?

Por supuesto, las consecuencias negativas cuestionarán las generalizaciones y las pondrá en tela de juicio.

El patrón de consecuencia de *El poder de la palabra* está relacionado con la presuposición de PNL que dice que:

> **Ninguna respuesta, experiencia o comportamiento tienen sentido fuera del contexto en el que fueron establecidos, o de la respuesta siguiente que susciten. Todo comportamiento, experiencia o respuesta pueden actuar como recurso o como limitación, según cómo encajen con el resto del sistema.**

Por consiguiente, las consecuencias anticipadas operan a modo de marco respecto a otras experiencias. Identificar una consecuencia positiva constituye otro modo de restablecer un marco-objetivo con respecto a los juicios o generalizaciones negativos y limitadores.

En el ejemplo del psiquiatra y el paciente que aseguraba ser un «cadáver», que hemos visto en este mismo capítulo, podemos ver una buena muestra de la aplicación de este patrón. Pinchando el brazo del paciente para que sangre, el psiquiatra trata de utilizar la lógica para convencer al paciente de que no es un cadáver. Los esfuerzos del psiquiatra, sin embargo, se muestran estériles cuando el paciente exclama, sorprendido, «¡Que me aspen..., los cadáveres **SANGRAN**!».

Si ese psiquiatra hubiera estado familiarizado con el patrón de consecuencia de *El poder de la palabra*, así como con los principios que hemos analizado hasta este punto del texto, en lugar de quedarse atascado con su paciente, podría haber sacado partido de los comentarios de éste. Por ejemplo, podría haberle dicho: «Bueno, si los cadáveres pueden sangrar, me pregunto qué más podrán hacer. Tal vez puedan cantar, bailar, reír, digerir comida e incluso aprender. Probemos también algunas de esas cosas.

A lo mejor descubre que puede llevar una vida bastante buena como cadáver (algunos lo hacen), sin dejar de mantener los beneficios que obtiene siendo un cadáver». En lugar de tratar de atacar y cuestionar la creencia, ésta pueda ser reencuadrada desde un problema a una ventaja. (Como Einstein señaló, no se puede solucionar un problema con la misma forma de pensar que lo creó.)

Yo mismo he aplicado con éxito este patrón a una mujer con un diagnóstico de «obsesiva compulsiva». Estaba convencida de que tenía insectos por todo el cuerpo. Ella les llamaba «moscas reales imaginarias»: «imaginarias», porque nadie aceptaba que fueran reales; «reales», porque para ella lo eran mucho. No podía ignorarlas, le provocaban una terrible sensación de ser «invadida».

Aquella mujer dedicaba una gran parte de su tiempo a protegerse de las «moscas». Tenía setenta y dos pares de guantes diferentes: para conducir, para cocinar, para vestirse, etc. Compraba siempre vestidos de talla superior a la suya, para que le cubrieran todo el cuerpo y no le quedara expuesta ninguna zona de piel. Se lavaba y se frotaba constantemente para sacarse de encima las moscas, hasta el punto de que su piel estaba todo el tiempo enrojecida y erosionada.

El hecho de que las moscas fueran «imaginarias» le proporcionaba algunas opciones interesantes. Por ejemplo, todo el mundo las tenía, pero unas personas más que otras, en particular sus padres, a los que amaba mucho, pero con los que pasaba muy poco tiempo porque estaban llenos de ellas. Puesto que eran imaginarias, las moscas podían llegar incluso a través del teléfono, de modo que cada vez que sus padres la telefoneaban, del receptor comenzaban a salir moscas a montones, lo cual la obligaba a colgar.

Aquella mujer estaba en la treintena y llevaba más de quince años batallando con su compulsión. Por supuesto, muchas personas habían tratado, sin éxito, de convencerla de lo absurdo de su creencia. Me tomé tiempo para entrar en sintonía con ella, así como para averiguar sus «equivalencias de criterio» y sus estrategias de realidad. Luego, en determinado momento, le dije:

«¿Sabe? Ha intentado durante toda su vida librarse de esas moscas. Ha tratado de sacárselas de encima y ahuyentarlas. Tal vez ése no sea el modo adecuado de tratar con ellas. ¿Ha sido usted tratada alguna vez para su alergia "real imaginaria" a las moscas "reales imaginarias"?».

Acto seguido le expliqué que su situación presentaba todos los síntomas de una alergia. Algunas personas, por ejemplo, tienen alergia al polen. No lo pueden ver, pero se les mete por la nariz al respirar y las enferma. En lugar de tenerse que ocultar del polen, de lavarse continuamente, o tratar de alejarlo, estas personas toman medicamentos para que su sistema inmunológico reduzca los síntomas de alergia.

Entonces saqué un frasco que contenía un placebo y le dije: «Esto son píldoras "reales imaginarias". Son "imaginarias" porque no contienen ningún fármaco, pero son "reales" porque curarán su alergia y cambiarán lo que siente». Utilizando lo que había averiguado acerca de sus equivalencias de criterio y sus estrategias de realidad, le describí cómo actuarían los placebos y de qué modo la iban a hacer sentir diferente. Le expliqué cuidadosamente el poder del «efecto placebo» y le cité una serie de estudios en los que los placebos habían sido utilizados con éxito para tratar reacciones alérgicas. Habida cuenta de que esta explicación encajaba a la perfección como consecuencia de su propio sistema de creencias, no pudo presentar objeción alguna a mi lógica y se mostró de acuerdo en tomar las píldoras.

Curiosamente, cuando volvió a mi consulta la semana siguiente estaba muy asustada, porque aquellas «píldoras reales imaginarias» habían funcionado. Se sentó delante mí y comenzó a preguntarme: «¿Cómo sabré qué ropa comprar? ¿Cómo sabré cómo relacionarme con mis padres? ¿Cómo sabré a quién debo dejar que me toque? ¿Cómo sabré qué hacer o adónde ir en el mundo que me rodea?» Con aquellas palabras, lo que en realidad estaba diciendo era que su creencia había reemplazado a una serie de estrategias de toma de decisiones, que nunca había llegado a desarrollar. Como ya he señalado antes, las creencias limitadoras son con frecuencia el resultado de preguntas sobre el «cómo» sin contestar.

Una vez que la mujer comenzó a creer que podía librarse realmente de las «moscas», ya no podía evitar tener que enfrentarse con sus creencias sobre sus propias capacidades. Una «expectativa de resultado» nueva la obligaba a reevaluar su «expectativa de eficacia propia». Con ayuda, aquella mujer aprendería una serie de estrategias de toma de decisión eficaces y se libraría definitivamente de su obsesión.

Para explorar tú mismo el patrón de consecuencia, identifica una creencia o generalización limitadora que te impida actuar con la eficacia que sabes que podrías. Enriquece tu percepción de esta situación o experiencia planteándote: «¿Cuál es el efecto positivo de la creencia o de la generalización definida por ella?» (Un modo de hacerlo consiste en considerar el problema o la dificultad desde más de un marco temporal. Por ejemplo, imaginar la situación dentro de una hora, de un día, de una semana, de un mes, de un año y de muchos años.)

> Por ejemplo, creencia limitadora: Me siento como un cobarde cuando tengo miedo ante situaciones difíciles.
> Consecuencia positiva: El miedo evita que la gente se precipite, lo cual le permite actuar de forma más ecológica. Por consiguiente, el miedo no es tan malo, habida cuenta que hace que las personas sean más prudentes y actúen de forma más ecológica. A largo plazo, tu miedo hará de ti una persona más sabia y determinada.

Cartografiar creencias y expectativas clave

En líneas generales, las personas cambian su comportamiento al adquirir nuevas experiencias de referencia y nuevos mapas que les permitan formar un «plan». Sin embargo, un mismo comportamiento no siempre produce resultados idénticos. Determinados factores, como el «itinerario» hasta el resultado, el grado de apoyo por parte de las relaciones que uno reciba, el grado de variabilidad del sistema y las herramientas de que uno disponga determinarán la probabilidad de que determinado comportamiento produzca determinado resultado, dentro de determinado sistema.

Manejar el cambio y lograr resultados requiere disponer de los mapas cognitivos, las experiencias de referencia, las herramientas y el apoyo de las relaciones necesarios para establecer la clase más adecuada de presuposiciones y expectativas respecto a determinado objetivo, tarea o situación.

Nuestras expectativas, por ejemplo, influyen en gran medida en el grado de confianza que tendremos acerca de la obtención de un resultado. Las cuestiones de creencias básicas que surgen en relación con el logro de objetivos provienen de expectativas, relacionadas a su vez con una serie de componentes del cambio fundamentales:

1. Lo deseable que sea el resultado.
2. La confianza en que las acciones especificadas producirán el resultado apetecido.
3. La evaluación sobre lo apropiado y lo difícil de ese comportamiento (con independencia de que se crea o no que vaya a producir el resultado deseado).
4. La creencia de poder producir los comportamientos necesarios para completar el plan que conduce al objetivo.
5. El sentido de responsabilidad, valía propia y permiso que uno tenga en relación con los comportamientos necesarios y con el resultado final.

Cuestiones de creencias relacionadas con el cambio

Consideremos, por ejemplo, a alguien que trata de curarse, de aprender algo nuevo o de triunfar en un proyecto empresarial.

Las cuestiones de creencias pueden presentarse con cada uno de los elementos del cambio arriba mencionados.

Una primera cuestión tiene que ver con lo deseable que sea el resultado. ¿Hasta qué punto esta persona quiere *realmente* estar sana, aprender o triunfar? En las mismas condiciones, no hay duda de que todos deseamos las tres cosas. Pero raramente las condiciones son las mismas, y lo cierto es que estar sano, aprender o triunfar en los negocios no siempre está en cabeza de la jerarquía de criterios de la persona. Alguien podría decir: «En estos momentos, la salud no es prioritaria para mí», «Tengo tantas cosas que atender, que aprender algo nuevo no me resulta tan importante», u «Otros me necesitan, sería egoísta por mi parte concentrarme únicamente en mi éxito».

Incluso si la persona desea con todas sus fuerzas tener salud, aprender o alcanzar el éxito, puede suceder que se pregunte si lograrlos es posible. Tal vez se diga: «Haga lo que haga, no me pondré bien», «Un perro viejo no aprende trucos nuevos» o «Mejor que no me haga ilusiones de triunfar. Nada de lo que yo haga cambiará las cosas».

Otra persona tal vez desee intensamente un resultado, e incluso crea que es posible alcanzarlo, pero dude que determinado comportamiento sea el más adecuado para ello. Es probable que se diga: «Creo que es posible alcanzar mi objetivo, pero no con este plan/técnica/programa/etc.» Otra quizá piense que determinado camino sea el adecuado, pero no esté dispuesta a asumir los esfuerzos y sacrificios que ese camino exige, o bien le preocupen las consecuencias para otras áreas de su vida. Por ejemplo, aunque esté convencida de que hacer ejercicio y mejorar su dieta la ayudaría a estar más sana, no está dispuesta a hacer el esfuerzo de cambiar de estilo de vida. Otra quizá crea que determinado curso la puede ayudar a aprender algo importante, pero no sabe encontrar el tiempo necesario. De forma parecida, tal vez alguien crea que un nuevo trabajo lo conduciría al éxito, pero duda porque le preocupa el impacto que este cambio pudiera ejercer sobre su familia.

También suele ocurrir que la persona desee el resultado, piense que es posible y crea que el camino propuesto es el adecuado para lograrlo, pero dude de sus capacidades para llevar a cabo las acciones necesarias. Tal vez piense: «No soy lo suficiente hábil/perseverante/inteligente/centrado/etc., para hacer lo que hace falta para alcanzar mi resultado deseado».

E incluso, en el caso de que la persona desee el resultado, piense que es posible, crea que el camino propuesto es el adecuado para lograrlo y no dude de sus capacidades para llevar a cabo las acciones necesarias, también es posible que se cuestione si es o no responsabilidad suya realizar las acciones que conduzcan a la consecución del objetivo. Puede que se diga: «No es responsabilidad mía estar más sano/aprender/tener éxito. Eso es trabajo de los expertos. Quiero delegar en otros». O tal vez dude de merecer estar sano, aprender o tener éxito. Aquí topamos con una cuestión de autoestima. En ocasiones, ocurre que la persona se siente indigna de tener salud, inteligencia o éxito. Cuando alguien cree que no merece alcanzar el objetivo deseado, o no se considera responsable de hacer lo necesario para lograrlo, da igual que tenga las capacidades necesarias, que conozca cuál es el camino adecuado y que lo desee.

Evaluar la motivación para el cambio

Para poder ayudar a otros o a nosotros mismos a alcanzar los objetivos deseados es importante que consigamos evaluar todo este sistema de creencias. Los planes y las acciones no puede ser llevados a cabo con eficacia si hay conflicto o duda en exceso. Por otro lado, y como demuestra el efecto placebo, las creencias y las presuposiciones potenciadoras pueden liberar capacidades y «competencias subconscientes», inherentes en la persona o el grupo, pero que no habían sido movilizadas con anterioridad.

Un modo de determinar la motivación de la persona o del grupo consiste en formular una afirmación de las cinco creencias clave que hemos identificado como significativas para el proceso de cambio. Las creencias pueden ser evaluadas formulando una declaración específica de cada una de ellas, como en los siguientes ejemplos:

1. Lo deseable del resultado.
   Declaración: «El objetivo es deseable y vale la pena».

2. Seguridad en que el resultado es alcanzable.
   Declaración: «Es posible alcanzar ese objetivo».

3. Evaluación de lo apropiado o lo difícil de los comportamientos necesarios para alcanzar el resultado deseado (con independencia de que se crea o no que lo producirán).
   Declaración: «Lo que hay que hacer para alcanzar el objetivo es apropiado y ecológico».

4. Creer en la propia capacidad para producir los comportamientos requeridos.
   Declaración: «Tengo/tenemos las capacidades necesarias para alcanzar el objetivo deseado».

5. Sentido de la propia valía o permiso para realizar los comportamientos requeridos y alcanzar el resultado deseado.
   Declaración: «Tengo/tenemos la responsabilidad de alcanzar ese objetivo y me/nos lo merezco/merecemos».

Una vez establecidas estas creencias el interesado puede calibrar su grado de conformidad con cada una de ellas en una escala del 1 al 5, lo cual producirá de inmediato un interesante perfil de áreas potenciales de problemas de motivación y seguridad. Las puntuaciones bajas indicarán posibles áreas de resistencia o interferencia, que requerirán ser de algún modo atendidas.

La hoja de evaluación de creencias de la página siguiente proporciona una herramienta sencilla pero eficaz para evaluar con rapidez las áreas de creencia relevantes en relación con determinado objetivo o plan.

Hoja de evaluación de creencias

Describe en una frase el objetivo o el resultado a lograr:

Objetivo/resultado:_____

Puntúa en las siguientes casillas tu grado de creencia en relación con el objetivo o el resultado a lograr, indicando con el 1 el grado más bajo y con el 5 el más alto.

a. «El objetivo es deseable y vale la pena.»

b. «Es posible alcanzar ese objetivo.»

c. «Lo que hay que hacer para alcanzar el objetivo es apropiado y ecológico.»

d. «Tengo/tenemos las capacidades necesarias para alcanzar el objetivo deseado.»

1	2	3	4	5

e. «Tengo/tenemos la responsabilidad de alcanzar ese objetivo y me/nos lo merezco/merecemos.»

1	2	3	4	5

Construye seguridad y refuerza las creencias

Una vez que hayas evaluado el grado de seguridad y congruencia en relación con esas áreas clave de creencias, podrás reforzar las creencias en áreas de duda considerando las preguntas siguientes:

1. ¿Qué más hace falta saber o añadir al objetivo o creer para ser más congruente y seguro?
2. ¿Quién es el mejor mentor para esa creencia?
3. ¿Qué mensaje o consejo daría ese mentor?

Utilizar el marco «como si» para reforzar creencias y expectativas

El *marco «como si»* es un proceso por medio del cual un individuo o un grupo actúan «como si» el objetivo o el resultado deseados hubieran sido ya alcanzados, o por medio del cual un individuo o un grupo actúan «como si» fueran otra persona o entidad. El marco «como si» constituye un medio poderoso para ayudar a las personas a identificar y enriquecer su percepción del mundo, así como sus estados futuros deseados. Constituye también un medio útil para ayudarlas a superar las resistencias y limitaciones propias de su mapa actual del mundo.

El marco «como si» se utiliza a menudo para cuestionar creencias limitadoras por medio de la creación de contraejemplos y alternativas. Por ejemplo, si una persona nos dice: «No puedo hacer X» o «Es imposible hacer X», aplicaríamos el marco «como si» y le preguntaríamos: «¿Qué pasaría si pudieras hacer X?», «Actúa como si pudieras hacer X. ¿Cómo sería?» o «Si (ya) pudieras hacer X, ¿qué estarías haciendo?» Por ejemplo, si el ejecutivo de una compañía no fuera capaz de describir cuál sería su estado deseado en relación con determinado proyecto, un mentor le podría preguntar: Imagina que han pasado cinco años. ¿Qué ha cambiado?

Actuar «como si» nos permite desprendernos de la percepción presente de los constreñimientos de la realidad y utilizar la imaginación con mayor plenitud. Activa nuestra capacidad innata para imaginar y suponer. También nos ayuda a liberarnos de las limitaciones de nuestra historia personal, de nuestros sistemas de creencias y de nuestro «ego». En realidad, nos ayuda a identificar y utilizar la noción de «Yo» como función en lugar de como rígida nominalización.

Muchos de los procesos y técnicas de la Programación Neurolingüística aplican el marco «como si». En el proceso de creación de objetivos, resultados y sueños, por ejemplo, actuamos primero «como si» fueran posibilidades. Creamos imágenes de ellos y las visualizamos con los ojos de la mente, dando a esas imágenes las cualidades que deseamos que tengan. Luego comenzamos a darles vida «como si» ya estuviéramos experimentando y practicando los comportamientos específicos que se corresponden con esos sueños y objetivos.

El marco «como si» es de gran importancia para la creación de un espacio en el que sea posible comenzar a estimular la neurología que puede apoyar la consecución de nuestros deseos. Milton Erickson solía repetir que «Puedes imaginar y dominar lo que quieras».

El marco «como si» constituye una herramienta clave para mentores y consejeros. El ejercicio siguiente aplica el marco «como si» considerándolo un medio para ayudar a la superación de creencias limitadoras.

Ejercicio «Como si»

1. El explorador pensará en algún objetivo o situación acerca de los cuales tenga alguna duda. Expresará verbalmente la creencia limitadora a su mentor. Por ejemplo: «No es posible para mí...», «No soy capaz de...», «No me merezco...»

2. El mentor animará respetuosamente al explorador a decir cosas tales como:

«¿Qué sucedería si eso fuera posible/fueras capaz de hacerlo/lo merecieras?»

«Actúa "como si" eso fuera posible/fueras capaz de hacerlo/lo merecieras. ¿Cómo sería?»

«Imagina que ya has tratado con todas las cuestiones relacionadas con tu creencia de que eso no es posible/no eres capaz de hacerlo/no lo mereces. ¿Qué pensarías, harías o creerías de forma diferente?»

2. Si surgen otras objeciones o interferencias por parte del explorador, el mentor seguirá preguntando:

«Actúa "como si" ya hubieras tratado con esa objeción/interferencia. ¿Cómo responderías de forma diferente?»

6

La estructura básica de las creencias

Estructura lingüística de las creencias

El propósito principal de nuestras creencias y de nuestros sistemas de creencias es vincular valores fundamentales con otras partes de nuestra experiencia y con nuestros mapas del mundo. Como ya he señalado anteriormente, la declaración de la creencia en que «El éxito requiere trabajar duro» vincula el valor «éxito» con una clase concreta de actividad («trabajar duro»). En cambio, la afirmación de que «El éxito requiere buena suerte» vincula el mismo valor con otra causa («buena suerte»). Como demuestran ambas afirmaciones, las creencias son básicamente declaraciones sobre las relaciones entre diversos elementos de nuestra experiencia.

Lingüísticamente hablando, las creencias se expresan por lo general en forma de patrones verbales conocidos como «equivalencias complejas» y «causas-efectos». Las *equivalencias complejas* son afirmaciones lingüísticas que implican «equivalencias» entre distintos aspectos de nuestra experiencia. («A=B» o «A significa B»). Esta clase de patrón de lenguaje es normalmente utilizado para formular definiciones de valores, así como para establecer evidencias destinadas a determinar si los valores han sido satisfechos o violentados. «Un corazón que late en reposo a 60 pulsaciones por minuto es un corazón sano», «Tener mucho dinero *significa* que has alcanzado el éxito» o «Amar *significa* no tener que decir nunca "lo siento"» son ejemplos de equivalencias complejas que reflejan creencias.

Las afirmaciones de causa-efecto (caracterizadas por palabras como «causa», «hace», «obliga», «conduce a», «resulta en», etc.) vinculan causalmente valores con otros aspectos de nuestra experiencia. Estas estructuras lingüísticas se utilizan para definir las causas y las consecuencias del logro de determinados valores. «Pronto a la cama y pronto en pie hacen al hombre sano, rico y sabio», la frase clásica de Benjamín Franklin, constituye una afirmación de factores causales que conducen al logro de determinados valores. Los dichos de que «el poder corrompe» o «el amor sana» constituyen afirmaciones relacionadas con las consecuencias de la expresión de determinados valores.

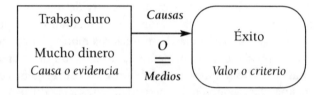

**Las creencias vienen por lo general expresadas
en forma de equivalencias complejas o causas-efectos.**

Las equivalencias complejas y las generalizaciones acerca de causa y efecto constituyen estructuras fundamentales a partir de las cuales construimos nuestros mapas del mundo.

Equivalencia compleja

La equivalencia compleja implica hablar de dos o más experiencias como si se trataran de lo mismo, es decir, como si fueran «equivalentes». Las equivalencias complejas están lejanamente emparentadas con las equivalencias de criterio, aunque son distintas de ellas. Las equivalencias de criterio se establecen en forma de evidencias basadas en los sentidos para determinado valor o criterio. Implican «fragmentar hacia abajo», hacia indicadores específicos de algún valor o criterio. Una equivalencia compleja es más una «definición» que un «procedimiento de evidencia». El proceso se asemeja más a una fragmentación lateral que hacia abajo. Una equivalencia compleja para determinado valor o criterio, por ejemplo, podrá revestir la forma de alguna otra generalización o nominalización.

En la afirmación «Está mal de salud. Debe odiarse realmente a sí mismo», quien la formula implica que «mala salud» es, de algún modo, sinónimo de «odiarse a sí mismo». En su mapa del mundo, ambas experiencias son en cierta medida «lo mismo» (a pesar de que probablemente no tengan relación alguna en realidad). Las siguientes afirmaciones serían otros ejemplos de «equivalencias complejas»: «Pensar o actuar fuera de las normas sociales *significa* que eres mentalmente inestable», «Seguridad *significa* tener poder para luchar contra fuerzas hostiles», o «Si hablas poco, eso tiene que *significar* que tienes poco que decir».

Toda declaración establece una especie de «equivalencia» entre dos términos. Definidos tal vez más acertadamente como «equivalencias simplistas», el peligro de estas declaraciones consiste en que, en ellas, una relación compleja, de estructura profunda, se sobresimplifica hasta el nivel de estructura superficial. Como sentenció Einstein: «Todo debe simplificarse tanto como sea posible, pero un poco menos».

Nuestras «interpretaciones» de acontecimientos y experiencias proceden del establecimiento y de la aplicación de paquetes de equivalencias completas. En el lado positivo, las conexiones establecidas por algunas interpretaciones ayudan a simplificar o explicar relaciones complejas. En el lado problemático, las equivalencias complejas distorsionan o sobresimplifican relaciones sistémicas. Los pacientes (así como sus familias), por ejemplo, tienden a interpretar sus síntomas de forma muy negativa, o de un modo que contribuye al mantenimiento del síntoma.

Desde la perspectiva de *El poder de la palabra*, la cuestión no estriba tanto en si uno ha encontrado o no la equivalencia compleja «correcta», sino en si uno consigue o no encontrar interpretaciones susceptibles de ofrecer una nueva perspectiva, un nuevo mapa del mundo o una nueva forma de pensar que difiera de la que ha creado y mantiene el problema de que se trate.

Causa y efecto

La percepción de causa y efecto es la base de nuestro modelo del mundo. El análisis, la investigación y el modelado eficaz de cualquier tipo requieren la identificación de las *causas* que subyacen en los fenómenos observables. Las causas son los elementos subyacentes responsables de la creación y el mantenimiento de determinado fenómeno o situación. La resolución exitosa de conflictos, por ejemplo, se basa en encontrar y tratar la(s) causa(s) de determinado síntoma o conjunto de síntomas. Lo que identificamos como causa de un estado deseado o de un estado problema determina dónde aplicaremos nuestros esfuerzos.

Por ejemplo, si crees que determinada alergia está causada por un «alergeno» externo, tratarás de evitarlo. Si crees que la alergia se debe a la descarga de «histaminas», tomarás «antihistamínicos». Si crees que la causa de esa alergia es el «estrés», tratarás de reducirlo. Y así sucesivamente.

Nuestras creencias sobre causa y efecto están reflejadas en el patrón lingüístico de «causa-efecto», en el cual está implícita o explícita la relación causal entre dos experiencias o fenómenos con descripción verbal. Como sucede con las equivalencias complejas, tales relaciones pueden o no ser acertadas o válidas al nivel de estructura profunda. Por ejemplo, en la afirmación «Criticarle le hará respetar las reglas» no está nada claro de qué modo, en concreto, la acción de criticarle *hará* que el criticado desarrolle respeto por las reglas. Tal acción podría también tener como resultado el efecto exactamente contrario. Esta clase de afirmación deja sin especificar muchos eslabones importantes en potencia.

Por supuesto, con ello no quiero decir que ninguna declaración de causa y efecto sea válida. Algunas son válidas, pero incompletas. Otras tienen validez, pero sólo en ciertas condiciones. De hecho, las declaraciones de causa y efecto son modalidades verbales sin especificar. El principal peligro con ellas consiste en la implicación de que la relación que está siendo definida sea francamente simple y mecánica. Habida cuenta de que los sistemas complejos están formados por numerosos vínculos mutuamente causales (por ejemplo, el sistema nervioso humano), muchos fenómenos son el resultado de causas múltiples, más que de una sola.

Además de todo ello, cada uno de los elementos implicados en una cadena de causa-efecto puede tener su propia «energía colateral», es decir, que cada uno de ellos tiene su propia fuente de energía y no responde de forma predeterminada. Eso hace que los sistemas sean mucho más complejos, dado que la energía no fluye a través de ellos de forma determinada y mecánica. Gregory Bateson señaló que si le das un puntapié a una pelota, podrás calcular con bastante exactitud donde irá a caer, en función del ángulo de impacto, de la fuerza del mismo, de la fricción del suelo y del aire, etc. Si, por el contrario, le das un puntapié a un perro con el mismo ángulo, la misma fuerza, sobre el mismo terreno, etc., resultará mucho más difícil predeterminar cuál será el resultado, y es que el perro tiene su propia «energía colateral».

Las causas son a menudo menos evidentes y amplias y más sistémicas en su naturaleza que el síntoma o el fenómeno particular que es explorado o estudiado. Un descenso en los beneficios o en la productividad, por ejemplo, puede ser el resultado de algo relacionado con la competencia, la organización, el liderazgo, los cambios en el mercado, los cambios en la tecnología, los canales de comunicación o cualquier otra cosa.

Ocurre lo mismo en el caso de muchas de nuestras creencias relacionadas con la realidad física. No podemos ver, oír o sentir las partículas atómicas interactuando entre sí, como tampoco percibimos directamente las fuerzas «*gravitacional*» o «*electromagnética*». Tan sólo podemos percibir y medir sus resultados. Postulamos el concepto imaginario «*gravitación*» para explicar los efectos. Conceptos tales como «gravedad», «electromagnetismo», «átomos», «causa y efecto», «energía», e incluso «tiempo» y «espacio» son, en gran medida, elaboraciones arbitrarias que surgieron de nuestra imaginación (y no del mundo exterior) para categorizar y poner orden a nuestra propia experiencia sensorial.

Albert Einstein escribió:

Hume vio claramente que ciertos conceptos, como el de causalidad, no pueden ser deducidos de la experiencia ma-

terial por medio de métodos lógicos... Todos los conceptos,
incluso los más próximos a la experiencia, proceden del
punto de vista de convenciones lógicas libremente elegidas.

Lo que Einstein nos dice es que nuestros sentidos no perciben realmente las cosas como «causas», puesto que lo único que pueden percibir es que primero sucede un acontecimiento e inmediatamente sucede otro. Por ejemplo, podemos percibir una secuencia de acontecimientos como: «Un hombre corta un árbol con un hacha» y luego «el árbol cae», o «Una mujer le dice algo a un niño» y luego «el niño comienza a llorar», o «Hay un eclipse de Sol» y luego «un terremoto el día siguiente». Según Einstein, podemos decir que «el hombre hizo que el árbol cayera», que «La mujer hizo llorar al niño», o que «El eclipse causó el terremoto», pero lo que es percibido es tan sólo la **secuencia** de los acontecimientos. La «**causa**» es una elaboración interna libremente elegida que aplicamos a la relación que hemos percibido. Por ejemplo, también podríamos decir: «La gravedad causa que los árboles caigan», «Las expectativas no cumplidas del niño le hicieron llorar» o «Las fuerzas internas de la Tierra causaron el terremoto», dependiendo de qué marco de referencia decidamos elegir.

El argumento de Einstein consiste en que las reglas básicas que utilizamos para operar en el mundo, así como las reglas según las cuales el propio mundo opera, no son observables en el contenido de nuestra experiencia. Como él mismo señaló, «Una teoría puede ser comprobada por la experiencia, pero no hay modo de formular una teoría a partir de la experiencia».

Este mismo dilema es de aplicación con igual rigor a la psicología, a la neurología y probablemente a cualquier otra área de actividad humana. Cuanto más nos aproximamos a las relaciones y normas primarias que determinan y rigen nuestra experiencia, más lejos estamos de cualquier cosa que sea directamente perceptible. No podemos experimentar físicamente los principios y las normas que generan nuestro comportamiento y nuestras experiencias, sino tan sólo sus efectos. Por ejemplo, si el cerebro trata de percibirse a sí mismo, habrá inevitablemente algunos puntos ciegos.

Tipos de causas

Según el filósofo griego Aristóteles (*Últimos analíticos*) hay cuatro tipos básicos de causas a ser tomadas en consideración en cualquier investigación y análisis: 1) causas «antecedentes», «necesarias» o «precipitantes»; 2) causas «constrictivas» o «eficientes»; 3) causas «finales» y 4) causas «formales».

1. **Causas precipitantes**
   Sucesos pasados, acciones o decisiones que influyen en el estado presente del sistema a través de una cadena lineal de acción-reacción.

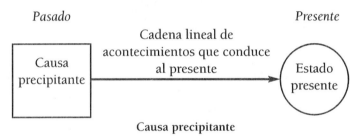

Causa precipitante

2. **Causas constrictivas**
   Relaciones presentes, presuposiciones y condiciones circundantes que mantienen el estado presente del sistema (independientemente de cómo haya llegado allí).

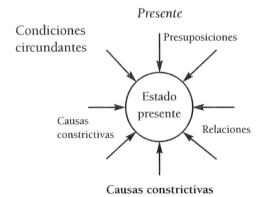

Causas constrictivas

3. **Causas finales**
   Objetivos futuros, resultados o visiones que guían o influyen en el estado presente del sistema y confieren sentido, relevancia y propósito a las acciones en curso.

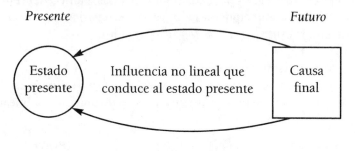

Presente   *Futuro*

Causa final

4. **Causas formales**
   Definiciones y percepciones de algo, por ejemplo, presuposiciones básicas y mapas mentales.

Buscar *causas precipitantes* nos conduce a ver el problema o el resultado como consecuencia de acontecimientos y experiencias del pasado. Buscar *causas constrictivas* nos conduce a percibir el problema o el resultado como algo fruto de las condiciones en curso, dentro de las cuales ocurre la situación actual. Considerar *causas finales* nos lleva a percibir el problema o el resultado como consecuencia de los motivos y las intenciones de los implicados. Tratar de descubrir las *causas formales* de un problema o resultado nos conduce a verlo como una función de las definiciones y presuposiciones que estamos aplicando a la situación.

Claramente, lo más probable es que tomar cualquiera de estas causas como la explicación única y completa del producto final conduzca a una imagen incompleta. En la ciencia de nuestros días tendemos a buscar *causas mecánicas*, a las que Aristóteles se refería como causas «antecedentes» o precipitantes. Cuando estudiamos científicamente un fenómeno, tendemos a buscar la cadena lineal de causa y efecto que lo produjo. Por ejemplo, decimos que «nuestro universo fue causado por el Big Bang, que ocurrió hace miles de millones de años», que «el SIDA está causado por un virus que penetra en el cuerpo y actúa sobre el sistema inmunitario», o que «esta organización tiene éxito porque dio los pasos concretos en los momentos precisos». Se trata de esclarecimientos sin duda útiles e importantes, pero que no necesariamente nos cuentan toda la historia de los fenómenos a los que se refieren.

Identificar *causas constrictivas* implica examinar qué mantiene la estructura presente del fenómeno, con independencia de lo que lo haya llevado hasta ahí. Por ejemplo, ¿cómo es que muchas de las personas infectadas por el virus del SIDA no manifiestan ningún síntoma? Si el universo se ha estado expandiendo después del Big Bang, ¿qué es lo que determina el ritmo al que se está expandiendo en la actualidad?, ¿qué es lo que le impedirá seguir expandiéndose? ¿Cuáles son las restricciones (o la ausencia de ellas) que podrían provocar la caída o el despegue de una organización, con independencia de su historia?

Buscar *causas finales* implica explorar los objetivos o fines potenciales de esos fenómenos con respecto al resto de la Naturaleza. Por ejemplo, ¿es el SIDA simplemente un azote, una lección o un proceso evolutivo? ¿Juega Dios a los dados con el universo, o se dirige éste hacia alguna parte? ¿Cuáles son las visiones y los objetivos que hacen que una organización tenga éxito?

Identificar las causas formales del «universo», de una «organización exitosa» o del «SIDA» implicaría examinar muestras presuposiciones e intuiciones básicas sobre el fenómeno en cuestión. ¿A qué nos referimos exactamente al hablar de «universo», «organización» o «SIDA»? ¿Qué estamos presuponiendo acerca de su estructura y su «naturaleza»? (Ésta fue la clase de preguntas que llevó a Albert Einstein a reformular por completo nuestra percepción del tiempo, del espacio y de la estructura del universo.)

La influencia de las causas formales

En varios aspectos, nuestro lenguaje, nuestras creencias y nuestros modelos del mundo funcionan como «causas formales» de nuestra realidad. Las causas formales están relacionadas con nuestras definiciones fundamentales de un fenómeno o una experiencia. El mismo concepto de «causa» es una modalidad de «causa formal».

Como el propio término implica, las «causas formales» están asociadas más bien con la «forma» que con el contenido. La «causa formal» de un fenómeno es la que da la definición de su carácter esencial. Podríamos decir que la «causa formal» de un ser humano, por ejemplo, son las relaciones de estructura profunda codificadas en el ADN. Las causas formales están también íntimamente relacionadas con el lenguaje y con los mapas mentales en los que creamos nuestras realidades y que conceptualizan y etiquetan nuestra experiencia.

Por ejemplo, a la estatua de bronce de un animal con crines, cuatro patas, cascos y cola la llamamos «caballo», porque exhibe la forma o las características «formales» que hemos asociado con la palabra y el concepto de «caballo». Decimos que «la bellota se ha convertido en un roble», porque definimos como «roble» a algo que tiene tronco, ramas y hojas de determinada forma. En consecuencia, indagar en las causas formales constituye uno de los mecanismos primarios de *El poder de la palabra*.

Las causas formales dicen en realidad más acerca de quien percibe que sobre el fenómeno que está siendo percibido. Identificar causas formales implica desvelar nuestras presuposiciones y nuestros mapas mentales básicos acerca del tema de que se trate. Cuando un artista como Picasso coloca el manillar de una bicicleta junto al sillín para construir la cabeza de un «toro», recurre a las «causas formales» debido a que está tratando con los elementos esenciales de la forma de algo.

Esta clase de causa está relacionada con lo que Aristóteles denominó «intuición». Antes de que podamos comenzar a investigar algo como el «éxito», la «alineación» o el «liderazgo», deberemos tener clara la idea de que ese fenómeno tal vez no exista. Por ejemplo, identificar «líderes eficaces» que modelar implica tener la intuición de que tales individuos son, en realidad, ejemplos para lo que estamos buscando.

Buscar las causas formales de un problema o resultado, por ejemplo, implica examinar nuestras definiciones, presuposiciones e intuiciones acerca de ese problema o resultado. Identificar las causas formales del «liderazgo», de una «organización exitosa» o de la «alineación» implicaría examinar nuestras definiciones, presuposiciones e intuiciones acerca de esos fenómenos. ¿Qué es lo que queremos decir, exactamente, al hablar de «liderazgo», de «organización exitosa», o de «alineación»? ¿Qué estamos presuponiendo acerca de su estructura y de su «naturaleza»?

El investigador que quería entrevistar a personas que habían experimentado «remisiones» de cánceres terminales, para descubrir patrones en su proceso de sanación, constituye un buen ejemplo de la influencia de las causas formales. Consiguió permiso de las autoridades locales para recopilar datos del centro regional de registro de datos médicos. Sin embargo, cuando se presentó ante la operadora del ordenador para obtener los nombres de las personas en remisión, ésta le dijo que no le podía facilitar aquella información. El investigador le aseguró que disponía de la autorización pertinente, a lo que ella le respondió que ése no era el problema. Lo que sucedía era que el ordenador no tenía una categoría para «remisiones». Entonces él le preguntó si le podía facilitar la relación de todas las personas a las que se hubiera diagnosticado un cáncer terminal durante los diez o doce años anteriores, a lo que la operadora le respondió que sí. Luego le pidió si le podía facilitar la relación de personas fallecidas de cáncer durante el mismo período. La comparación de ambas listas puso en evidencia que había varios centenares de personas a las que se había diagnosticado un cáncer terminal, pero que no habían muerto. Tras eliminar a quienes habían cambiado de domicilio o habían muerto por otras causas, el investigador acabó con una relación de más de doscientas personas en «remisión», pero que habían escapado a los filtros del centro de registro de datos simplemente porque no se había establecido una categoría para ellas. Debido a que estas personas no tenían «causa formal», no existían para el ordenador del centro.

Algo parecido sucedió con otro grupo de investigadores, interesados en estudiar el fenómeno de la remisión. Entrevistaron a médicos para averiguar nombres e historiales de personas que hubieran remitido de alguna enfermedad terminal. Sin embargo, los médicos insistían en que no tenían pacientes así. Al principio, los investigadores se resignaron a creer que tal vez la remisión fuera un incidente de mucho menor cuantía de la que ellos creían, hasta que a uno de ellos se le ocurrió preguntar a los médicos si tenían pacientes que hubieran experimentado «recuperaciones notables» en vez de «remisiones», a lo que respondieron de inmediato: «¡Oh, sí, tenemos muchos de ésos!»

Las causas formales son en ocasiones las más difíciles de identificar, porque pasan a formar parte de las presuposiciones y premisas subconscientes desde las que operamos, como el agua en la que nada el pez.

El poder de la palabra *y la estructura de las creencias*

En resumen, las equivalencias complejas y las declaraciones de causa-efecto constituyen los elementos básicos de construcción de nuestras creencias y de nuestros sistemas de creencias. Son la base a partir de la cual decidimos nuestras acciones. Afirmaciones como «si X = Y, haz Z» implican iniciar una acción causal, basada en la percepción de una equivalencia. Es esta clase de estructuras la que, en última instancia, determina de qué modo aplicamos de forma concreta lo que sabemos.

De acuerdo a los principios de *El poder de la palabra*, para que «estructuras profundas» como los valores (más abstractos y subjetivos) lleguen a alcanzar el entorno tangible en forma de comportamientos concretos, deben estar vinculadas a través de las creencias a procesos y capacidades cognitivos específicos. En algún nivel, debe ser atendida cada una de las causas aristotélicas.

Así pues, las creencias son respuestas a preguntas como:

1. «¿Cómo, en concreto, defines la cualidad o la entidad que valoras?» «¿Con qué otras cualidades, criterios y valores está relacionada esta cualidad o entidad?» (Causas formales.)

2. «¿Qué es lo que causa o crea esta cualidad?» (Causas precipitantes.)

3. «¿Qué consecuencias o resultados producirá ese valor?» «¿Adónde conduce?» (Causas finales.)

4. «¿De qué modo, en concreto, sabes que determinado comportamiento o experiencia encaja con un criterio o valor particular?» «¿Qué valores y experiencias específicos acompañan a ese criterio o valor?» (Causas constrictivas.)

Por ejemplo, una persona puede definir el «éxito» como «logro» y «autosatisfacción». La persona tal vez crea que el «éxito» proviene de «dar lo mejor de sí», y que conduce a la «seguridad» y al «reconocimiento por parte de otros». La persona sabrá que ha alcanzado el éxito cuando «note cierta sensación» en su «pecho y estómago».

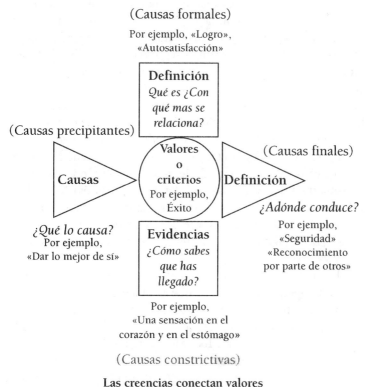

**Las creencias conectan valores
a diversos aspectos de nuestra experiencia**

Para que un valor se convierta en operativo, todo el sistema de creencias debe ser especificado en un grado u otro. Por ejemplo, para que un valor como la «profesionalidad» se materialice en un comportamiento, es necesario construir creencias acerca de lo que es la profesionalidad (los «criterios» para la profesionalidad), de cómo sabes que está siendo materializado (las «equivalencias de criterio»), qué lo causa y adónde conduce. En la determinación del modo en que actuará la persona, estas creencias son tan significativas como el propio valor.

Por ejemplo, dos personas pueden compartir el valor «seguridad». Una de ellas, sin embargo, tal vez crea que la seguridad proviene de «ser más fuerte que tus enemigos», mientras que la otra piense que este valor es consecuencia de «comprender y responder a las intenciones positivas de quienes nos amenazan». Ambas personas buscarán la seguridad por caminos muy distintos. Incluso es probable que sus planteamientos parezcan contradictorios. La primera buscará la seguridad por medio de la acumulación de poder, tratando de tener un «palo más grande» que el de quienes percibe como sus enemigos. La otra, en cambio, tratará de satisfacer el mismo valor a través de la comunicación, de la recopilación de información y de la búsqueda de opciones.

Está claro que las creencias del individuo en relación con sus valores fundamentales determinarán su «mapa mental» con respecto a esos valores y, por consiguiente, con el modo en que esa persona tratará de manifestarlos. Para poder enseñar o establecer valores adecuadamente, para que las personas actúen dentro de un sistema de forma coherente con los valores fundamentales de éste, deberán compartir en cierta medida determinadas creencias y valores.

Los patrones de El poder de la palabra pueden ser considerados como operaciones verbales que cambian o reencuadran los diversos elementos y vínculos que construyen las equivalencias complejas y las causas-efectos, que dan forma a las creencias y a las declaraciones de creencias. Todos los patrones de El poder de la palabra giran en torno a una utilización del lenguaje encaminada a relacionar y vincular diversos aspectos de nuestra experiencia y de nuestros mapas del mundo con los valores fundamentales.

En el modelo de *El poder de la palabra*, una «declaración de creencia» completa debe contener, como mínimo, una afirmación de equivalencia completa o de causa-efecto. Por ejemplo, una verbalización como «No les importo a los demás» no constituye una plena «declaración de creencia». Es una generalización relacionada con el valor de «importar», pero no llega a revelar las creencias asociadas con ella. Para averiguar las creencias relacionadas con esta generalización deberemos preguntar: «¿*Cómo sabes* que a los demás no les importas?», «¿Qué *hace* que te ignoren?», «¿Cuáles son las *consecuencias* de que no les importes a los demás?», «¿Qué *significa* que no les importes a los demás?»

Tales creencias son a menudo desveladas por medio de expresiones «conectivas», como «porque», «siempre que», «si», «después de que», «por consiguiente», etc. Por ejemplo: «No les importo a los demás *porque*...», «No les importo a los demás *si*...», «No les importo a los demás, *por consiguiente*...»

Una vez más y desde la perspectiva de la Programación Neurolingüística, la cuestión no es tanto que uno haya dado o no con la creencia de causa-efecto «correcta», como qué clase de resultados prácticos es uno capaz de alcanzar actuando «como si» esa equivalencia o esa relación causal existieran realmente.

Auditoría de valores

El propósito de nuestras creencias consiste en guiarnos en áreas en las que no conocemos la realidad. Ésta es la razón por la cual las creencias ejercen una influencia tan profunda en nuestras percepciones y en nuestras visiones de futuro. Para alcanzar resultados y manifestar nuestros valores, debemos creer que algo puede suceder, aunque no estemos seguros de ello.

La Auditoría de valores es una herramienta que aplica conectivos lingüísticos para ayudar a definir y establecer creencias clave relacionadas con el establecimiento y la manifestación de valores fundamentales. El proceso de «auditoría» de valores utiliza sugerencias verbales y palabras clave para garantizar que se haya explorado por completo el sistema sustentador de las creencias necesarias para poner los valores en acción.

Construimos y reforzamos nuestras creencias y nuestros valores basándonos en mapas cognitivos, experiencias referentes, apoyo relacional y demás herramientas disponibles. Todo ello constituye las «razones» por las que creemos de entrada en algo. Tanto para reforzar nuestras propias creencias con respecto a nuestros valores y objetivos, como para influir sobre las creencias de otras personas, necesitaremos identificar esas «buenas razones» para creer en esos valores y objetivos. Cuantas más razones tengamos para creer en algo, más probable será que creamos en ello. Esto implica descubrir y facilitar las respuestas a varias preguntas importantes sobre el «cómo»:

a) ¿Es eso deseable? ¿Por qué es deseable?

b) ¿Es posible conseguirlo? ¿Por qué es posible?

c) ¿Cuál es el camino que debe seguirse para conseguirlo? ¿Por qué es ése el camino adecuado?

d) ¿Soy (somos) capaz (capaces) de completar ese camino? ¿Por qué soy (somos) capaz (capaces) de completarlo?

e) ¿Merezco (merecemos) completar ese camino y conseguir lo que deseo (deseamos)? ¿Por qué lo merezco (merecemos)?

Según Aristóteles, responder a esta clase de preguntas implica descubrir las «causas» subyacentes relacionadas con diversas cuestiones. En otras palabras, se trata de descubrir:

a) Qué *causa* que sea deseable.
b) Qué *causa* que sea posible.
c) Qué *causa* que ese camino sea el adecuado.
d) Qué me (nos) *hace* capaz (capaces).
e) Qué me (nos) *hace* merecedor (merecedores).

Lingüísticamente hablando, los distintos tipos de causas aristotélicas están reflejados en algunas expresiones clave conocidas como «conectivos», es decir, palabras o frases que unen una idea con otra, tales como:

porque	*antes de*	*después de*
mientras	*siempre que*	*de modo que*
en el	*si*	*a pesar de*
lo mismo que	*por consiguiente*	

Conectivos

A través de esta clase de palabras «conectivas», relacionamos unas ideas con otras, así como valores con experiencias. Por ejemplo, si tuviésemos que formular una declaración de valor como «aprender es importante», deberíamos ir más allá y averiguar alguna «causa» que nos lleve a esa conclusión. Podríamos decir, por ejemplo: «Aprender es importante porque te ayuda a crecer y a sobrevivir». En este caso, se ha establecido un vínculo importante entre una consecuencia (o «causa final») relacionada con el aprendizaje.

Es posible utilizar distintas palabras conectivas para explorar o «auditar» las distintas «causas» relacionadas con determinado valor o criterio. Un método sencillo consiste en elegir cualquier valor y recorrer sistemáticamente con él todos los conectivos, con el fin de descubrir cualquier otra asociación o presuposición de apoyo.

Por ejemplo, si una persona quisiera reforzar su creencia y su compromiso con el valor «salud», el proceso comenzaría con la afirmación de ese valor: «La salud es importante y deseable». Manteniendo constante esa afirmación, la persona pasaría entonces por cada uno de los conectivos para explorar de este modo todas las razones de apoyo.

En este caso sería importante comenzar cada nueva frase sugerida por el conectivo con el pronombre «Yo», lo cual contribuirá a garantizar que esa persona permanezca asociada con la experiencia, así como a evitar que se limite a formular «racionalizaciones». Así pues, las series de nuevas afirmaciones podrían ser creadas como sigue:

La salud es importante y deseable,
porque yo_____

La salud es importante y deseable,
por consiguiente, yo _____

La salud es importante y deseable,
siempre que yo _____

La salud es importante y deseable,
de modo que yo _____

La salud es importante y deseable,
si yo _____

La salud es importante y deseable,
*aunque yo _____

La salud es importante y deseable,
del mismo modo que yo _____

Veamos un ejemplo de cómo podría alguien completar estas frases:

La salud es importante y deseable *porque* yo necesito fuerza y energía para crear y sobrevivir.

La salud es importante y deseable, *por consiguiente*, yo voy a dar los pasos adecuados para cuidar de ella.

La salud es importante y deseable, *siempre que* yo quiera estar preparado para el futuro.

La salud es importante y deseable, *de modo que* yo pueda disfrutar de mí mismo y ser un buen ejemplo para los demás.

La salud es importante y deseable, *si* yo quiero ser feliz y productivo.

La salud es importante y deseable, *aunque* yo tengo otros objetivos y otras responsabilidades que atender.

La salud es importante y deseable, *del mismo modo que* yo necesito las bases y los recursos necesarios para alcanzar mis sueños.

Tras haber completado las nuevas afirmaciones, resulta interesante leer cada una de ellas suprimiendo las palabras de sugerencia, a excepción de «aunque». (Es importante prestar atención a ese «aunque» o a cualquier otra respuesta que parezca negativa.) Las series de respuestas formarán entonces una afirmación completa, sorprendentemente coherente y valiosa, de las razones para comprometerse con el valor fundamental seleccionado:

La salud es importante y deseable. Necesito fuerza y energía para crear y sobrevivir. Comenzaré a dar los pasos adecuados para cuidar de ella. Quiero estar preparado para el futuro. Puedo disfrutar de mí mismo y ser un buen modelo para los demás. Quiero ser feliz y productivo. Aunque tengo otros objetivos y otras responsabilidades que atender, necesito las bases y los recursos necesarios para alcanzar mis sueños.

Como puedes comprobar, se crea un conjunto coherente de ideas y afirmaciones que ayuda a la persona a reforzar su compromiso y su creencia con el valor de la salud. El párrafo anterior define elementos de un camino que expresa el valor, proporciona motivación e incluso maneja posibles objeciones. Debido a que el conjunto de afirmaciones identifica múltiples razones (o causas) y las expresa en palabras, se convierte en una fuente poderosa de afirmaciones positivas. Proporciona una explicación general que justifica el compromiso con el valor, al mismo tiempo que ofrece una rica fuente de ideas para tratar con las dudas.

Prueba este proceso con alguno de tus valores completando los pasos siguientes y remitiéndote a la Hoja de auditoría de valores.

1. Identifica un valor fundamental que sea importante para ti establecer o reforzar. Escribe el valor en el espacio reservado al efecto completando así la declaración de valor.

2. En cada palabra «sugerente», lee primero tu declaración de valor, añade luego la palabra y completa la frase con lo primero que acuda «espontáneamente» a tu pensamiento.

3. Cuando hayas terminado, lee tus respuestas juntas y observa qué es lo que ha cambiado y ha quedado reforzado.

Hoja de auditoría de valores

Valor: _____es importante y deseable.
¿Cuál es el valor que es importante para ti establecer o reforzar?

porque yo_____
¿Por qué es deseable y apropiado tener esto como valor?

por consiguiente, yo ___ _____
¿Cuál es la consecuencia conductual de tener este valor?

siempre que yo _____
¿Cuál es la situación o condición clave para tener este valor?

de modo que yo _____
¿Cuál es el propósito positivo de este valor?

aunque yo _____
¿Qué alternativas o restricciones existen en relación con este valor?

si yo _____
¿Qué limitaciones o resultados se relacionan con este valor?

del mismo modo que yo _____
¿Qué otro valor parecido ya tienes?

Cuando hayas completado todas las afirmaciones, lee cada una de ellas suprimiendo las palabras de sugerencia (a excepción de la palabra «aunque», que conviene retener para que esa respuesta concreta no quede formulada en negativo) y comenzando con la palabra «Yo».

Auditoría de creencias

El proceso de «auditoría» mediante conectivos lingüísticos puede ser asimismo aplicado al refuerzo de creencias estableciendo «creencias sobre creencias», las cuales servirán como justificaciones adicionales y apoyo para mantener la confianza en determinada creencia.

Como ejemplo, supongamos que una persona duda acerca de si se merece ser saludable y atractiva. Aplicar el proceso de Auditoría de creencias implicaría repetir esta creencia, añadiendo diferentes conectivos al final de cada afirmación. Llenar los huecos creados con la adición de conectivos sirve para establecer vínculos entre esa creencia y otras creencias y expectativas, así como para «reencuadrar» posibles interferencias.

Pruébalo tú mismo utilizando el procedimiento siguiente.

Procedimiento de «Auditoría de creencias»

1. Identifica una creencia que necesites para lograr un objetivo deseado, pero sobre la que tengas dudas (refiérete a la Hoja de evaluación de creencias del Capítulo 5). Escribe la creencia en el espacio reservado al efecto más abajo.

2. En cada palabra «sugerente», repite primero la frase que expresa la creencia, añade luego la palabra y completa la frase con lo primero que acuda «espontáneamente» a tu pensamiento.

3. Cuando hayas terminado, lee tus respuestas juntas y observa qué es lo que ha cambiado y ha quedado reforzado.

Creencia:_____

porque yo/tú _____
¿Por qué es (soy/eres) deseable/posible/apropiado (capaz/merecedor de/responsable de) tener esto como valor?

por consiguiente, yo/tú _____
¿Cuál es el efecto o la exigencia de esta creencia?

después que yo/tú _____
¿Qué tiene que suceder para apoyar esta creencia?

mientras que yo/tú _____
¿Qué mas sucede al mismo tiempo que esta creencia?

siempre que yo/tú _____
¿Cuál es la condición clave en relación con esta creencia?

de modo que yo/tú _____
¿Cuál es la intención de esta creencia?

si yo/tú _____
¿Qué limitaciones o resultados se relacionan con esta creencia?

*aunque yo/tú _____
¿Qué alternativas o restricciones existen en relación con esta creencia?

del mismo modo que yo/tú _____
¿Qué otra creencia parecida ya tienes?

A medida que avances en este proceso con alguna de tus creencias, te darás cuenta de que algunas de las palabras sugerentes son más fáciles de responder que otras. También es posible que te resulte más fácil o más apropiado responder en otro orden distinto del propuesto. Por supuesto, puedes hacerlo en el orden que a ti o al grupo os resulte más natural y cómodo.

Tampoco pasa nada si dejas alguna respuesta en blanco. No obstante, descubrirás que las respuestas que parecen más difíciles suelen conducir a algunos de los resultados más sorprendentes y penetrantes.

Auditar una creencia desde una perspectiva diferente

En ocasiones resulta difícil o infructuoso auditar una creencia desde nuestra propia perspectiva. De hecho, surgen a menudo dudas porque nos quedamos atascados en nuestro punto de vista y no percibimos ninguna opción.

Otra forma de utilizar el proceso de Auditoría de creencias consiste en hacerlo desde el punto de vista de otra persona o «mentor». Con ello podemos abrir un nuevo «espacio perceptivo» que nos ayudará a eliminar obstáculos inconscientes a nuestra creatividad. También puede ayudarnos a descubrir presuposiciones subconscientes o innecesarias.

Esta modalidad de Auditoría de creencias puede hacerse identificando una persona, real o hipotética, que tenga plena confianza en la creencia de la que dudamos. Entonces uno mismo, o un compañero, puede ponerse en la piel de esa otra persona e «interpretar su papel» respondiendo a cada una de las palabras sugerentes. Para facilitar la interpretación del rol, hay que substituir «Yo» por «Tú» al responder a las sugerencias.

Para comprobar la influencia de esta otra perspectiva sobre tu propio nivel de confianza, puedes repetir luego las respuestas generadas por el otro punto de vista substituyendo «Tú» por «Yo». A menudo ayuda que otra persona te lea primero las respuestas, de modo que puedas hacerte una idea de la afirmación desde ambos puntos de vista.

Por ejemplo, si la declaración generada desde la otra perspectiva es: «Tú te mereces estar sano y ser atractivo porque tú eres un producto precioso de la Naturaleza», repetirás la misma frase en primera persona, es decir: «Yo merezco estar sano y ser atractivo porque yo soy un producto precioso de la Naturaleza».

Utilizar contraejemplos para reevaluar las creencias limitadoras

Las auditorías de valores y de creencias aplican principios de Programación Neurolingüística y de *El poder de la palabra* para ayudarnos a estar más *abiertos a creer* en nuestros objetivos, en nuestros valores, en nuestras capacidades y en nosotros mismos. Se trata de procesos simples, pero poderosos, que nos ayudan a establecer nuevas y consistentes creencias.

Sin embargo, hay momentos en los que tal vez nos enfrentemos a interferencias procedentes de creencias limitadoras. En semejantes situaciones, también es importante disponer de herramientas que nos ayuden a estar más *abiertos a dudar* de esos juicios y generalizaciones que nos limitan. Procesos como la búsqueda de la intención, fragmentar hacia abajo, fragmentar hacia arriba o identificar criterios de nivel superior nos ofrecen diversos métodos para suavizar y reencuadrar las creencias limitadoras. Otro patrón muy poderoso, que trabaja con la estructura de las creencias, consiste en descubrir «contraejemplos» para las creencias.

Un *contraejemplo* es un ejemplo, una experiencia o un fragmento de información que no encaja en determinada generalización sobre el mundo. Los contraejemplos son, básicamente, excepciones a la regla. Por ejemplo, una persona puede decir: «Todos los masai son ladrones de ganado» y expresar una generalización acerca de un grupo de personas. Para cuestionar esta representación, podríamos buscar ejemplos que no encajaran en ella, tal vez alguna ocasión en que un masai le hubiera devuelto a alguien una res extraviada.

Descubrir contraejemplos constituye un modo sencillo, pero poderoso, de evaluar y cuestionar creencias potencialmente limitadoras, así como de profundizar en la comprensión de las demás creencias.

Los contraejemplos no necesariamente desacreditan una afirmación de creencia, pero cuestionan su «universalidad» y con frecuencia la sitúan en una perspectiva más amplia. (Por ejemplo, en el Capítulo 4 utilizamos contraejemplos para identificar jerarquías de criterios.) Como ya he mencionado con anterioridad, las creencias y las críticas se tornan limitadoras cuando se formulan en términos de «universalidad», caracterizadas por expresiones como «todos», «cada», «nunca», «ninguno», «nadie», etc. No es lo mismo decir que «No tengo éxito porque me falta la experiencia necesaria», a decir que «Nunca tendré éxito porque me falta la experiencia necesaria». De forma parecida, las implicaciones y las expectativas relacionadas con «Estoy enfermo porque tengo cáncer» no son las mismas que las que asociaríamos con «Siempre estaré enfermo porque tengo cáncer». Las creencias formuladas en términos universales tienen a menudo un mayor impacto sobre nuestras expectativas y nuestra motivación.

Por supuesto, para una afirmación que fuera realmente universal sería necesario que no pudiéramos encontrar contraejemplos para ella. Con relación a *El poder de la palabra*, establecer un contraejemplo implica dar con un ejemplo que no encaje con las declaraciones de causa-efecto o de equivalencia compleja que construyen la creencia o el sistema de creencias y que modifique y enriquezca nuestra percepción de la generalización o del juicio que se expresa. Así, si alguien nos dice: «Todos los empleados desconfían de sus jefes», buscaremos ejemplos de empleados que confíen en sus jefes. Quizá también descubramos que hay jefes de quienes desconfían otras personas distintas a sus empleados.

Descubrir un contraejemplo no significa que la afirmación de creencia sea «errónea». Por lo general quiere decir que el sistema o el fenómeno que es explorado o estudiado es más complejo de lo que se había percibido o que sus elementos más fundamentales no han sido aún descubiertos, lo cual abre el potencial para otras perspectivas y posibilidades.

Como ya ha quedado dicho, la estructura de las declaraciones de creencias adopta por lo general alguna de las siguientes formas:

A **significa** B (equivalencia compleja): Por ejemplo: *Fruncir el entrecejo significa que no estás contento.*

o

C **causa** D (causa-efecto): Por ejemplo: *Los alergenos causan alergias.*

Para buscar **contraejemplos**, preguntaríamos primero:

¿Ocurre alguna vez A sin B?
    Por ejemplo: *¿Frunce alguna vez el entrecejo alguien cuando está contento?*
o
¿Hay algún momento en que C esté presente, pero no cause D?
    Por ejemplo: *¿Puede estar la gente junto a un alergeno y no sufrir alergia?*

También es posible invertir o «convertir» los términos, preguntando:

¿Ocurre alguna vez B sin A?
    Por ejemplo: *¿Puede alguien estar enfadado, aunque no frunza el entrecejo?*
o
¿Existe algún D que no esté causado por E?
    Por ejemplo: *¿Puede alguien tener una reacción alérgica, aunque no esté presente ningún alergeno?*

Descubrir contraejemplos conduce a menudo a una comprensión más profunda del fenómeno que estamos considerando y nos ayuda a enriquecer nuestro «mapa» del territorio. A menudo hay cierta validez superficial en algunas generalizaciones (como en el caso de la relación entre fruncir el entrecejo y el enfado o entre la alergia y el alergeno), pero los procesos a los que se refieren son, en realidad, mucho más complejos.

No olvides que, puesto que las creencias están ligadas al nivel neurológico profundo, cualquier cambio en ellas por medio del hallazgo de un contraejemplo podrá a menudo producir efectos inmediatos y espectaculares. Encontrar contraejemplos constituye, por ejemplo, el núcleo de la Técnica para la alergia de la PNL, la cual implica encontrar algo tan parecido como sea posible al alergeno, pero que no produzca la reacción alérgica.

Algunos marcos verbales para desvelar afirmaciones de creencias limitadoras

Para practicar la búsqueda de contraejemplos para las creencias limitadoras necesitarás disponer de algunos ejemplos de éstas. Para generar afirmaciones de creencias limitadoras, utilizaremos sugerencias verbales parecidas a las aplicadas en las auditorías de valores y de creencias.

Como sucede con cualquier creencia y con su correspondiente verbalización, las creencias limitadoras adoptan por lo general la forma de declaraciones de «causa-efecto» o de «equivalencia compleja». Es decir, que creemos que una cosa es *resultado* o *consecuencia* de otra, o que algo es *evidencia* o *significado* de algo más. Las siguientes sugerencias utilizan estas formas verbales como medio para explorar y desvelar grupos de creencias limitadoras relacionadas con el sentido de desesperanza, impotencia, o ausencia de mérito. Completando los espacios en blanco en relación con determinada situación o área de tu vida, en las que te sientas atascado o en un «callejón sin salida», podrás descubrir importantes creencias limitadoras, con las que podrás luego tratar con la ayuda de los distintos patrones de *El poder de la palabra* que hemos estado estudiando a lo largo de este libro.

Si consigo lo que quiero, entonces _____
¿Qué podría salir mal, o qué podrías perder, si lograras lo que deseas?

Conseguir lo que quiero significaría _____
¿Qué significado negativo tendría, para ti o para otros, lograr lo que deseas?

_____ hace que las cosas sigan como están.
¿Qué es lo que impide que las cosas cambien?

Conseguir lo que quiero hará que _____
¿Qué problemas podrían surgir si lograras lo que deseas?

La situación nunca cambiará porque _____
¿Qué impedimentos u obstáculos hacen que las cosas sigan como están?

No puedo conseguir lo que deseo porque _____
¿Qué es lo que te impide lograr lo que deseas?

No me es posible conseguir lo que deseo porque
_____
¿Qué es lo que hace que lograr lo que deseas te resulte imposible?

No soy capaz de conseguir lo que deseo porque
_____
¿Qué deficiencia personal te impide lograr lo que deseas?

Las cosas nunca mejorarán porque _____
¿Qué es lo que siempre te impedirá triunfar realmente?

Siempre tendré este problema porque _____
¿Qué es lo que te impide lograr lo que deseas y que nunca podrá ser cambiado?

Querer ser diferente está mal porque _____
¿Qué es lo que hace que querer cambiar sea malo o inapropiado?

No me merezco lo que deseo porque _____
¿Qué es lo que has hecho, o no has hecho, para que no seas merecedor de conseguir lo que deseas?

Generar contraejemplos

Elige una creencia (equivalencia compleja o causa-efecto) con la que trabajar y escríbela en los espacios en blanco.

(A)_____ porque (B)_____

*Por ejemplo: (A) No soy capaz de aprender **porque** (B) no soy una persona orientada a la técnica.*

Descubrir contraejemplos implicaría 1) buscar caso de **A pero no de B**, por ejemplo, casos en los que personas sin formación técnica hayan aprendido a utilizar un ordenador.

También puedes identificar contraejemplos 2) buscando casos de **B pero no de A**, por ejemplo, situaciones en las que personas con alguna formación técnica no hayan logrado aprender a utilizar un ordenador.

He aquí un par de ejemplos más:

*Nunca triunfaré académicamente **porque** tengo dificultades para aprender.*

1. ¿Existen ejemplos de personas que no triunfaran académicamente, a pesar de no tener ninguna dificultad para aprender? (por ejemplo, personas que no sacaran provecho de las oportunidades que se les ofrecían).
2. ¿Existen ejemplos de personas con dificultades para aprender (como Albert Einstein) que, a pesar de ello, triunfaran académicamente?

*No me merezco conseguir lo que quiero **porque** no me he esforzado lo suficiente.*

1. ¿Se te ocurre algún ejemplo de personas que no se merezcan lograr lo que desean, a pesar de haber realizado muchos esfuerzos para conseguirlo? (Por ejemplo, ladrones o asesinos que ponen mucho empeño en preparar y realizar sus crímenes.)
2. ¿Se te ocurre algún individuo que no haya hecho ningún esfuerzo (como un bebé recién nacido) y que, a pesar de ello, merezca lograr lo que desea?

Puedes buscar contraejemplos tanto entre las experiencias de tu propia vida como en los logros y éxitos de otros. Las acciones y los logros de otras personas suelen convencernos de que algo es posible o deseable. Los contraejemplos extraídos de nuestras propias experiencias nos convencen de que tenemos las capacidades para lograr lo que deseamos y de que nos lo merecemos.

Generalmente, encontrar aunque sea una sola persona que haya logrado realizar algo que se consideraba imposible, construye nuestro sentimiento de esperanza y de «expectativa de resultado», reforzando nuestra confianza en que eso que deseamos es posible. Encontrar ejemplos en nuestra propia vida va un paso más allá, puesto que intensifica nuestra confianza, no sólo en que eso es posible, sino también en que ya somos capaces en cierta medida de lograrlo, es decir, fortalece nuestra expectativa de autoeficacia.

Una vez encontrado un contraejemplo poderoso, puede ser presentado ante la persona que se debate con la creencia limitadora. Recuerda que el propósito de descubrir contraejemplos, así como de El poder de la palabra en general, no consiste en atacar o humillar a alguien por tener una creencia limitadora, sino ayudarlo a ensanchar y enriquecer su mapa del mundo, así como a cambiar un marco-problema o un marco-fracaso por un marco-objetivo o un marco-realimentación.

Por ejemplo, si un niño dice: «Nunca aprenderé a montar en esta bicicleta. Me caigo siempre», sus padres pueden responderle: «Has aguantado el equilibrio casi tres metros ahora mismo, así que no siempre te caes. Si sigues practicando, verás que cada vez te aguantas más tiempo». Este contraejemplo procede de «fragmentar hacia abajo» la experiencia del chaval, así como de reducir el tamaño del marco para concentrarlo en los momentos de éxito. Puesto que está extraído de la propia experiencia del niño, lo más probable es que le ayude a reforzar su creencia en el desarrollo de sus propias capacidades. Eso lo ayudará a abrirse a la creencia de que realmente puede aprender a mantener el equilibrio.

Los padres también podrían decir: «¿Recuerdas que tu hermana se caía siempre cuando aprendía a montar en bicicleta? Ahora monta perfectamente. Caerse es sólo parte del aprendizaje». En este caso, el contraejemplo se establece «fragmentando hacia arriba», ampliando el marco y señalando los éxitos de otros. Eso servirá para construir la confianza del chico, o su «expectativa de resultado», en que, aunque al principio te caigas muchas veces, aprender a montar en bici es posible. Ello lo ayudará a dudar de que caer signifique que uno no aprenderá.

Ambos contraejemplos ayudan a reubicar la generalización limitadora —«Nunca aprenderé a montar en esta bicicleta. Siempre me caigo»— en un marco de realimentación en lugar de un marco de fracaso.

7

Estados internos
y cambio natural de creencias

El proceso natural
de cambio de creencias

El propósito de la totalidad de los patrones de *El poder de la palabra* que hemos visto hasta aquí es ayudarnos a estar más abiertos a nuestros objetivos, a nuestros valores, a nuestras capacidades y a nosotros mismos. También pueden ayudarnos a «reencuadrar» generalizaciones negativas, estimulándonos a estar más abiertos a dudar de las evaluaciones y los juicios que nos limitan. Los patrones de *El poder de la palabra* son estructuras verbales, simples pero eficaces, que contribuyen al establecimiento de creencias nuevas y potenciadoras, así como al cambio de creencias limitadoras. Constituyen, en suma, herramientas poderosas para el cambio de creencias a través de la conversación.

A menudo las personas piensan que los procesos de cambio de creencias tienen que ser difíciles y requieren esfuerzo, así como que forzosamente tienen que ir acompañados de luchas y conflictos. Sin embargo, lo cierto es que, a lo largo de nuestra vida, todos descartamos de manera automática cientos, miles, de creencias. Tal vez la dificultad surge cuando tratamos de hacerlo de manera consciente, cuando lo hacemos de un modo que no respeta el ciclo natural de cambio de creencias. Tratamos de cambiarlas «reprimiéndolas», desaprobándolas o atacándolas. Sin embargo, suele ser muy fácil cambiar de creencias si respetamos y acompañamos este proceso natural.

He dedicado mucho tiempo a estudiar y modelar el proceso del cambio natural de creencias. A lo largo de los últimos veinte años he trabajado con muchas personas, tanto individual como colectivamente en seminarios, y he sido testigo de las consecuencias, a veces milagrosas, que resultan cuando las personas logran liberarse de viejas creencias limitadoras y las cambian por otras nuevas y potenciadoras. Esta transición puede ser a menudo tanto rápida como suave.

He visto también a mis dos hijos (de diez y ocho años de edad al escribir estas líneas) cambiar muchas, muchas creencias limitadoras a lo largo de sus cortas vidas y establecer en su lugar otras mucho más enriquecedoras. Quizá más importante aún, lo hicieron sin necesidad de psicoterapia o medicación (si bien es cierto que algo de tutoría y de *El poder de la palabra* resultó de ayuda). Estas creencias limitadoras abarcaron diversos temas y actividades, como:

> Nunca aprenderé a montar en bici.
> No soy bueno en matemáticas.
> No soportaré este dolor.
> Me cuesta demasiado aprender a esquiar.
> Aprender a tocar el piano (o esta canción) es difícil y aburrido.
> No soy un buen jugador de béisbol.
> No logro aprender a batear yo solo.

En algún momento de su vida, mis hijos han expresado afirmaciones como éstas. El grado en que creían sus propias palabras amenazaba su motivación para seguir aprendiendo. Cuando tales creencias llegan a determinado extremo, la persona abandona, e incluso puede ocurrir que deje de disfrutar con estas actividades o que deje de intentar realizarlas para el resto de su vida.

El proceso a través del cual mis hijos cambiaron sus creencias ocurrió según un ciclo natural, en el que se fueron sintiendo cada vez más *abiertos a dudar* de sus creencias limitadoras, y cada vez más *abiertos a creer* que podían lograr sus objetivos. Todo ello me ha movido a formular lo que he denominado *Ciclo de cambio de creencias* (ver *Estrategias del Genio,* volumen III, 1995).

El ciclo de cambio de creencias

El ciclo natural de cambio de creencias puede compararse con el cambio de estaciones. Una nueva creencia es como la semilla que plantamos en primavera. Crece durante el verano y cuando madura se hace fuerte y echa raíces. Durante su proceso de crecimiento, la semilla debe a veces competir por la supervivencia con otras plantas o con la maleza que crece en el mismo huerto. Para salir adelante, la nueva semilla necesitará la ayuda del agricultor, que la fertilizará y la protegerá de la maleza.

Como las cosechas en otoño, las creencias sirven su propósito, comienzan a pasarse y se marchitan. Sin embargo, los «frutos» de la creencia (las intenciones y los propósitos positivos que hay tras ella) son preservados o «recolectados» y separados de las partes que ya no resultan imprescindibles. Finalmente, en invierno las partes de la creencia que ya no se necesitan son abandonadas a la descomposición, permitiendo así que el ciclo vuelva a comenzar.

A medida que nos preparamos para las distintas etapas de nuestra vida o de nuestra carrera, vamos repitiendo el mismo ciclo muchas veces: a) comenzamos *«queriendo creer»* que seremos capaces de manejar cada nuevo reto con recursos y con éxito. Al entrar en esta etapa de la vida y aprender las lecciones que precisamos para ese manejo, b) nos *«abrimos a creer»* que podemos, realmente, tener las capacidades necesarias para lograr los recursos y el éxito. Cuando nuestras capacidades se confirman, c) confiamos en nuestra *«creencia»* de alcanzar los recursos y el éxito, así como de que estamos haciendo lo que nos conviene.

A veces sucede que una nueva convicción entra en conflicto con creencias que interfieren y contradicen la nueva generalización o el nuevo juicio que estamos tratando de establecer. A menudo, estas creencias o interferencias son generalizaciones que sirvieron para apoyarnos o protegernos en algún momento del pasado, al establecer límites y prioridades percibidas como necesarias para la seguridad o la supervivencia en aquel momento de nuestra vida. A medida que nos percatamos de que nos adentramos en una nueva etapa de nuestra vida o de nuestra actividad, comenzamos a d) estar más *«abiertos a dudar»* de que las limitaciones y las decisiones asociadas a aquella etapa anterior sigan siendo realmente lo que más importa, lo prioritario, lo más «cierto».

Cuando por fin logramos pasar a la siguiente etapa de nuestra vida o de nuestra profesión, podemos echar la vista atrás y comprobar que aquello que para nosotros fue importante y verdadero ya no lo es. Reconocemos que e) *«solíamos creer»* que éramos de determinada manera y que ciertas cosas eran importantes. Ello no nos impide retener las creencias y las capacidades que nos ayudan en la etapa actual, pero sin dejar de darnos cuenta de que nuestros valores, nuestras prioridades y nuestras creencias ya no son las mismas.

Para encontrar abundantes ejemplos de este ciclo, sólo tienes que reflexionar sobre los procesos de cambio que has atravesado desde tu infancia, pasando por tu adolescencia, hasta tus diversas etapas de madurez. A medida que entramos y pasamos por distintas relaciones, empleos, amistades, asociaciones, etc., desarrollamos creencias y valores que nos sirven, pero que abandonamos cuando de nuevo transitamos hacia una nueva etapa del camino de nuestra vida.

Los pasos fundamentales de este ciclo son los siguientes:

1. *Querer creer*

«Querer creer» está relacionado con nuestras expectativas y motivaciones para el establecimiento de una nueva creencia. Cuando «queremos creer» algo, se debe habitualmente a que pensamos que la nueva creencia producirá efectos positivos sobre nuestra vida. «Querer creer» algo implica asimismo el reconocimiento de que aún no «lo creemos», de que la nueva creencia aún no supera nuestra «estrategia de realidad» o las «equivalencias de criterio» necesarias para que sepamos que la hemos incorporado plenamente a nuestro presente modelo del mundo.

2. Abiertos a creer

«Abrirse a creer» constituye una experiencia estimulante y generadora que viene acompañada a menudo por una sensación de libertad y exploración. Cuando estamos «abiertos a creer» todavía no estamos convencidos de que la nueva creencia sea completamente válida, sino que recopilamos y sopesamos pruebas que la validen. Estar abierto a creer implica estar plenamente inmersos en el marco resultado, en el marco realimentación y en el marco «como si». Sabemos que aún no lo creemos, pero pensamos: «Tal vez sea posible», «Podría ser», «¿Cómo sería mi vida si adoptara esta creencia?», «¿Qué tendría yo que ver, oír o sentir para convencerme de que esa nueva creencia es válida y útil?»

3. Creyendo ya

Las generalizaciones que «ya creemos» construyen nuestro sistema de creencias en vigor. Cuando creemos en algo (tanto si es positivo como si es negativo, tanto si es potenciador como si es limitador), nos comprometemos plenamente con esa creencia, y la consideramos nuestra «realidad» presente. Actuamos con congruencia «como si» esa creencia fuera cierta para nosotros. Es en este momento donde la creencia comienza a adquirir las propiedades de «autocumplimiento» asociadas a la fe en algo (como con el «efecto placebo»). Cuando creemos plenamente en algo, en nuestra mente no hay preguntas ni dudas.

Ocurre con frecuencia que, al tratar de incorporar una nueva creencia, ésta entra en conflicto con otra ya existente. Un niño o una niña que quiere creer que «puedo montar en bicicleta» debe a menudo luchar con sus generalizaciones previas, derivadas de la experiencia de caerse numerosas veces en sus intentos anteriores. De forma parecida, un niño que quiera creer que «cruzar la calle solo es seguro» deberá antes tratar adecuadamente y abandonar la creencia, establecida con anterioridad por sus padres, de que «no puedes cruzar la calle sin la ayuda de un adulto».

No es infrecuente que se presenten tales conflictos entre creencias cuando comenzamos a considerar con seriedad la posibilidad de creer en algo nuevo o diferente. Así pues, el intento de adoptar una creencia nueva desencadena a menudo conflictos y resistencias con respecto a otras creencias, ya establecidas como parte de nuestro sistema de creencias existente.

4. Abiertos a dudar

Para reevaluar y descartar viejas creencias que interfieran con el establecimiento de otra nueva, deberemos «abrirnos a la duda» sobre la creencia existente. La experiencia de estar abierto a la duda es el complemento de estar abierto a creer. En lugar de pensar que alguna nueva creencia tal vez sea cierta, cuando estamos «abiertos a dudar» lo estamos a considerar que, quizás esa creencia que hemos mantenido tanto tiempo, no sea cierta. Pensamos: «Quizá no sea válida, o haya dejado de serlo», «Ya he cambiado de creencias otras veces», «Tal vez no sea tan importante o necesario creer eso», «¿De qué contraejemplos dispongo para cuestionar esa creencia?», «Si me lo miro desde una perspectiva más amplia, ¿qué otras posibilidades percibo?» o «¿Cuál es el propósito positivo al que esta creencia ha servido? ¿Existen otros medios para lograr ese mismo propósito de forma menos limitadora y más enriquecedora?»

Abrirnos a la duda implica por lo general reencuadrar creencias formuladas en función de marco problema o marco fracaso, de modo que queden de nuevo en un marco resultado o en un marco realimentación. Los patrones de El poder de la palabra proporcionan herramientas verbales poderosas para ayudarnos a abrirnos a la duda sobre creencias existentes interferentes, así como a reencuadrarlas.

5. El «Museo de historia personal».
Recordar lo que «solíamos» creer

Cuando dejamos de creer en algo, a menudo no generamos amnesia por esa creencia, ni olvidamos de manera automática lo que solíamos creer, sino que más bien cambia espectacularmente el efecto emocional y psicológico que esa creencia tenía en nosotros. Recordamos lo que «solíamos» creer, pero a sabiendas de que ya no ejerce ninguna influencia significativa sobre nuestros pensamientos o nuestra conducta. Tan sólo ya no encaja con nuestros criterios para la «realidad».

Cuando cambiamos realmente una creencia, no necesitamos realizar ningún esfuerzo para negarla o eliminarla. Nuestra relación con ella se asemeja a la experiencia de visitar un museo de historia. Cuando vemos armas medievales e instrumentos de tortura en la vitrina de un museo tal vez nos sintamos curiosos y reflexivos, pero ciertamente no experimentaremos miedo, enfado o disgusto. Sabemos que otras personas, en otros tiempos, utilizaron todo aquello, pero ahora estamos muy lejos de todo ello. De hecho, es importante recordar los errores y las creencias limitadoras de nuestros antepasados, para tratar de no repetirlos.

En relación con nuestras creencias descartadas sucede algo parecido. Sabemos que «solíamos creerlas», pero ya no las creemos. La creencia en Papá Noel es un ejemplo paradigmático de esta clase de experiencia. En las culturas que celebran la Navidad, la mayoría de adultos recordamos cómo, siendo niños, creíamos que este personaje vivía en el Polo Norte y que, en Nochebuena, volaba por los cielos en su trineo mágico alrededor del mundo para llevar regalos a los niños. Cuando alguien deja de creer en Papá Noel, no necesita negar airada y vehementemente la existencia de este personaje imaginario, sino que le basta con mirar en retrospectiva con nostalgia, y recordar la intención positiva de aquella creencia, consistente en crear un sentimiento de magia y excitación.

De forma parecida, así es como recordamos las viejas creencias de las que nos hemos desprendido. Recordamos y decimos: «Solía creer que no podía montar en bici o cruzar la calle solo, establecer un patrón de comportamiento saludable o merecer el éxito, etc., pero ya no lo creo. Esa creencia ya no forma parte de mi realidad. Ahora tengo otras formas de satisfacer la intención positiva y el propósito de aquella vieja creencia».

6. Confianza

En muchos aspectos, la confianza constituye la piedra angular del proceso natural de cambio de creencias. El diccionario Merriam-Webster define la *confianza* como la «fiabilidad asegurada acerca del carácter, capacidad, fuerza o autenticidad de algo o alguien». Así pues, la confianza se caracteriza por una fe o creencia en «algo futuro y probable». Confiamos, por ejemplo, en que una persona «será fiel a su palabra» o en que «las cosas mejorarán».

Emocionalmente hablando, la confianza está relacionada con la esperanza. Ésta es una función de nuestra creencia en que algo es posible. La persona que tiene esperanzas de recuperarse de una enfermedad grave debe creer que tal recuperación es posible. Sin embargo, el sentimiento de confianza suele ser más fuerte que el de esperanza. Más que con la simple creencia de que algo sea posible, está relacionado con la expectativa de que suceda realmente.

De hecho, la confianza constituye a menudo algo en lo que apoyarnos cuando no tenemos pruebas. En este sentido, la confianza se extiende más allá de la creencia, hasta el nivel de la identidad o incluso de la experiencia espiritual. En el ciclo natural de cambio de creencias, la «confianza» se tipifica por un estado que nos permite acceder, más allá de nuestras creencias, al estado en que éstas se forman.

La experiencia de «confiar» en algo que está más allá de nuestras creencias, o de confiar en un sistema mayor que uno mismo, puede ayudar a que el proceso de cambio de creencias sea más suave, más cómodo y más ecológico.

Cuando se utilizan de forma selectiva, los patrones de *El poder de la palabra* sirven como herramientas verbales que nos ayudan a apoyar este ciclo natural de cambio de creencias y nos conducen a una mayor apertura a la duda sobre las creencias y generalizaciones que nos están limitando.

Cambio de creencias y estados internos

Como ponen de relieve los pasos del ciclo natural de cambio de creencias, nuestro estado interno representa una influencia importante para el cambio de creencias. Nuestros estados internos son, en muchos aspectos, los contenedores de nuestras creencias. Si uno se encuentra en un estado positivo y optimista, le resultará mucho más difícil aferrarse a creencias negativas y limitadoras. Por el contrario, no resulta fácil mantener la congruencia con creencias positivas y potenciadoras cuando nuestro estado interno es de frustración, disgusto o temor.

El *estado interno* de la persona está relacionado con la experiencia fisiológica y emocional que tiene en un momento determinado del tiempo. Los estados internos determinan en gran medida nuestra elección de comportamiento y de respuesta. Funcionan, a la vez, como una especie de filtro de nuestras percepciones y como puerta de acceso a determinados recuerdos, capacidades y creencias. Así pues, el estado interno de una persona ejerce una enorme influencia sobre su «visión del mundo» presente.

Un viejo, aunque muy relevante, proverbio de Nueva Guinea asegura: «*El conocimiento es tan sólo un rumor, hasta que está en el músculo*». Una creencia (positiva o negativa) no es más que un «rumor» hasta que está «en el músculo». Es decir, hasta que no hayamos incorporado somáticamente determinado valor o creencia, y sintamos y experimentemos emocionalmente sus implicaciones, seguirá siendo tan sólo un conjunto disociado de conceptos, palabras o ideas. Las creencias y valores activan su «poder» sólo cuando se conectan a nuestra fisiología y a nuestros estados internos.

De forma parecida, el estado físico, el psicológico y el emocional en el que nos encontremos ejercerán una gran influencia sobre los tipos de creencias que estaremos inclinados a incorporar. Considera, por ejemplo, la influencia sobre tu experiencia de las siguientes listas de estados:

Estados internos «positivos»	Estados internos «negativos»
Tranquilo	Enfadado
Relajado	Tenso
Flexible	Rígido
Fluido	Atascado
Centrado	Ansioso
Confiado	Frustrado
Optimista	Dubitativo
Atento	Distraído
Receptivo	Cerrado
Seguro	Temeroso

Como puedes deducir fácilmente de tu propia experiencia, es mucho más fácil estar «abierto a creer» y asociarse a creencias positivas y potenciadoras cuando el estado interno es positivo que cuando no lo es.

Una de las premisas básicas de la Programación Neurolingüística consiste en que el cerebro humano funciona de forma parecida a un ordenador, es decir, ejecutando «programas» o estrategias mentales, compuestas de secuencias ordenadas de instrucciones o representaciones internas. Ciertas estrategias o programas son más adecuados que otros para resolver determinadas tareas y son, por consiguiente, la estrategia que el individuo utilice la que determinará, en gran medida, la mediocridad o la excelencia de su desempeño. La eficacia y la facilidad con que un programa mental se ejecuta viene determinada, en gran medida, por el estado psicológico del individuo. Evidentemente, si un ordenador tiene un chip defectuoso o la corriente que lo alimenta no es estable, no podrá ejecutar los programas con eficacia.

Con el cerebro humano sucede lo mismo. El grado de atención, receptividad, estrés, etc., del individuo determinará la eficacia con la que podrá ejecutar sus propios programas mentales. Procesos fisiológicos profundos, como el ritmo cardíaco, el ritmo respiratorio, la postura corporal, la presión sanguínea, la tensión muscular, el tiempo de reacción, la respuesta galvánica de la epidermis, etc., acompañan a los cambios en el estado interno de la persona e influyen en gran medida en su capacidad para pensar y para actuar. Así pues, el estado interno del individuo ejerce influencias importantes sobre su capacidad de actuación en cualquier situación.

Nuestros estados internos están relacionados con la parte «neurológica» de la Programación Neurolingüística. El estado de nuestra fisiología y de nuestra neurología actúa a modo de filtro para establecer dónde centramos la atención y, por consiguiente, qué oímos (y dejamos de oír) y cómo interpretamos lo que oímos.

Reconocer los estados internos de la persona, responder a ellos e influir en los mismos, constituye una de las habilidades importantes para utilizar eficazmente *El poder de la palabra*.

Reconocer estados internos e influir sobre ellos

A medida que avanzamos en los diferentes contextos y experiencias de nuestra vida, cambiamos de estados internos y accedemos a diversidad de ellos. Para la mayoría de nosotros, estos cambios han quedado en gran medida fuera de nuestra elección. Respondemos a estímulos (anclas) que son a la vez internos y externos a nosotros, como si funcionáramos por medio de un «piloto automático».

Sin embargo, es posible aprender cómo elegir nuestro propio estado. Poder influir y dirigir nuestros estados internos incrementa en gran medida nuestra flexibilidad individual, y crea una probabilidad mayor de mantener creencias y expectativas positivas, así como de alcanzar los resultados apetecidos. La capacidad para reconocer estados útiles, así como de acceder intencionalmente a ellos en determinadas situaciones, nos proporciona más opciones sobre cómo experimentarlas y reaccionar ante ellas. En PNL, los términos «selección de estado» y «manejo de estados» se refieren a esta capacidad para elegir el estado más apropiado para cada situación o desafío y acceder a él. Uno de los objetivos de la Programación Neurolingüística es ayudarnos a crear una «biblioteca» de estados útiles y llenos de recursos.

Al ser más consciente de los patrones y de los estímulos que influyen sobre los estados internos, podemos incrementar el número de opciones disponibles para responder a determinada situación. Una vez conocidos los factores que definen e influyen en las características de nuestros estados internos, podemos seleccionarlos y «anclarlos» para que nos resulte más fácil recurrir a ellos. Entre los métodos utilizados en PNL para seleccionar y anclar estados internos cabe citar la localización espacial, las submodalidades (colores, sonidos, brillo, etc.) y los estímulos no verbales.

Para reconocer y comprender mejor nuestros estados internos, así como para ayudar a desarrollar nuestra capacidad de «selección» y «manejo» de los mismos, es necesario aprender a hacer inventario de nuestros procesos neurológicos. La Programación Neurolingüística ofrece tres métodos para ello: inventario de fisiología, inventario de submodalidades e inventario de emociones.

Un *inventario de fisiología* implica prestar atención a la postura corporal, a los gestos, a la posición de los ojos, a la respiración y a los patrones de movimiento.

Un *inventario de submodalidades* implica percatarse de las submodalidades sensoriales más notorias en nuestro estado interno, como el brillo, el color, el tamaño y la posición de las imágenes mentales; el tono, el timbre y el volumen de voces y sonidos; la temperatura, la textura, la superficie, etc., de las sensaciones cinestésicas.

Un *inventario de emociones* implica prestar atención a la constelación de componentes que constituyen nuestros estados emocionales.

Estos tres tipos de inventario están relacionados con nuestras equivalencias de criterio y nuestras estrategias de realidad. Desarrollar la capacidad para inventariar en los tres ámbitos nos lleva a una mayor flexibilidad, acompañada del agradable beneficio colateral de aumentar nuestro dominio sobre los estados psicológicos en que operamos. Ello nos permitirá realizar los ajustes necesarios cuando el estado en el que estamos interfiera con nuestra capacidad para alcanzar los objetivos deseados.

Un ejemplo. Mientras lees este párrafo, ahora mismo, pon tus hombros en tensión, siéntate desequilibrado, levanta los hombros hasta las orejas. Un estado fisiológico típico del estrés. ¿Cómo respiras? ¿Estas cómodo en ese estado? ¿Te parece indicado para aprender? ¿Dónde está tu atención? ¿Qué creencias acerca del aprendizaje mantienes en ese estado?

Ahora cambia de posición. Muévete un poco, puedes levantarte y volver a sentarte. Busca una postura cómoda y equilibrada. Recorre tu cuerpo y elimina cualquier exceso de tensión. Respira profunda y tranquilamente. ¿Dónde está tu atención en ese estado? ¿Qué creencias acerca del aprendizaje conectas con él? ¿Cuál de los dos estados conduce mejor al aprendizaje?

Como este sencillo ejercicio demuestra, los estímulos no verbales constituyen a menudo uno de los aspectos más relevantes e influyentes en el control y el manejo de estados internos. Es importante reconocer la influencia del comportamiento, incluso de los más sutiles aspectos de la fisiología, sobre los estados internos de las personas. Diferentes estados o actitudes se expresan por medio de patrones de lenguaje y comportamientos distintos.

Ejercicio: Acceder a un estado y anclarlo

Los peculiaridades y los estímulos cognitivos y físicos identificados por la PNL pueden ser utilizados para acceder de manera sistemática y movilizar diferentes partes de nuestro sistema nervioso. Los ejercicios siguientes ilustran algunas formas de usar las herramientas básicas de la PNL para ayudarnos a seleccionar y manejar mejor nuestros estados internos.

El anclaje constituye una de las herramientas más sencillas y poderosas para la selección y el acceso a estados internos. Anclar implica establecer indicadores o desencadenantes para cada estado interno. Por ejemplo, los pasos siguientes conducen al establecimiento de dos tipos de «anclas» importantes y útiles:

1. Selecciona un espacio en el suelo ante ti, para designarlo como ancla «espacial» para el estado interno al que deseas acceder, ahora o en el futuro (por ejemplo, «estar abierto a creer») y colócate en ese espacio.

2. Recuerda alguna ocasión en la que experimentaras el estado que deseas anclar. Recupera plenamente ese estado. Ve a través de tus ojos, oye por tus oídos y experimenta las mismas sensaciones, patrones de respiración, etc., que en aquella ocasión.

3. Haz inventario de los indicadores físicos, de las submodalidades (cualidades de las imágenes, sonido y sensaciones) y de las sensaciones emocionales asociadas con ese estado.

4. Selecciona algún color, símbolo o cualquier otro indicador visual, algún sonido y/o palabra, o alguna sensación interna que te sirvan como recordatorio (es decir, como ancla «interna») para ese estado.

5. Sal del espacio elegido y despréndete del estado que acabas de anclar. Ahora comprueba que tus anclas funcionen entrando de nuevo en el espacio y utilizando tu ancla interna para recuperar el estado deseado.

6. Repite los pasos del 1 al 4 hasta que tengas un acceso fácil y claro a ese estado.

Tutoría y mentores internos

El proceso natural de cambio de creencias es también a menudo facilitado por «mentores». En la mitología griega, Mentor es el sabio y fiel consejero del héroe Ulises. Encarnada como Mentor, la diosa Atenea se erigió en guardiana y maestra de Telémaco, hijo de Ulises, cuando éste estaba ausente en sus viajes. Como consecuencia de ello, el concepto de «mentor» ha acabado significando el proceso de a) avisar y aconsejar y b) servir como guía o maestro. La tutoría, la acción del mentor (sobre todo en un marco ocupacional), enfatiza el aspecto relacional informal del aprendizaje y de la actuación tanto como el dominio de la tarea. La tutoría puede asimismo incluir el proceso de patrocinio y apoyo a otra persona, ayudándola a establecer creencias potenciadoras, así como a reencuadrar las creencias limitadoras.

El mentor tiene semejanzas con el maestro o el formador, aunque no es exactamente lo mismo. El maestro instruye, el formador proporciona realimentación específica en cuanto al comportamiento, para ayudar a la persona a aprender o crecer. El mentor, en cambio, nos conduce al descubrimiento de nuestras competencias inconscientes, a menudo mediante su propio ejemplo. Como sugiere el ejemplo mitológico de Mentor, la tutoría incluye también la posibilidad de aconsejar y guiar a un nivel superior. Esta clase de tutoría acaba a menudo siendo interiorizada por el individuo como parte de sí mismo, de modo que la presencia externa del mentor deja de ser necesaria. Podemos llevar dentro de nosotros «mentores internos» que nos aconsejen y nos guíen en muchas situaciones de nuestra vida.

En Programación Neurolingüística, el término *mentor* se utiliza para referirse al personaje que nos ayuda a moldear o influir en nuestra vida de forma positiva haciendo que «resuene» algo muy profundo en nosotros, liberándolo o desvelándolo. Entre los mentores pueden haber niños, maestros, mascotas, personas a las que jamás hemos conocido personalmente, pero sobre las que hemos leído, fenómenos naturales (como el océano, las montañas, etc.), e incluso partes de uno mismo.

Es posible utilizar el recuerdo de mentores importantes en nuestra vida para que nos ayuden a acceder de nuevo al conocimiento, a los recursos o a capacidades inconscientes. La forma básica de utilizar un «mentor interno» consiste en imaginar la presencia de esa persona o entidad y colocarse acto seguido en «segunda posición», es decir, en su perspectiva o en «su piel». Eso nos permite acceder a las cualidades presentes en nosotros, pero no reconocidas o incluidas como parte de nuestro mapa de la situación (o de nosotros mismos). Representando estas cualidades, el mentor interno nos ayuda a darles vida en nuestro comportamiento en curso (cuando nos asociamos a la perspectiva del mentor). Una vez que hemos experimentado estas cualidades desde la posición del mentor, podemos incorporarlas a nuestra propia posición perceptiva dentro de una situación concreta y aplicarlas.

Procedimiento del ciclo de creencias

El procedimiento siguiente es una técnica que desarrollé con el propósito de ayudar a guiar a la persona a través del ciclo natural de cambio de creencias. Comporta la utilización del anclaje y de mentores internos para acompañar a la persona a través de la secuencia de estados que completan el ciclo: 1) querer creer, 2) abrirse a creer, 3) creer, 4) abrirse a la duda, 5) la experiencia de recordar algo que solíamos creer y 6) confianza.

El procedimiento implica establecer localizaciones separadas para cada estado, y anclar luego el correspondiente estado a cada localización. Sitúa los estados del ciclo de acuerdo con el siguiente patrón:

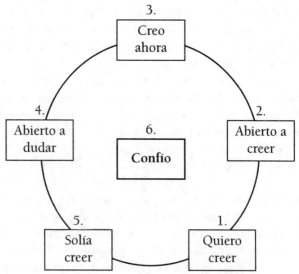

Patrón de localizaciones para el ciclo de cambio de creencias

La experiencia de «confiar» en algo, más allá de nuestras creencias, se sitúa en el centro del círculo para servir como «metaposición» y «verificador ecológico» para el resto del proceso.

Para «anclar» los estados, aplica el proceso que seguiste en el ejercicio de «anclaje», colocándote tanto como te sea posible en la experiencia, fisiológicamente asociado con cada uno de estos aspectos del ciclo de cambio de creencias, «anclándolas» a su correspondiente localización espacial:

1. «Quiero creer» en algo nuevo.

2. La experiencia de estar «abierto a creer» algo nuevo. [Nota: Puedes identificar a algún «mentor» que te haya ayudado a estar más «abierto a creer» «resonando» contigo, liberando o desvelando algo oculto en tu interior. Luego crea un espacio físico para el mentor, próximo a la localización correspondiente a «abierto a creer». Los mentores pueden ser niños, maestros, mascotas, personas a las que jamás has conocido personalmente, pero sobre las que has leído, fenómenos naturales (como el océano, las montañas, etc.), e incluso tú mismo.]

3. Las creencias que «crees ahora», incluyendo cualquier creencia limitadora que entre en conflicto con la nueva que quisieras sentir con más fuerza.

4. La experiencia de estar «abierto a dudar» de algo que creíste largo tiempo.
   (Identifícate de nuevo con algún otro «mentor» que te haya ayudado a estar más abierto a dudar de algo que te estaba limitando.)

5. Las creencias que «solías creer» pero que ya no crees.
   (Éste es el espacio que he denominado «museo de historia personal».)

6. Una experiencia de «confianza» profunda, tal vez alguna ocasión en la que ya no sabías qué creer, pero confiabas plenamente en ti o en algún otro poder.

(Puede resultarte de gran ayuda incorporar mentores que te hayan ayudado antes a generar esta experiencia de confianza.)

Estos estados y estos mentores no tienen por qué tener ninguna relación con la cuestión de creencias que tratas de resolver.

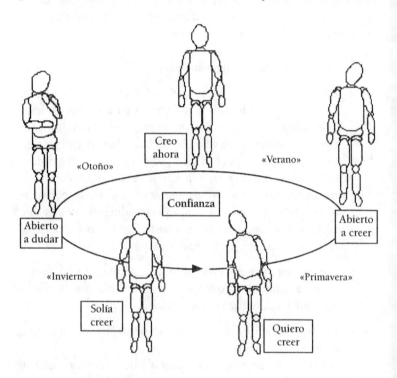

«Paisaje» de estados asociado con el ciclo de cambio de creencias

Implementar el ciclo de cambio de creencias

Una vez dispuesto este paisaje, puede ser utilizado de muchas formas distintas. Una de las más comunes consiste en que la persona piense en la nueva creencia que desearía reforzar y simplemente la haga «circular» a través de los pasos del ciclo natural.

El procedimiento es el siguiente:

1. Colócate en el espacio correspondiente a «Quiero creer» y piensa en la «nueva creencia» en la que desearías confiar más. Manténla en mente y pasa al espacio correspondiente a «Abierto a creer». (Si has elegido algún «mentor» para ese estado, ponte «en su piel» en este momento. Obsérvate a ti mismo a través de los ojos de tu mentor. Tal vez puedas darle algún consejo o apoyo útil a ese otro tú, que está «abierto a creer».)

2. Siente cómo es eso de estar más abierto a creer esa nueva creencia. Cuando intuitivamente creas que es el momento oportuno, desplázate a la localización correspondiente a «Creo ahora», y concéntrate en esa nueva creencia que deseas tener.

3. Si mientras estás en ese espacio se presenta alguna creencia conflictiva o limitadora, manténla en tu mente y desplázate con ella al espacio correspondiente a «Abierto a dudar». (De nuevo, si has elegido algún mentor para este espacio, ponte ahora «en su piel». Obsérvate a ti mismo a través de los ojos de tu mentor. Tal vez puedas darle algún consejo o apoyo útil a ese otro tú que se está «abriendo a dudar».)

4. Comprueba la ecología: desplázate a la localización correspondiente a «Confío» y reflexiona sobre las intenciones positivas y el propósito tanto de la nueva creencia como de cualquier otra conflictiva o limitadora. Considera si hay algún cambio o revisión que desees incorporar a la nueva creencia. Considera también si hay alguna parte de las viejas creencias que valdría la pena retener o incorporar a la nueva.

5. Enriquecido por tus descubrimientos en el espacio correspondiente a «Confío», regresa a las viejas creencias conflictivas o limitadoras que dejaste aparcadas en la localización correspondiente a «Abierto a dudar» y llévate-

las al espacio correspondiente a «Solía creer» (Tu «museo de historia personal»).

6. Vuelve a «Creo ahora» y concéntrate en la nueva creencia que deseas reforzar. Experimenta esa nueva sensación de seguridad y verbaliza cualquier inspiración o lección que hayas descubierto en el proceso.

7. Comprueba la ecología: vuelve a colocarte en el espacio correspondiente a «Confío» y reflexiona sobre los cambios que acabas de realizar. No olvides que, gracias a este ciclo natural, orgánico e incesante, el proceso puede seguir evolucionando, así como que, en el futuro, siempre podrás realizar los ajustes que precises para que se adapte a lo que para ti sea más apropiado y ecológico.

Para muchas personas, el mero hecho de recorrer estas localizaciones (o incluso de hacerlo mentalmente) y de reexperimentar los estados es suficiente para comenzar a cambiar con suavidad de creencias.

[Nota: Para que una creencia quede plenamente instalada (es decir, «en el músculo») tal vez sea necesario repetir el ciclo con cada una de las cinco creencias fundamentales que hemos visto en el Capítulo 5, es decir, creer que algo es 1) deseable, 2) posible, 3) apropiado, 4) que estás en condiciones de lograrlo y 5) que lo mereces.]

Encadenado de creencias

El propósito último de los diferentes patrones de *El poder de la palabra* consiste en ayudar lingüísticamente a conducir a la persona a través de los estados incluidos en el ciclo de cambio de creencias. Como técnica, el ciclo de cambio de creencias no requiere necesariamente del uso del lenguaje. El proceso puede realizarse tan sólo estableciendo la localización de las anclas para cada uno de los estados internos y recorriéndolas en la secuencia apropiada. Hay, sin embargo, ocasiones en las que unas pocas palabras bien colocadas, en el momento oportuno, que facilitan en gran medida el logro de alguno de esos estados o el movimiento ente ellos, es decir, pasar por ejemplo de «quiero creer» a «abierto a creer».

Además de la fisiología, de las respuestas emocionales y de las representaciones y submodalidades internas, el lenguaje ejerce una influencia poderosa sobre nuestros estados internos. La técnica del Encadenado de creencias demuestra cómo se utilizan algunos patrones simples de *El poder de la palabra* (Intención y Definición) para estimular y apoyar determinados estados internos, así como para fortalecer la experiencia de estar «abierto a creer» o «abierto a dudar».

En Programación Neurolingüística, el término «*encadenado*» se refiere a una modalidad de anclaje en el que las experiencias se unen en determinada secuencia que conduce del estado de partida al estado deseado. El elemento clave para el establecimiento de una «cadena» eficaz consiste en la selección de los estados intermedios elegidos para unir ambos estados extremos. Estos estados de transición funcionan como «peldaños» que ayudan a la persona a desplazarse con mayor facilidad hacia el estado deseado. A menudo resulta difícil cubrir el hueco entre el estado actual y el deseado. Supongamos, por ejemplo, que una persona se encuentra atascada en un estado de frustración y quiere sentirse motivada para aprender algo nuevo. Cambiar de frustración a motivación así como así no es tarea fácil. Tratar de forzar el salto de un estado a otro crearía sin duda tensión o conflicto. Encadenar implicaría establecer dos o más pasos o estados intermedios entre la frustración y la motivación.

Las cadenas más eficaces son las que acompañan y conducen de forma progresiva desde el estado problema hasta el estado deseado. Si el estado problema es negativo y el estado deseado es positivo, será necesario desplazarse progresivamente desde el primero hasta otro algo menos negativo, como por ejemplo confusión. Desde ese estado algo menos negativo podemos dar un paso pequeño pero significativo hacia otro estado algo más positivo, como la curiosidad por lo que está por venir. Entonces resulta ya mucho más fácil pasar de ese estado al de motivación deseado. Por supuesto, según sea la distancia fisiológica y emocional entre los estados extremos, serán necesarios más o menos pasos intermedios.

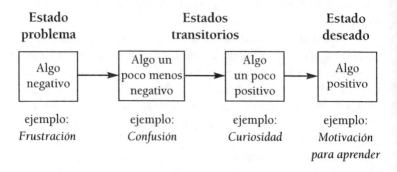

Encadenado de estados. De frustración a motivación

Al seleccionar los estados para una cadena, lo más aconsejable es que los estados contiguos se solapen en cierto grado fisiológica, cognitiva o emocionalmente. La frustración y la confusión, por ejemplo, comparten algunas características. De forma parecida la confusión y la curiosidad se superponen en ciertos aspectos, por ejemplo, ambas implican incertidumbre acerca del resultado. También la curiosidad y la motivación se asemejan en que ambas implican voluntad de ir en una misma dirección.

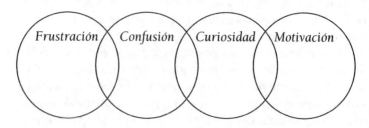

**Los estados contiguos de una misma cadena
deberían superponerse en algún grado**

Procedimiento básico de encadenado de creencias

Es más fácil establecer la secuencia de estados de una misma cadena, así como vincular un estado y otro, mediante el proceso de anclaje. Históricamente, la técnica de PNL de «Encadenar anclas» ha venido utilizando anclas cinestésicas. Un modo de crear una cadena de creencias consiste en añadir distinciones lingüísticas, como los patrones de *El poder de la palabra*, a la secuencia de anclas cinestésicas.

Por ejemplo, para tratar con una creencia limitadora puedes designar cuatro espacios para formar con ellos una cadena que vaya desde el estado problema (la creencia limitadora) al estado deseado (creencia potenciadora) con dos pasos intermedios:

a. Localización 1: La creencia limitadora (estado problema).
b. Localización 2: La intención positiva de la creencia limitadora.
c. Localización 3: Una redefinición de algún aspecto de la declaración de la creencia limitadora, que la haga en cierta medida positiva.
d. Localización 4: Una creencia potenciadora que sea consecuencia tanto de la intención positiva como de la redefinición (estado deseado).

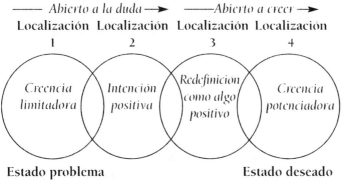

Localizaciones para crear una cadena de creencias básicas

1. Colocado en la localización del estado problema, elige una creencia limitadora con la que quieras trabajar (por ejemplo: «Me resulta difícil aprender idiomas porque me confundo y me aburro con las palabras»). Presta atención al estado interno asociado con esta creencia limitadora. Luego sal de la localización y «sacúdete» el efecto asociado con la creencia limitadora.

2. Colócate ahora en la localización correspondiente al estado deseado y entra en un estado interno en el que te sientas «alineado» y «sabio». No es necesario de momento conocer la creencia potenciadora que acompañará a la creencia, basta con experimentar el estado interno positivo que estará asociado con ella.

3. Regresa a la localización correspondiente al «estado problema» y desplázate físicamente a través de los demás pasos de la cadena, para experimentar así el movimiento desde el estado presente al estado deseado. Recuerda que se trata tan sólo de que te hagas una idea de los cambios en el estado interno. Todavía no hace falta que te fijes en los cambios en la propia creencia.

4. Regresa al espacio correspondiente a la creencia limitadora y pásate a continuación a la de «intención positiva». Explora el propósito positivo de tu creencia limitadora, probando distintas palabras hasta dar con una expresión que cambie realmente tu sensación y tu estado interno a algo más positivo (por ejemplo: «Sentirme asociado y conectado con lo que estoy aprendiendo»).

5. Avanza de nuevo, ahora hasta el espacio correspondiente a la «redefinición». Expresa de nuevo la creencia limitadora, pero redefiniendo las palabras clave de la misma de modo que reflejen lo que has descubierto acerca de su intención positiva. Explora cómo los diferentes reencuadres verbales te pueden ayudar a adoptar perspectivas distintas sobre la creencia. Una vez más, prueba diferentes palabras, hasta que des con alguna que cambie significativa-

mente tus sensaciones con respecto a la creencia (por ejemplo: «Me cuesta *prestar atención* a los idiomas *cuando me confundo y me aburro, porque tan sólo presto atención a las palabras y no a mis sentimientos y relaciones con otras personas*»).

6. Avanza de nuevo, esta vez hasta la localización del estado deseado, y formula una declaración de creencia positiva que incorpore la intención positiva de la creencia limitadora, pero que sea enriquecedora y potenciadora. Asegúrate de nuevo de que las palabras estimulen realmente sentimientos positivos cuando las pronuncies (por ejemplo: «Cuando estoy asociado y conectado a mis sentimientos y relaciones con otras personas mientras escucho las palabras, puedo disfrutar realmente aprendiendo idiomas»).

7. Recorre la cadena varias veces, repitiendo las afirmaciones correspondientes a cada localización, hasta que sientas que hay un flujo fácil y suave desde el estado presente al deseado, tanto lingüística como cinestésicamente.

La influencia de la comunicación no verbal

El impacto del cambio de estados internos, así como de la utilización del anclaje espacial en el cambio de creencias, pone también de relieve la importancia de la comunicación no verbal. Los mensajes verbales o palabras son tan sólo una de las modalidades a través de las cuales las personas se comunican e influyen unas en otras. Existen muchas otras formas no verbales en que las personas interactúan y se envían mensajes, como establecer contacto visual, asentir con la cabeza, llorar, señalar con el dedo o subrayar con el tono de voz. La comunicación no verbal es tan importante, si no más, que la comunicación verbal.

Según Gregory Bateson, aproximadamente tan sólo un 8 por ciento de la información comunicada en una interacción está a cargo de las palabras, componente «digital» de esta interacción. El 92 por ciento restante es comunicado de forma no verbal, a través del sistema «analógico». Entre estos aspectos analógicos de la comunicación cabe citar el lenguaje corporal, así como el componente tonal correspondiente a la parte audible de la interacción: tono de voz, tempo y volumen. Por ejemplo, el modo en que se cuenta un chiste —la entonación, las expresiones faciales, las pausas, etc.— es a menudo tanto o más importante que las propias palabras para que el chiste sea más o menos «gracioso».

La comunicación no verbal incluye indicios y señales como la expresión facial, los gestos, la postura, los cambios en el tono y el tempo de la voz, y el movimiento ocular. Los indicadores no verbales son a menudo «metamensajes», es decir, mensajes *acerca* del contenido verbal que uno está expresando. Con frecuencia determinan el modo en que la comunicación verbal será recibida e interpretada. Si una persona dice: «Ahora presta mucha atención», al mismo tiempo que señala a sus propios ojos, el mensaje será radicalmente diferente a si pronuncia las mismas palabras señalando a sus oídos. Si alguien dice «Fantástico» con un tono de sarcasmo, de forma no verbal está enviando un mensaje completamente contrario a lo que significan sus palabras.

Las señales no verbales, como la expresión de la cara y el tono de voz, tienen un impacto más bien emocional, y determinan los «sentimientos» que suscitará lo que la persona dice. De hecho, los mensajes no verbales tienden a reflejar e influir en nuestro estado interno, mientras que los mensajes verbales están más asociados con el proceso cognitivo. La comunicación no verbal es más «primitiva» y constituye la modalidad primordial que utilizan los demás animales para comunicarse entre sí (y nosotros con ellos). Si pronunciamos las palabras «¡Perrito bueno!» en un tono de voz irritado y amenazador, no hay duda de que la respuesta primaria del can atenderá más al tono que al contenido de nuestras palabras.

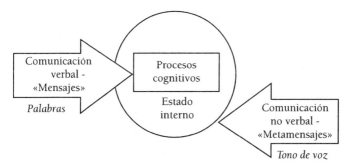

**Los aspectos no verbales de nuestra comunicación
tienden a reflejar nuestro estado interno en mayor medida
que la comunicación verbal**

De este modo, el tono de voz que utilizamos al hablar con otras personas ejerce un gran impacto sobre cómo va a ser «oído» y «recibido» el mensaje. Decirle a alguien «Tú no puedes hacer eso» con tono de irritación o con tono de frustración puede hacer tanto por estimular la duda como por inspirar confianza o creencia.

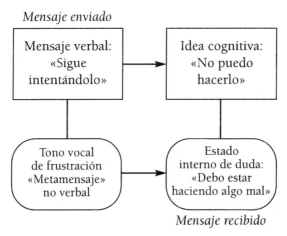

**Los metamensajes no verbales influyen en gran medida
en los estados internos y la interpretación del receptor
del mensaje verbal**

En general, solemos fijarnos preferentemente en los aspectos verbales de la comunicación, y nos pasa inadvertida la parte no verbal de ésta. Al trabajar con *El poder de la palabra* es fundamental prestar atención al metamensaje no verbal que acompaña a las palabras. Las palabras correctas, pronunciadas con el tono de voz inapropiado, o con la expresión facial inadecuada, suelen producir el efecto contrario del deseado.

El grado de congruencia entre nuestros mensajes no verbales y nuestras palabras procede, en primera instancia, de nuestra propia congruencia con lo que estemos diciendo, es decir, de la congruencia entre el «mensaje» y el «mensajero». Por consiguiente, el estado interno en el que estemos cuando hablamos es tan importante como el de quien nos escucha. Aprender a observar los indicadores no verbales, así como a prestar más atención a nuestro propio estado interno, puede ayudarnos a incrementar en gran medida nuestra eficacia al utilizar *El poder de la palabra* para influir positivamente en otras personas.

8

Virus mentales
y la metaestructura de creencias

Metaestructura de creencias

A lo largo de este libro hemos explorado una serie de dimensiones de nuestra experiencia sobre las que nuestras creencias influyen, y que a su vez están implicadas en la formación y el mantenimiento de creencias.

Nuestra **experiencia sensorial** es la que nos proporciona las materias primas con las que construimos nuestros mapas del mundo. Las creencias son generalizaciones extraídas de los datos de nuestra experiencia, por lo general actualizadas y corregidas por la propia experiencia. Necesariamente, en su calidad de modelo para nuestra experiencia, las creencias suprimen y distorsionan los aspectos de la experiencia para cuya representación han sido desarrolladas. Ello les confiere el potencial tanto para limitarnos como para potenciarnos.

Los **valores** dan sentido a nuestras creencias y a nuestra experiencia. Constituyen las «intenciones positivas» de máximo nivel para cuyo apoyo o reflejo han sido establecidas las creencias. Las creencias conectan los valores con la experiencia a través de declaraciones de «causa-efecto» y de «equivalencia compleja».

Las expectativas proporcionan la motivación necesaria para el mantenimiento de determinada generalización o creencia. Las consecuencias concretas que una creencia o generalización produce determinan su utilidad.

El **estado interno** actúa como filtro, tanto para la experiencia como para el ímpetu de nuestras acciones. Nuestros estados internos son a menudo la base sobre la que se apoya determinada creencia o generalización, determinando la energía emocional invertida en el mantenimiento de la creencia.

Las interconexiones entre estos diversos componentes constituyen lo que Richard Bandler denomina el «tejido de la realidad». La función de nuestras creencias consiste en proporcionar los vínculos fundamentales entre estos distintos elementos que conforman nuestro mapa del mundo.

Consideremos el caso del niño que aprende a montar en bicicleta. Una creencia potenciadora como, por ejemplo, «Puedo aprender» sirve para unir valores clave asociados con el aprendizaje —como «diversión» y «mejora de sí mimo»— con un estado interno de «confianza» y con la expectativa de que «cada vez lo haré mejor». Todo ello proporciona al niño la motivación y el ímpetu necesarios para seguir probando, aunque al principio se caiga a menudo. A medida que experimenta períodos cada vez más largos de mantenimiento del equilibrio antes de caerse, se refuerza en él la generalización de que «puedo aprender», junto con el estado de confianza, la expectativa de mejora y los valores de diversión y mejora de sí mismo.

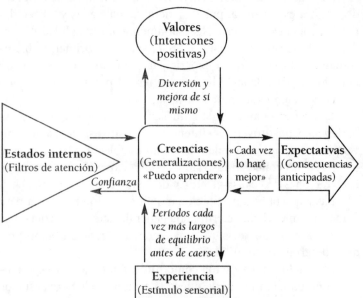

Nuestras creencias son generalizaciones que unen experiencias, valores, estados internos y expectativas, formando así nuestro tejido de la realidad

Las creencias saludables mantienen su conexión con todas estas dimensiones. Nuestras creencias cambian y se actualizan a sí mismas a medida que experimentamos cambios en los valores, las expectativas, los estados internos, así como a medida que vivimos nuevas experiencias.

Las creencias limitadoras pueden surgir como resultado del cambio de uno cualquiera de estos componentes a una formulación negativa o «marco-problema». Una vez establecidas, las creencias limitadoras ejercen su influencia sobre otro componente o sobre todos ellos. Por ejemplo, supongamos que el chaval que está aprendiendo a montar en bici tiene una hermana que ya sabe. Si bien ese ejemplo puede constituir para él una fuerte motivación, también pude suceder que le mueva a desarrollar expectativas exageradas. Habida cuenta de que su actuación no se corresponderá con estas expectativas, tal vez el chico pase a un marco problema o a un marco fracaso, que lo conducirán a un estado interno de frustración. Además de producir sentimientos incómodos, ese estado interno negativo afectará al rendimiento del muchacho, haciendo que se caiga más a menudo. Puede que entonces el chaval comience a construir la expectativa de que «me volveré a caer», alimentando de este modo una profecía que se refuerza a sí misma. Por fin, para evitar las reiteradas incomodidades y frustraciones, es probable que establezca la creencia de que «nunca podré montar en bici» y deje de hacerlo para siempre.

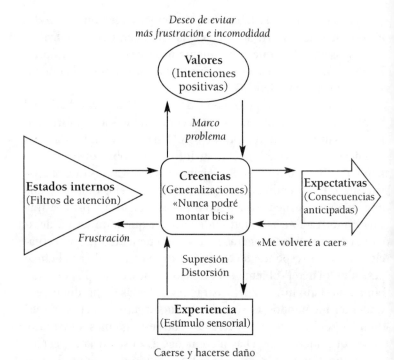

Las creencias limitadoras crean un «marco-problema»

Cuando las creencias y las generalizaciones limitadoras permanecen conectadas a las intenciones y las experiencias a partir de las cuales fueron establecidas, las supresiones y las correcciones se actualizan y corrigen como resultado de nuevas experiencias, de cambios en el estado interno y de la revisión de expectativas. Los nuevos datos o «contraejemplos» que no encajen con la generalización conducirán a la persona a reconsiderar la validez de su creencia lmitadora.

Si un chaval que ha consolidado la generalización de que «nunca podré montar en bici» es estimulado y apoyado para continuar probándolo (y logra percibir su «fracaso» como una «realimentación»), llegará en su momento a mantener el equilibrio y comenzará a tener algunos éxitos. Por lo general, eso le hará pensar: «Bueno, tal vez después de todo sí aprenderé». Si el éxito continúa, acabará invirtiendo su anterior creencia negativa, reencuadrándola de forma natural. Cada vez estará más «abierto a creer» que puede aprender a montar en bici, así como más «abierto a dudar» de las limitaciones percibidas con anterioridad.

Virus mentales

Las creencias limitadoras surgen de las generalizaciones, las supresiones y las distorsiones que han sido colocadas en un «marco-problema», un «marco-fracaso» o un «marco-imposibilidad». Tales creencias se tornan aún más limitadoras y difíciles de cambiar cuando estamos separados de las experiencias, de los valores, de los estados internos y de las expectativas de las que en origen dichas creencias derivaron. Cuando eso sucede, la creencia llega a ser percibida como una especie de «verdad» disociada acerca de la realidad. Ello conduce a la persona a comenzar a ver la creencia como «el territorio», en lugar de como un mapa más cuyo propósito consiste en ayudarnos a transitar por una parte de nuestro campo de experiencias. Esta situación se vuelve aún más exagerada cuando la creencia limitadora no la hemos construido nosotros a partir de nuestra experiencia, sino que nos ha sido impuesta por otros.

Una presuposición fundamental en Programación Neurolingüística consiste en que cada cual tiene su propio mapa del mundo. Los mapas de las personas son muy distintos entre sí, según sean sus antecedentes, su sociedad, su cultura, su formación profesional y su historia personal. En gran medida, la PNL se ocupa de cómo tratar el hecho de que, efectivamente, cada cual tiene su propio mapa del mundo. Uno de los retos más importantes de nuestra vida consiste en coordinar nuestro mapa del mundo con los de los demás.

Por ejemplo, las personas tienen distintas creencias acerca de las capacidades sanadoras del cuerpo, así como sobre qué se «debería hacer» y qué «no se debería hacer» en relación con la salud de uno mismo y de los demás. Tienen sus propios mapas acerca de lo que es posible en relación con la sanación física y viven su vida de acuerdo con esos mapas. En ocasiones estos mapas resultan muy limitadores, y conducen a confrontaciones y conflictos entre creencias.

Consideremos, por ejemplo, a una mujer que, tras descubrir que tiene un cáncer de mama metastásico, comienza a averiguar qué puede hacer para ayudar mentalmente a su propia curación. Su médico le ha dicho: «Todas esas historias sobre la sanación cuerpo-mente no son más que palabrerías», y que, probablemente, acabarán por «volverla loca». No se trata, evidentemente, de una creencia a la que la paciente haya llegado por su propia experiencia, pero tratándose de su médico, las creencias de éste ejercen una gran influencia sobre las decisiones que ella tome en relación con su propia salud. Tanto si le gusta como si no, se tendrá que contentar con la creencia del médico como factor de su propio sistema de creencias, del mismo modo que cualquiera tendría que asumir estar expuesto a los gérmenes si estuviera junto a una persona afectada por alguna enfermedad infecciosa.

Observa que la creencia expresada por el médico está expresada en un marco problema y no está conectada con ninguna intención positiva, dato sensorial, estado interno, ni consecuencia esperada o deseada en relación con la aceptación de la misma. Está tan sólo presentada como «así son las cosas». Por consiguiente, no resulta fácil examinar la validez o la utilidad de esa creencia. La mujer queda en una posición en la que o bien se muestra de acuerdo con su médico (aceptando, por consiguiente, la creencia limitadora) o bien se enfrenta a él, lo cual probablemente producirá consecuencias negativas en sus esfuerzos o en los de otras personas para que su salud mejore.

Esta clase de creencia, sobre todo cuando se presenta como el «mapa correcto del mundo», acaba convirtiéndose en lo que denominamos un «virus mental», que no es sino una clase particular de creencias limitadoras, susceptibles de interferir seriamente con los esfuerzos propios o ajenos para sanar o mejorar.

En esencia, un virus mental ha perdido toda conexión con la «metaestructura» circundante, que proporciona el contexto y el propósito a la creencia y determina su «ecología». A diferencia de la creencia limitadora típica, que puede ser actualizada o corregida como resultado de la experiencia, los virus mentales se basan en presuposiciones no explicitadas que, por lo general, suelen ser otras creencias limitadoras. Cuando eso sucede, el virus mental se convierte en su propia y única «realidad» de validación, en lugar de servir a una realidad mayor.

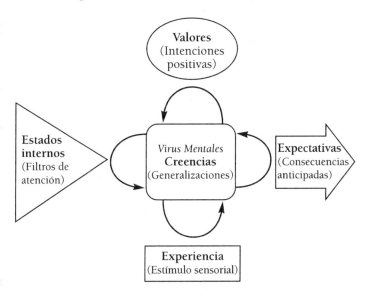

Un «virus del pensamiento» es una creencia que ha quedado desconectada de los demás procesos cognitivos y empíricos a partir de los cuales fue construida

Así pues, no es fácil corregir o actualizar los virus mentales mediante datos o contraejemplos nuevos, procedentes de las experiencias. En lugar de ello, hay que recurrir a identificar y transformar las demás creencias y presuposiciones en las que se basa el virus (y que lo mantienen en su sitio). Sin embargo, estas otras creencias y presuposiciones no son a menudo evidentes en la estructura superficial de la creencia.

Supongamos que la paciente de nuestro ejemplo trabajara como enfermera de un médico generalista y que éste, en lugar de

decirle, como el especialista, que está haciendo el tonto, le dice
en privado: «¿Sabe? Si de veras le importa su familia no debería
dejarla sin prepararla». Aunque en principio esta amonestación
parezca menos violenta que decirle que todo eso «no son más
que palabrerías», en realidad refleja mucho más un potencial virus mental. Debido a que una buena parte del significado del
mensaje es implícito y no expresado, resulta aún más difícil de
reconocer que «no es más que su opinión». Tal vez la mujer
piense: «Sí, me importa mi familia, y no, no la pienso dejar sin
prepararla». Pero lo que no está en la superficie, lo que no está
explícitamente expresado, es que ese «dejarla» significa en realidad «usted va a morir». La implicación de la frase consiste en que
«debería dejarse de tonterías y prepararse para morir», o de lo
contrario todavía se lo pondría más difícil a su familia. Si de veras le importa su familia, no vaya por ahí tratando de ponerse
bien, porque eso la dejaría sin preparar.

Lo que convierte esto de tal modo en un virus mental potencial es que implica que el modo «correcto» y único de ser una
madre y esposa buena y amorosa consiste en aceptar que te vas a
morir y en prepararte a ti misma y a tu familia para esa realidad
inevitable. Implica que tratar de recuperar la salud cuando la
propia muerte es tan inminente significa, en esencia, ser egoísta
y no preocuparse por la familia. Hacerlo generaría falsas esperanzas, podría malgastar recursos financieros y acabaría provo-
cando frustración y tristeza.

Tales «virus mentales» pueden «infectar» la mente y el sistema nervioso, exactamente igual que los virus en el cuerpo o en
un sistema informático los infectan y provocan confusión y mal
funcionamiento. Del mismo modo que la programación de un
ordenador o de un conjunto de ordenadores puede ser dañado
por un «virus informático», nuestros sistemas nerviosos son perfectamente susceptibles de ser «infectados» y dañados por los
«virus mentales».

En términos biológicos, un «virus» es en realidad un fragmento de material genético. Nuestro código genético constituye
nuestro programa «físico». Un virus es una porción incompleta
de «programa». No es realmente un ser vivo, por eso no hay for-

ma de matarlo. No se le puede envenenar o destruir porque no está vivo. Penetra en las células del «anfitrión» quien, si no está inmunizado contra él, le ofrece sin saberlo un «hogar» e incluso lo ayuda a reproducirse y a generar más virus.

(Todo ello contrasta con el caso de las «bacterias», que sí son células vivas que pueden ser destruidas, por ejemplo, con antibióticos. Sin embargo éstos resultan inútiles contra los virus. Habida cuenta de que las bacterias son células que se autolimitan, no «invaden» ni asaltan las células de nuestro cuerpo. Algunas de ellas son parasitarias y llegan a ser perjudiciales si su número rebasa ciertas proporciones, pero gran parte de ellas son beneficiosas y de hecho necesarias para el cuerpo, por ejemplo, para poder digerir nuestros alimentos.)

Un «virus informático» se parece a un virus biológico en que no es un programa completo en sí mismo. No tiene «conocimiento» acerca de dónde pertenece en el ordenador o de qué partes de la memoria están libres y accesibles para él, no tiene ni idea de la «ecología» del ordenador que invade ni ninguna percepción de su identidad con respecto al resto de la programación del equipo. Su único propósito consiste tan sólo en reproducirse sin parar y hacerse cada vez mayor. Puesto que ni reconoce ni respeta los límites de los programas y datos del ordenador, escribe sobre ellos indiscriminadamente, borrándolos y reemplazándolos por sí mismo. Eso causa que el ordenador funcione mal y provoque graves errores.

El «virus mental» es, pues, parecido a los otros tipos de virus. No es una idea completa y coherente que encaje con el sistema mayor de ideas y creencias de la persona y los apoye orgánicamente de forma saludable. Es una creencia o un pensamiento concreto susceptible de generar confusión o conflicto. Los pensamientos y las creencias individuales no tienen «poder» por sí mismos. Sólo cobran «vida» cuando alguien actúa sobre ellos. Cuando una persona decide actuar según una determinada creencia, o dirigir sus acciones según un determinado pensamiento, esa persona les infunde «vida». Es entonces cuando se «autorrealizan».

Por ejemplo, la mujer del caso real antes citado vivió doce años más de lo que sus médicos habían pronosticado, en gran medida gracias a que decidió no interiorizar las creencias limitadoras de los facultativos. El médico para el que trabajaba le anunció que, con suerte, podría vivir unos dos años, aunque se lo dijo en términos de meses e incluso semanas. La mujer dejó de trabajar para él y vivió muchos años más libre de síntomas de cáncer. Sin embargo, unos años después de que hubiera abandonado a su anterior jefe, éste enfermó gravemente, aunque el estado de su enfermedad no era tan avanzado como el de su antigua enfermera. La respuesta de aquel médico consistió en quitarse la vida. Por si fuera poco, convenció a su mujer para que hiciera lo propio, o tal vez lo hizo él con sus propias manos (el caso nunca llegó a aclararse del todo). ¿Por qué? Porque estaba convencido de que su muerte era inminente e inevitable y no la quería «dejar sin prepararla».

Lo cierto es que un virus mental puede conducir a la muerte con tanta certeza como el del SIDA. Puede matar a su «anfitrión» y contaminar a quienes éste pueda «infectar». Piensa si no en cuántas personas han sido asesinadas en tantas «limpiezas étnicas» y «guerras santas». Es incluso posible que la forma de matar del virus del SIDA sea a través de los virus mentales que lo acompañan.

Lo relatado no implica que aquel médico fuera bajo ningún concepto una mala persona. Desde la perspectiva de la Programación Neurolingüística, el problema no era él, sino su creencia, su «virus». En realidad, el hecho de que se quitara la vida puede entenderse como un acto final de integridad para alguien con aquella creencia. Lo que hay que enjuiciar críticamente son las creencias, no las personas.

Un virus mental no puede ser destruido, tan sólo ser reconocido y neutralizado o filtrado fuera del sistema. No puedes matar una «idea» o una «creencia» porque no están vivas. Por otro lado, matar a la persona que ha actuado en función de una idea o de una creencia tampoco las destruye. Siglos de guerra y de persecución religiosa lo demuestran. (La quimioterapia funciona en cierto modo como la guerra. Destruye células infectadas, pero ni sana el cuerpo ni lo protege contra el virus. Además, inflige un número relativamente considerable de «bajas civiles» entre las células sanas del cuerpo.) Las creencias limitadoras y los virus mentales deben ser tratados de forma parecida a la que el cuerpo emplea con los virus físicos, o el ordenador con los informáticos: reconociéndolos, inmunizándose ante ellos y no dejándoles espacio en el sistema.

Los virus no sólo afectan a las personas y a los ordenadores «débiles», «estúpidos» o «malos». El «anfitrión» es en principio «engañado» por el virus porque éste aparenta encajar en el sistema o bien ser inofensivo. Por ejemplo, nuestro «código» genético es una especie de programa que funciona algo más o menos así: «Cuando haya A y B, haz C» o, «Si algo tiene la estructura "AAABACADAEAF", entonces pertenece a esta localización». Una de las funciones del sistema inmunitario consiste en verificar los códigos de diversas partes de nuestro cuerpo, así como todo lo que entra en él para garantizar su salubridad y su pertenencia al conjunto. En caso contrario, el agente extraño es «expulsado» o reciclado. Si el cuerpo y su sistema inmunitario son «engañados» por un virus como el del SIDA, por ejemplo, es porque la estructura de éste se asemeja en muchos aspectos al código de nuestras propias células (una modalidad de «acompañamiento y conducción» a nivel celular). De hecho, los humanos y los chimpancés son las únicas criaturas cuya estructura genética se asemeja lo suficientemente a la del virus del SIDA como para poder ser infectada («acompañada») por el virus.

Como ejemplo, supongamos que el código genético de una persona tiene el patrón «AAABACADAEAF» y el de un virus es «AAABAOAPEAF», que parece en ciertas partes similar al del individuo. Si se verifican únicamente las primeras letras, el código parece idéntico y al organismo se le permite la entrada en el cuerpo. Otra forma que el virus tiene de engañar al sistema inmunitario consiste en revestirse de una envoltura de proteínas inocuas, algo así como el caballo de Troya, en cuyo caso el sistema inmunitario no percibe entonces nada alarmante.

En cierta medida, todo eso se asemeja a la afirmación del médico de que «Si de veras le importa su familia no debería dejar de prepararla». En apariencia no hay nada obviamente perjudicial en ella; de hecho, parece que encaja con los valores positivos de «importar» y «estar preparado». Sin embargo, el contexto en el que se pronuncia y lo que no se dice, pero se presupone o se asume, la convierten en letal.

Es importante recordar que un virus (biológico, informático o mental) no tiene ni inteligencia ni intención respecto al sistema en el que penetra. Una declaración de creencia, por ejemplo, no es más que un conjunto de palabras hasta que le damos «vida» a través de los valores, los estados internos, las expectativas y las experiencias que relacionamos con estas palabras. De forma parecida, un virus biológico sólo resulta perjudicial cuando el cuerpo le permite la entrada y lo confunde consigo mismo. La infección vírica no es ni automática ni inevitable. Todos hemos pasado seguramente por experiencias en las que hemos estado «expuestos» a los virus de la gripe o del resfriado, sin infectarnos porque nuestras defensas estaban «en guardia». La vacunación contra un virus específico consiste, en esencia, en enseñar al sistema inmunitario a reconocer el virus y a reciclarlo o a expulsarlo del cuerpo. El sistema inmunitario no aprende a matar el virus porque éste no es un ser vivo. (Es cierto que las denominadas «células T asesinas» del sistema inmunitario humano son capaces de destruir células y tejidos de nuestro cuerpo infectados por un virus, pero, como en el caso de la quimioterapia, su acción atiende más al síntoma que a su causa. En una inmunización completa, las células simplemente no llegan a infectarse nunca.) Por ejemplo, un programa informático «antivirus» no destruye partes del ordenador, sino que reconoce el programa vírico y lo borra de la memoria del disco duro. A menudo, lo que hacen estos programas es expulsar el disco contaminado al detectar algún virus, de manera que el ordenador no sufra ningún riesgo.

De forma parecida, al inmunizarse ante determinado virus, el sistema inmunitario del cuerpo mejora su «educación» para reconocer y seleccionar ese virus. Del mismo modo que una niña o un niño que aprenden a leer son cada vez más capaces de discriminar patrones de letras, el sistema inmunitario mejora su capacidad de reconocimiento y selección de los distintos patrones en los códigos genéticos de los virus. Verifica el programa del virus con mayor extensión y profundidad. Por ejemplo, hemos conseguido eliminar virtualmente la viruela de la faz del planeta, pero no lo hemos logrado destruyendo al virus causante de esa enfermedad. Éste sigue presente en el medio. Tan sólo le hemos enseñado a nuestro sistema inmunitario sistemas para reconocer a ese virus. Te pones la vacuna y de repente tu cuerpo dice: «Mira, ese virus no me pertenece», y eso es todo. Repito que las vacunas no matan virus, sino que ayudan al organismo a reconocer con mayor claridad lo que es tuyo y lo que no lo es, qué es lo que pertenece al cuerpo y qué es lo que no le pertenece.

De forma parecida, seleccionar un archivo en el disco duro del ordenador y mandarlo «a la papelera» para ser eliminado constituye una solución final, pero no tan violenta como «luchar» con el virus y «matarlo». Es algo que hacemos no tan sólo para proteger nuestros equipos, sino también para actualizar y reemplazar con nuevas versiones los programas que se van quedando anticuados.

Obviamente, lo dicho no constituye una invitación a salir por ahí a «borrar» todos los pensamientos limitadores. De hecho, el énfasis prioritario estriba en tomarse el tiempo necesario para explorar la comunicación o la intención positiva del síntoma. Muchas personas tratan simplemente de librarse de sus síntomas, y experimentan en ello grandes dificultades tan sólo porque no hacen ningún esfuerzo por prestar atención a su situación y comprenderla. Reconocer y distinguir un «virus» requiere a menudo una buena dosis de sabiduría.

Sanar un «virus mental» implica profundizar y enriquecer nuestros mapas mentales para conseguir de este modo más opciones y perspectivas. La sabiduría, la ética y la ecología no derivan de estar en posesión del mapa del mundo «exacto» o «correcto», sencillamente porque ningún humano puede aspirar a eso. El objetivo consiste en crear un mapa lo más rico posible, que respete la naturaleza sistémica y la ecología, tanto de nosotros mismos como del mundo en el que vivimos. A medida que nuestro modelo del mundo se expande y enriquece, lo hace también la percepción que tenemos de nuestra identidad y de nuestra misión. El sistema inmunitario del cuerpo es su mecanismo para clarificar y mantener la integridad de su propia identidad física. El proceso de inmunización implica sobre todo que este sistema aprenda más acerca de lo que forma parte de nuestro ser físico y lo que no. De forma parecida, la inmunización ante un virus mental implica la clarificación, la congruencia y la alineación del sistema de creencias de cada cual, en relación con nuestra identidad y nuestra misión, tanto en el aspecto fisiológico como en el «espiritual».

Como conclusión, las técnicas de *El poder de la palabra* nos permiten tratar con las creencias limitadoras y los virus mentales de un modo que se asemeja más a la vacunación que a la quimioterapia. Muchos de los principios y técnicas de Programación Neurolingüística —como los que incluyen los patrones de *El poder de la palabra*— pueden considerarse como una modalidad de «vacuna» que ayuda a las personas a inmunizar sus «sistemas de creencias» frente a determinados «virus mentales». Diluyen las creencias limitadoras y los virus mentales restableciendo su conexión con los valores, las expectativas, los estados internos y las experiencias, situándolos de nuevo en el contexto de modo que pueden ser actualizados de forma natural.

Presuposiciones

Uno de los principales factores que impiden que un virus mental sea actualizado o corregido de forma natural por datos y contraejemplos nuevos, procedentes de nuestra experiencia, es que partes significativas de la creencia se presuponen y no son explícitamente expresadas en la creencia. Para que el virus mental sea actualizado o corregido, será necesario identificar, hacer que afloren a la superficie y examinar las demás creencias y presuposiciones en las que el virus se basa.

Las *presuposiciones* están relacionadas con las creencias inconscientes o suposiciones, embebidas en la estructura de un pronunciamiento, de una acción o de otra creencia, y son necesarias para que éstas tengan sentido. Según el diccionario, presuponer significa «suponer de antemano». El término «suponer» procede del latín y significa literalmente «poner debajo», de *sub* («debajo») y *ponere* («poner»).

Las *presuposiciones lingüísticas* se producen cuando, para que una afirmación concreta tenga sentido, cierta información o determinadas relaciones tienen que ser aceptadas como verdaderas. Por ejemplo, para comprender la afirmación: «Tan pronto como dejes de sabotear nuestros esfuerzos terapéuticos, estaremos en condiciones de lograr algo más de progreso», hay que asumir que la persona a la que se dirige esta afirmación ha estado, en efecto, tratando de sabotear los esfuerzos terapéuticos de quienes la atienden. La afirmación presupone también que se está intentando alguna clase de esfuerzo terapéutico, así como que se ha logrado al menos algún grado de progreso. De forma parecida, la afirmación: «Puesto que no nos dejan otra alternativa, tendremos que recurrir a la violencia», presupone que realmente no existe otra alternativa, así como que son «ellos» quienes determinan que la haya o no.

Las verdaderas presuposiciones lingüísticas deben ser contrastadas con las suposiciones y las inferencias. Una presuposición lingüística es algo que está abiertamente expresado en el propio cuerpo de la declaración y que debe ser «supuesto» o aceptado para que la frase o el pronunciamiento tengan sentido. Por ejemplo, en la pregunta: «¿Has dejado de practicar ejercicio con regularidad?», la utilización de la palabra *dejado* implica que el preguntado *ya* practicaba ejercicio regularmente antes. La pregunta, en cambio: «¿Practicas ejercicio con regularidad?», no contiene esa presuposición.

Conclusiones como «El que habla cree que el ejercicio es importante» o «El que habla no está familiarizado con los hábitos de ejercicio del preguntado» no están presupuestas por las preguntas. Son suposiciones e inferencias que podríamos extraer de la pregunta, pero que no están implícitas en ella misma.

Considera las siguientes afirmaciones:

Las autoridades impidieron que los manifestantes marcharan porque temían la violencia.

Las autoridades impidieron que los manifestantes marcharan porque predicaban la violencia.

Ambas frases tienen exactamente la misma estructura, a excepción de las palabras «temían» y «predicaban». Sin embargo, según cuál de las dos utilicemos, *asumiremos* que el sujeto que «teme» o «predica» son las «autoridades» o los «manifestantes». Es más probable que pensemos que sean las *autoridades* las que *teman* la violencia y los *manifestantes* quienes la *prediquen*, pero eso no está en absoluto presupuesto por la propia afirmación, sino que es asumido por quienes la oímos. Lo único que ambas frases presuponen es que unos manifestantes querían desfilar. Eso es todo.

La inferencia relacionada con ambas frases podría ser que «los manifestantes y las autoridades eran grupos diferentes de personas». La inferencia está relacionada con las conclusiones lógicas realizadas sobre la base de la información proporcionada por la afirmación. Habida cuenta de que las presuposiciones, las suposiciones y las inferencias no aparecen en la estructura superficial de determinada afirmación o creencia, se hace más difícil identificarlas y tratarlas directamente. Consideremos las creencias de los dos médicos mencionados en el ejemplo de la paciente de cáncer:

> *«Todas esas historias sobre la sanación cuerpo-mente no son más que palabrerías que, probablemente, acabarán por volverla loca.»*

> *«Si de veras le importa su familia no debería dejar de prepararla.»*

En la primera de ellas, los juicios y las generalizaciones esenciales se encuentran en la estructura superficial de la frase, aun cuando la intención, las experiencias, las expectativas y el estado interno de los que derivan la generalización y los juicios han sido suprimidos. Las declaraciones de «equivalencia compleja» y de «causa-efecto» pueden ser negadas o rechazadas directamente. Es decir, la interlocutora podría responder: «*No* son palabrerías, y *no* me van a volver loca».

En la segunda afirmación, la generalización y el juicio fundamentales no aparecen en la estructura superficial de la frase, por lo que no pueden ser negadas o refutadas directamente. Para hacerlo habría que decir algo así: «No me importa mi familia y no la voy a preparar», lo cual sonaría bastante raro y, de todos modos, no trataría con las suposiciones e inferencias que realmente hacen de la afirmación una creencia limitadora (a saber, que te vas a morir y que lo mejor que puedes hacer es prepararte para ello y acabar cuanto antes para no molestar a los demás).

Para tratar de una manera eficaz con esta segunda afirmación, lo primero que hay que hacer es sacar a la superficie sus presuposiciones, sus suposiciones y sus inferencias. Tan sólo cuando éstas hayan sido cuestionadas y se hayan examinado sus intenciones positivas, sus expectativas, sus estados interiores y las experiencias a partir de las cuales la creencia se formó, podrán ser exploradas, evaluadas y «reencuadradas».

En el caso de los dos médicos, la paciente fue aconsejada por una practicante de PNL, que trató de dilucidar las intenciones positivas de ambas afirmaciones, en lugar de centrarse en ellas mismas. Llegó a la conclusión de que la intención positiva de la primera afirmación («*Todas esas historias sobre la sanación cuerpo-mente no son más que palabrerías que, probablemente, acabarán por volverla loca*») consistía en «no ser tonta». Formulada en positivo, la misma intención se convertía en «actuar sabiamente, inteligentemente y saludablemente». La paciente razonó que no tomar todos los caminos posibles de sanación que se le presentaran no sería ni sabio, ni inteligente ni saludable, sobre todo si hacerlo no interfería con los demás tratamientos. También se percató de que, probablemente, el facultativo no hablaba por su propia experiencia, por haber probado y rechazado él mismo los métodos «cuerpo-mente», sino que lo más probable es que lo hiciera a través de sus filtros mentales como licenciado en medicina. Se dio cuenta de que, en realidad, su médico se sentía completamente perdido con esos métodos. De modo que concluyó que explorar los métodos de sanación cuerpo-mente con sabiduría, podría realmente dar respuesta a la intención positiva no explicitada del facultativo, oculta tras la creencia en apariencia negativa de éste.

La paciente respondió de forma parecida a la afirmación del otro médico. Determinó que su intención positiva de su creencia (*«Si de veras le importa su familia no debería dejar de prepararla»*) consistía en última instancia en aceptar su destino y actuar ecológicamente con respecto a su familia. También reconoció que su destino estaba en manos de Dios y de ella misma y que (a pesar de lo que él pudiera pensar de sí mismo) el médico no era Dios y que, por consiguiente, no podía conocer su destino. La mujer concluyó que una de las mejores maneras en que podía «preparar» a sus hijos para tratar con una enfermedad grave consistía en ser ella misma un buen modelo de cómo abordar la salud con congruencia y optimismo, sin dejarse vencer por la desesperación o por la apatía.

Como ya he señalado con anterioridad, la paciente acabó por tener una espectacular recuperación, sobrepasando con mucho las expectativas de cualquiera de los implicados.

Dados los comentarios anteriores sobre virus mentales y presuposiciones, resulta interesante observar que el médico que formuló la primera de las dos afirmaciones volvió a ver a la paciente varios meses después. Quedó francamente sorprendido por su estado de salud y le dijo: «¡Válgame el Cielo, parece usted más sana que yo! ¿Qué ha hecho?» Sabía que no podía ser nada médico, porque su estado se había considerado demasiado avanzado para eso. La mujer le respondió: «Ya sé que usted dijo que no creía en la sanación cuerpo-mente, pero decidí probar de todos modos y he pasado mucho tiempo mirando en mi interior y visualizando cómo me curaba». A lo que el facultativo respondió: «Bueno, la tendré que creer porque sé que *nosotros* no hemos hecho nada». Nueve años más tarde, el mismo médico atendió a la misma paciente para una cuestión de cirugía menor. Aquella mujer (que no era otra que mi madre) contó que, al verla, el médico reaccionó como si se encontrara ante una aparición. Después de practicarle un chequeo realmente exhaustivo, le puso la mano en el hombro y le dijo: «Manténgase lejos de los médicos».

Como ya he mencionado, el otro facultativo acabó suicidándose al verse enfrentado a una enfermedad grave pocos años después de haber pronunciado su famosa frase, víctima de sus propio virus mental y de sus presuposiciones.

En resumen, cuantas más presuposiciones contenga la frase, más potencial tiene para convertirse en un «virus». Sin embargo, es importante recordar que no todos los virus son perjudiciales. De hecho, la ingeniería genética moderna utiliza incluso virus especiales para «empalmar» genes. De forma parecida, las presuposiciones y las inferencias también pueden transmitir mensajes positivos. Lo que sucede es que las presuposiciones lingüísticas reducen simplemente el potencial para el análisis directo.

Recordemos el comentario del médico citado en el Capítulo 1, cuando le dice a su paciente que «El resto es cosa suya», afirmación que también implica presuposiciones e inferencias. En este caso, sin embargo, la presuposición es: «Puede hacerse algo más para promover su recuperación, y usted tiene la capacidad y la responsabilidad de hacerlo». Esta presuposición ejercerá una influencia positiva sobre las acciones del paciente.

En *Patterns of the Hypnotic Techniques of Milton H. Erickson M.D.* (1975) los cofundadores de la Programación Neurolingüística, Richard Bandler y John Grinder, describen cómo empleaba este legendario hipnoterapeuta las presuposiciones lingüísticas para inducir estados de trance en sus pacientes y ayudarlos a manejar más eficazmente sus síntomas. El ejemplo incluido en el Capítulo 1, en el que el psiquiatra le dice al paciente que creía ser Jesús «Tengo entendido que tienes experiencia como carpintero», constituye un ejemplo del modo en que Erickson se servía de las presuposiciones lingüísticas. Solía formular a menudo afirmaciones o sugerencias que presuponían determinados comportamientos o respuestas en sus pacientes, como:

> «¿*Quiere hablarme ahora mismo de lo que le molesta, o prefiere esperar un poco?*» (*Se da por sentado que la persona dirá qué es lo que le molesta, la única cuestión es cuándo.*)

«*Ahora no se relaje demasiado deprisa.*» (*Se da por sentado que ya se está relajando, la única cuestión es el ritmo al que lo hace.*)

«*Cuando sus síntomas hayan desaparecido, observará lo fácil que le resultará mantener los cambios que ha hecho en su estilo de vida.*» (*Se da por sentado que los síntomas desaparecerán, del mismo modo que se da por hecho que mantener los cambios que ha hecho en su estilo de vida es fácil. La única cuestión estriba en darse cuenta de ello.*)

«*Puesto que se lo va a pasar tan bien aprendiendo un nuevo nivel, ya puede anticipar el placer ahora mismo.*» (*Se da por sentado que se lo va a pasar bien y que va a aprender, así como que tiene ganas de que llegue el momento. La única cuestión es cuándo comenzar.*)

Practica tú mismo la elaboración de declaraciones de presuposiciones con las siguientes fórmulas, llenando los espacios en blanco con algún comportamiento o respuesta que desees:

¿Quieres _____ ahora o un poco más tarde?
No es necesario _____ demasiado deprisa.
Cuando hayas terminado de _____ te darás cuenta de lo fácil que es _____ .
Puesto que _____, también podrías (comenzar/terminar) _____ .

Autorreferencia

Un segundo factor clave que puede hacer que una creencia se convierta en un virus mental se presenta cuando la creencia se vuelve circular o autorreferencial. Decimos que un proceso es *autorreferencial* cuando se refiere a sí mismo u opera sobre sí mismo. Los sistemas sociales o psicológicos autorreferenciales o autoorganizadores construyen su propia realidad aplicando principios y reglas generados internamente. Un ejemplo de percepción «autorreferenciada» consistiría en colocarse entre dos espejos y ver nuestra imagen en un espejo que la refleja sobre el otro, creando así la experiencia de «verse a uno mismo viéndose a sí mismo».

Los procesos autorreferenciales pueden contrastarse con aquellos que disponen de referencias externas. Los procesos de *referencia externa* operan en respuesta a reglas y realimentaciones procedentes sobre todo del exterior, o que son ajenas al propio proceso o sistema. Por lo general, los sistemas saludables mantienen un equilibrio entre «autorreferencia» y «referencia externa» (u «otra» referencia). Cuando un sistema o proceso es en exclusiva autorreferencial, puede provocar patologías y paradojas. Por ejemplo, las personas que sólo son autorreferenciales, parecen centradas en sí mismas y arrogantes. El cáncer constituye un ejemplo biológico de un sistema (o de una parte del sistema) que se ha vuelto autorreferencial en exceso. Crece y se extiende hasta un punto en el que resulta destructivo para el resto del sistema.

Argumentos circulares

Las afirmaciones autorreferenciales producen a menudo una especie de lógica circular. Por ejemplo, el comentario de que «Dios existe porque la Biblia nos dice que así es, y sabemos que lo que la Biblia dice tiene que ser verdad porque es la palabra revelada de Dios» se refiere a su misma afirmación como evidencia de su validez, creando de este modo un argumento circular. Otro ejemplo sería la historia de aquel ladrón que repartía siete perlas robadas. Le dio dos al ladrón de su derecha y otras dos al de su izquierda.

—Yo —dijo entonces— me quedaré con tres.
El de la derecha le preguntó:
—¿Y eso por qué?
—Porque soy el líder —respondió el ladrón.
—¿Y cómo es que eres el líder? —insistió el otro.
—Porque soy el que más perlas tiene.

De nuevo, la mitad del argumento utiliza la otra mitad para validarse a sí mismo.

En ocasiones, las afirmaciones autorreferenciales pueden estar disfrazadas al redefinir ligeramente en ellas alguna palabra clave, como en el caso de la afirmación de que «Restringir la libertad de expresión tiene que ser bueno para la sociedad, porque conviene a los intereses de ésta que la expresión tenga ciertos límites». Lo que la declaración realmente dice es que «Restringir la libertad de expresión es bueno para la sociedad, porque restringir la libertad de expresión es bueno para la sociedad». Sin embargo, no resulta así de evidente porque «restringir la libertad de expresión» ha sido redefinido como «ciertos límites a la libertad de expresión» y «bueno para la sociedad» ha pasado a ser «conveniente para los intereses de la sociedad». Esta clase de afirmaciones autorreferenciales está desconectada de la «metaestructura», es decir, del resto de las experiencias, valores, consecuencias y estados internos, que podrían determinar su ecología o su utilidad.

Cuando la autorreferencia se combina con las creencias, la mezcla resultante puede dar pie al nacimiento de un nuevo virus verbal. Veamos la frase siguiente:

> *«Te tengo bajo mi control porque tienes que leer mi final.»*

Eso es lo que los psicolingüistas denominan «frase vírica» (emparentada, pero no idéntica, al «virus mental»). Observa que contiene una serie de presuposiciones y suposiciones interesantes. Una de las características de estas «frases víricas» consiste en que son autorreferenciales y autoconfirmadoras. El único territorio referido por la frase es el de sí misma. No hay ninguna otra información con la que verificarla. Parece tener cierta validez porque, para comprender la afirmación de causa-efecto que propone, tenemos que leer el final de la frase, pero ¿nos tiene en realidad bajo su control? ¿Quién es ese «yo» que nos está controlando? Ciertamente, la frase no es un ser con identidad propia, sino tan sólo un conjunto de palabras. Puede incluso que quien la haya escrito esté muerto. ¿Es esa persona quien nos «controla»? ¿Tiene en realidad algo que ver con el control? ¿Y qué hay de la curiosidad, de la costumbre o de la estrategia? Una vez más, el hecho de que la frase no esté conectada a ningún tipo de metaestructura la convierte en autovalidante.

Paradojas y dobles lazos

Las declaraciones autorreferenciales también pueden *invalidarse* a sí mismas, cuando producen *paradoja* además de circularidad. La paradoja lógica clásica «Esta afirmación es falsa», por ejemplo, constituye un caso claro de afirmación autorrefencial que produce una conclusión paradójica. Si la afirmación es cierta, es falsa, luego es cierta, y así hasta el infinito. Otro buen ejemplo es el del barbero del pueblo que afeita a todos los que no se afeitan. ¿Se afeita él también? Si lo hace, no pertenece a la categoría de los que no se afeitan y por consiguiente, no puede ser afeitado por el barbero. Pero si no se afeita, pasa a pertenecer a la categoría de los que no se afeitan y tiene que ser afeitado por el barbero, es decir, por sí mismo.

Un tercer ejemplo de paradoja autorreferencial sería la pregunta «Puesto que Dios es todopoderoso, ¿puede crear una roca tan grande que ni él mismo pueda mover?»

Un «doble lazo» es una clase especial de paradoja que crea una situación de «nadie gana», es decir, una situación en la que «maldito si lo haces, maldito si no lo haces». Numerosos dobles lazos implican procesos a distintos niveles, de modo que aquello que tienes que hacer en un nivel para sobrevivir (estar seguro, mantener tu integridad, etc.) amenaza tu supervivencia (tu seguridad, tu integridad, etc.) en otro nivel. Según el antropólogo Gregory Bateson, que fue quien definió inicialmente el doble lazo, tales conflictos están en la raíz tanto de la creatividad como de la psicosis, según uno sea capaz de trascender el doble lazo o, por el contrario, quedarse atrapado en él.

En este sentido, los dobles lazos están relacionados con lo que ha acabado por conocerse como «Catch-22». El término proviene de la novela de mismo nombre [*Trampa 22*] escrita por Joseph Heller (1961; película, 1970). El argumento de esta novela, pensado con la intención de ser una sátira negra pero humorística sobre la burocracia militar, sitúa la acción en una base de las fuerzas aéreas estadounidenses durante la segunda guerra mundial. La trama argumental narra las vicisitudes del aviador Yossarian en sus intentos por escapar a los horrores de la guerra. En su empeño por lograrlo, queda atrapado en la «Catch-22», una misteriosa regulación que es, en esencia, un argumento circular. Yossarian descubre que puede conseguir que dictaminen que no es apto para volar con la condición de que demuestre que está loco. Sin embargo, para que le den de baja del servicio militar por locura, primero tiene que pedir ser dado de baja. La trampa estriba en que si alguien pide ser dado de baja, es señal de que está cuerdo, porque nadie en su sano juicio desearía seguir jugándose la vida. Con su misma voluntad de no volar, Yossarian demuestra estar perfectamente cuerdo.

Los dobles lazos no sólo exhiben a menudo la doble cualidad de paradoja y circularidad que ilustra el ejemplo de «Catch-22», sino que conducen a la misma sensación de confusión e impotencia. Consideremos, por ejemplo, los juicios de Salem, en los que en una de las pruebas para determinar si una persona era o no bruja se la ataba y se la echaba al agua. En caso de que flotara y sobreviviera, se consideraba que aquello era una prueba evidente de brujería, por lo que se la llevaba al patíbulo. Si, por el contrario, se hundía y se ahogaba, quedaba liberada de la acusación de brujería, aunque de poco le servía porque de todos modos ya estaba muerta.

Resumiendo, la autorreferencia constituye una fuente tanto de creatividad como de confusión, según como sea su equilibrio con los demás procesos del sistema. Puede producir tanto patología como confusión, dependiendo de cómo se estructure y se utilice.

La teoría de los tipos lógicos

El filósofo y matemático Bertrand Russell desarrolló una «teoría de tipos lógicos» para tratar de ayudar a resolver la clase de problema que surgen de la paradoja autorreferencial y de la circularidad. Según Gregory Bateson (*Steps to an Ecology of Mind*, pág. 202)[Una unidad sagrada: pasos ulteriores hacia una ecología de la mente], «La tesis central [de la teoría de tipos] consiste en que existe una discontinuidad entre una clase y sus miembros. La clase no puede ser un miembro de sí misma ni puede ser uno de los miembros de la clase, puesto que el término utilizado para clase pertenece a otro nivel de abstracción —a un *tipo lógico* distinto— del término empleado para miembros». Por ejemplo, la clase de las patatas no es en sí misma una patata. Así pues, las reglas y las características que son de aplicación a los miembros de determinada clase no tienen por qué serlo a la propia clase: puedes pelar o chafar una patata, pero no puedes hacer lo mismo con «la clase patatas».

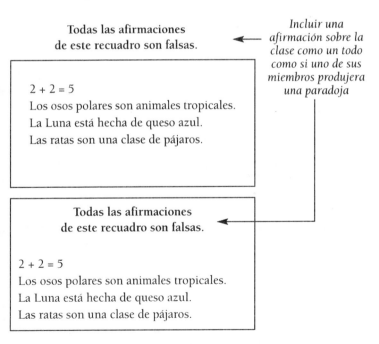

Según la teoría de tipos únicos de Russell, convertir la clase en un miembro de sí misma produce paradoja

El principio de los tipos lógicos de Russell constituye un ejemplo del establecimiento de un mecanismo de regulación autorreferencial a un «nivel» operativo distinto. Esta clase de mecanismo se ha convertido en el objeto de estudio de lo que se conoce como «cibernética de segundo orden», que trata a menudo con bucles y procesos «recurrentes», como los implicados en los sistemas autopoiésicos y autoorganizadores. La recursión o repetición es una modalidad concreta de bucle de realimentación, en el que la operación o el procedimiento son autorreferenciales, es decir, aluden a sí mismos como parte del procedimiento. «Comunicar acerca de la comunicación», «observar al observador», «proporcionar realimentación sobre la realimentación», etc. constituyen ejemplos de procesos autorreferenciales recurrentes.

Aplicación a sí misma de una creencia
o una generalización

El patrón de *El poder de la palabra* conocido como «Aplicar a sí mismo» constituye un ejemplo de aplicación verbal del proceso de autorreferencia para ayudar a alguien a reflexionar sobre afirmaciones de creencias, así como para evaluarlas. Aplicar una creencia a sí misma implica evaluar la afirmación de la creencia según la generalización o los criterios definidos por ella misma. Por ejemplo, si alguien expresa una creencia como: «No puedes fiarte de las palabras», la creencia puede ser aplicada a sí misma diciendo: «Puesto que no te puedes fiar de las palabras, supongo que no te puedes fiar de lo que acabas de decir». Otro ejemplo, supongamos que alguien nos dice: «No está bien generalizar», le podemos preguntar: «¿Estás seguro de que está bien que hagas *esta* generalización?»

El propósito de aplicar una creencia o una generalización a sí misma consiste en descubrir si la creencia es o no un ejemplo congruente de su propia generalización, en una especie de «regla de oro» que diría: «Una generalización es válida para los demás en la medida que lo pueda ser para sí misma». Por ejemplo, cuando alguien dice: «El mapa no es el territorio... incluyendo esta misma creencia, que no es más que otro mapa, de modo que no caigáis en la trampa de creer que es la "realidad"».

A menudo, el proceso de aplicar a sí misma una creencia limitadora crea una paradoja, que sirve para sacar a la luz aquellas áreas en las que la creencia no es útil. Es una forma de aplicarle el viejo adagio de que a veces hay que combatir «el fuego con fuego», volviéndola contra sí misma.

Un buen ejemplo de utilización del patrón de «Aplicar a sí mismo» para tratar con un potencial virus mental, es el de aquel hombre que se debatía como participante en un seminario de PNL. Estaba interesado en desarrollar la flexibilidad de su tono vocal, pero seguía encontrándose con una enorme resistencia interna. Una parte de sí mismo sabía que era «apropiado» ser más flexible con su voz, pero por otro lado se sentía «ridículo» al tratar de hacer algo distinto. Ese conflicto interno hacía que estuviera constantemente pendiente de sí mismo y que se atascara cada vez que trataba de realizar un ejercicio. Sus dificultades con los ejercicios hacían que se sintiera cada vez más frustrado, no sólo por sí mismo, sino también por los otros participantes que trataban de realizar los ejercicios con él.

Los problemas de aquel hombre llegaron a conocimiento de los dos formadores de PNL que dirigían el seminario, que decidieron utilizar una clase de técnica de confusión para interrumpir aquel patrón de resistencia. Sacaron al hombre como sujeto para la demostración de un ejercicio de flexibilidad vocal. Como de costumbre, tan pronto como comenzó a tratar de realizar el ejercicio, comenzaron también a manifestarse la resistencia y el conflicto. Llegados a este punto, uno de los formadores le dijo: «Tengo entendido que considera *apropiado* desarrollar flexibilidad en su voz, pero que le preocupa hacer el *ridículo* intentándolo. Mi pregunta es si lo que quiere es ser *apropiadamente ridículo* o *ridículamente apropiado*». Aquella pregunta cogió desprevenido al alumno y se quedó sin contestar, ocasión que el otro formador aprovechó para añadir: «Es *apropiado* que se sienta confundido por esta pregunta, habida cuenta de lo *ridícula* que es». A lo que su compañero respondió: «Pero ¿no es *ridículo* que sea *apropiado* responder de este modo a una pregunta tan *ridícula*?» Pero el otro no cejó: «Sí, pero es *apropiado* hacer una pregunta *ridícula* cuando la situación es tan *ridícula* como parece que es ésta», a lo que el otro siguió: «Es *ridículo* decir eso. Creo que es *apropiado* que estemos en una situación tan *ridícula*, y me parece necesario que respondamos a ella de la forma *apropiada*». Lejos de amilanarse, el segundo formador insistió: «Ya sé que lo que estoy diciendo es *ridículo* pero creo que, para actuar de forma *apropiada*, tengo que ser *ridículo*. De hecho, y dada la situación, sería *ridículo* actuar de forma *apropiada*». Volviéndose hacia el alumno, los dos formadores le preguntaron entonces: «¿Usted qué opina?»

El hombre, completamente anonadado, se quedó en blanco unos instantes. Luego soltó una carcajada, ante lo que los formadores dijeron: «Pues vamos a hacer el ejercicio». Aquel joven pudo ya completar el ejercicio sin ninguna clase de interferencia interna. En cierta medida, la técnica de confusión sirvió para desensibilizarle con respecto a la interpretación problemática de determinadas palabras, lo cual le dejó libre para elegir su reacción sobre la base de criterios diferentes. En lo sucesivo, cada vez que salía a la luz cualquier cuestión relacionada con lo «apropiado» o lo «ridículo» de su comportamiento, se reía porque ya se sentía en condiciones de tomar sus decisiones sobre la base de una estrategia distinta y más eficaz.

Otro ejemplo es el del hombre que tenía dificultades con su negocio. Sin saber muy bien cómo, siempre acababa desbordado por el número de asuntos que atender. Al averiguar su estrategia de motivación, se descubrió que si un cliente o un amigo le pedía alguna tarea o algún favor, comenzaba inmediatamente a construirse una imagen mental de sí mismo haciendo lo que se le pedía. Si podía verse haciéndolo, entonces se decía que *tenía* que hacerlo y se ponía manos a la obra, aunque aquello interfiriera con los demás asuntos en los que estuviera implicado.

Se le pidió entonces que se visualizara a sí mismo *no* haciendo aquello que podía visualizarse haciendo. A medida que «giraba sobre sí mismo» mentalmente, pareció que el joven entraba en trance, estado que el practicante de PNL que le atendía aprovechó para ayudarle a desarrollar algunos tests y operaciones más eficaces en relación con su estrategia de motivación.

Veamos a continuación otro ejemplo, tomado del Evangelio según San Juan (8:3-11), en el que el patrón de «Aplicar a sí mismo» de *El poder de la palabra* fue utilizado para salvarle la vida a una mujer:

> *Y los escribas y los fariseos llevaron a su presencia a una mujer sorprendida en adulterio, y cuando la tuvieron ante sí le dijeron: «Maestro, esta mujer ha sido sorprendida en el mismo acto de adulterio. Moisés en su ley ordena que una mujer así debe ser lapidada, pero ¿tú qué dices?»*
>
> *Así dijeron, tratando de tentarle para tener de qué acusarle luego. Pero Jesús se inclinó hacia delante y escribió con su dedo en el polvo, como si no les oyera.*
>
> *Así que, cuando siguieron inquiriéndole, finalmente se levantó y les dijo: «Que aquel de entre vosotros que esté libre de pecado tire la primera piedra». Tras lo cual se sentó a escribir de nuevo sobre el polvo.*
>
> *Y aquellos que lo escucharon, convictos por sus propias conciencias, se fueron yendo uno tras otro, comenzando por el más viejo y hasta el último y allí quedó Jesús solo, con la mujer frente a él.*
>
> *Tras levantarse y ver que nadie había más que la mujer, dijo: «Mujer, ¿dónde están quienes te acusaban? ¿Te ha condenado alguien?» «Nadie, Señor», respondió ella y Jesús le dijo: «Tampoco yo te condeno, ve en paz y no vuelvas a pecar».*

La frase de Jesús «Que aquel de entre vosotros que esté libre de pecado tire la primera piedra» constituye un ejemplo clásico de aplicación de los valores expresados por una declaración de creencia a la misma creencia. Para hacerlo, Jesús primero «fragmentó hacia arriba» «adulterio» en «pecado», invitando acto seguido a los presentes a aplicar el mismo criterio y las mismas consecuencias a su propio comportamiento.

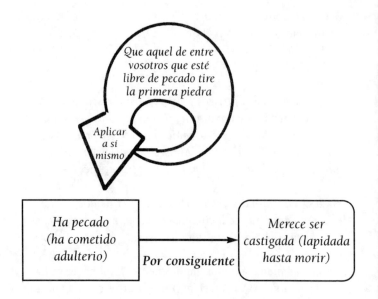

Aplicación por Jesús del patrón
«Aplicar a sí mismo» para salvarle la vida a una mujer

Observa que Jesús no cuestiona la creencia, sino que la «desencuadra», obligando al grupo a cambiar de posición perceptiva y a ampliar su mapa de la situación, para incluir en él el comportamiento de los demás.

Prueba este patrón con alguna de tus propias creencias. Para comenzar, asegúrate de formularla en una afirmación de causa-efecto o de equivalencia compleja:

Creencia: _____ soy/es/son _____ porque _____

Por ejemplo: *Soy lento aprendiendo* porque *me toma tiempo comprender las nuevas ideas*.

¿Cómo puedes evaluar la propia declaración de creencia según la generalización o los criterios definidos por la misma creencia? ¿De qué modo podría ser un ejemplo (o no serlo) de su propia afirmación?

Por ejemplo: ¿Cuánto tiempo te costó aprender la idea de que eso significa que eres lento aprendiendo?

Tal vez si te tomaras el tiempo necesario para comprender realmente hasta qué punto esta creencia te limita innecesariamente, estarías más abierto a interiorizar algunas nuevas ideas sobre cómo aprender.

En ocasiones es necesario pensar de forma no lineal y no literal para poder aplicar la creencia a sí misma. Por ejemplo, si alguien dice: «No puedo permitirme ese producto porque es demasiado caro», tal vez tengamos que hacer la «aplicación a sí mismo» de forma más bien metafórica. Eso se podría hacer diciendo: «¿Está seguro de que puede permitirse mantener con tanta fuerza esta creencia? Podría impedirle sacar partido de oportunidades importantes»

De forma parecida, si alguien nos dice: «Un diagnóstico de cáncer es como recibir una sentencia de muerte», esa afirmación podría ser aplicada a sí misma contestando: «Esa creencia se ha estado extendiendo como un cáncer durante años. Tal vez le haya llegado ya la hora de extinguirse».

Metamarcos

Aplicar a sí misma una generalización conduce a menudo a la persona a una *metaposición* en relación con sus propios pensamientos y creencias. En Programación Neurolingüística, el concepto de «metaposición» es un medio de aplicación de un proceso autorreferencial para facilitar el cambio psicológico y el crecimiento personal. En metaposición, nos disociamos primero de nuestros pensamientos, acciones e interacciones, y luego reflexionamos sobre todo ello para obtener nuevas ideas y comprensiones que nos ayudarán a actuar de forma más eficaz. Eso nos hace ver que la creencia es, en efecto, una «creencia» y no necesariamente la única interpretación posible de la realidad.

Una de las formas más directas de alcanzar una metaposición con respecto a la creencia consiste en utilizar lo que se conoce como «metamarco», cuya aplicación consiste en evaluar la creencia desde el marco de un contexto fluyente y orientado hacia lo personal, es decir, *establecer una creencia sobre la creencia*. Podemos creer, por ejemplo, que alguna otra creencia es errónea o estúpida. La frase: «Lo dices sólo para hacerme sentir bien» constituye un ejemplo común del modo en que se puede usar un metamarco para descartar una afirmación o evaluación positiva hecha por otra persona.

La diferencia entre aplicar la creencia a sí mismo y metaencuadrar consiste en que, cuando una creencia es aplicada a sí misma, su contenido (es decir, los valores y las generalizaciones que la creencia expresa) es utilizado para evaluar la propia creencia. En el metaencuadre, en cambio, la creencia sobre la otra creencia puede tener un contenido completamente diferente al de la creencia a la que se refiere.

Por ejemplo, consideremos la generalización siguiente: «Tienes que ser fuerte para sobrevivir». Aplicar la creencia a sí misma implicaría decir algo así como: «Me pregunto si esta creencia será lo suficientemente fuerte como para sobrevivir hasta el próximo milenio». Para metaencuadrar la creencia, en cambio, podríamos decir: «Esta creencia parece más bien una reflexión desde un punto de vista relativamente estrecho y masculino, que deja sin reconocer la importancia de la cooperación y la flexibilidad con respecto a la supervivencia».

Metaencuadrar constituye una estrategia común en psicoterapia y asesoría para trabajar con las creencias, en la que el cliente es acompañado al metamarco de su historia personal o de otras influencias sociales. La técnica de psicoanálisis de Sigmund Freud constituye un ejemplo clásico de aplicación de metamarco. Freud explicaba y «enmarcaba» constantemente las quejas de sus pacientes colocándolas dentro del marco de sus teorías. Veamos la siguiente cita, extraída de su informe sobre el trabajo con un paciente obsesionado con fantasías sobre ratas (el caso del llamado «Ratman»):

Le hice ver que, lógicamente, no debía considerarse a sí mismo como responsable de aquellos rasgos de su carácter, porque todos aquellos impulsos reprensibles tenían su origen en la infancia y no eran más que derivaciones de su carácter infantil que sobrevivían en su subconsciente, así como que debía saber que la responsabilidad moral no es de aplicación a los niños.

Freud reencuadra los pensamientos y los «impulsos reprensibles» del hombre como derivados del «carácter infantil que sobrevive en el subconsciente». Luego implica que «la responsabilidad moral no es de aplicación a los niños», por lo que el paciente no debe culpabilizarse a sí mismo de sus compulsiones.

Metaencuadrar difunde a menudo el impacto de una creencia limitadora, cambiando la perspectiva de la persona por la de un observador de sus procesos mentales.

Explora este patrón con tus propias creencias. Piensa en algún juicio, creencia o generalización que te esté limitando. ¿Qué creencia sobre esta creencia podría cambiar o enriquecer tu percepción de la misma?

Creencia: _____

Tengo esta creencia porque: _____

Como los demás patrones de *El poder de la palabra*, el de metaencuadrar puede ser también utilizado para apoyar o reforzar alguna creencia potenciadora. Como ejemplo, supongamos que alguien desee establecer la creencia de que «Mi inteligencia y mi capacidad de comunicación hacen de mí un superviviente». Un metamarco de apoyo podría ser: «Tienes esta creencia porque reconoces que la era de la información ha cambiado para siempre los factores necesarios para la supervivencia».

Niveles lógicos

Los patrones de El poder de la palabra de «Aplicación a sí mismo» y de «Metamarco» estimulan por lo general un cambio de nuestra atención hacia un nivel distinto de pensamiento. Hacen que seamos más conscientes de lo que Bertrand Russell denominó «tipos lógicos», así como del hecho de que no podemos tratar a la clase y a sus miembros como si perteneciesen a un mismo nivel. El antropólogo y teórico de la comunicación Gregory Bateson aplicó la teoría de tipos lógicos de Russell como medio para contribuir a la explicación y a la resolución de una serie de cuestiones relacionadas con la conducta, el aprendizaje y la comunicación. Según Bateson, el concepto de tipos lógicos distintos es fundamental para la comprensión del juego, del aprendizaje de alto nivel y de los patrones de pensamiento patológicos. Bateson asegura que la confusión entre tipos lógicos es en gran medida responsable de lo que hemos estado denominando «creencias limitadoras» y «virus mentales».

Como ejemplo, Bateson señalaba que el «juego» implica distinguir entre diferentes tipos lógicos de comportamiento y de mensajes. Según él, cuando los animales y los humanos se implican en el «juego», exhiben a menudo los mismos comportamientos asociados con la agresión, la sexualidad y otros aspectos más «serios» de la vida (como cuando los animales juegan a «pelearse» o los niños a «médicos»). Sin embargo, tanto los unos como los otros saben distinguir, en su mayor parte, que el comportamiento exhibido en el juego es de otra clase que el «de verdad». Según Bateson, distinguir entre clases de comportamiento requiere también diferentes tipos de mensajes, que él denomina «metamensajes» —mensajes acerca de los mensajes—, señalando que también ellos pertenecen a un «tipo lógico» distinto del contenido de la comunicación de que se trate. En opinión de Bateson, estos mensajes «de nivel superior» (habitualmente comunicados de forma no verbal) son cruciales para que tanto animales como humanos se comuniquen e interactúen con eficacia.

Por ejemplo, los animales avisan que «voy a jugar» meneando la cola, dando saltos o haciendo alguna otra cosa para indicar que no hay que tomarse en serio lo que van a hacer. Sus mordiscos son mordiscos juguetones, no reales. Los estudios realizados con humanos reflejan asimismo la utilización de mensajes específicos para avisar a los demás de que están jugando, de forma muy parecida a como lo hacen los animales. Pueden «metacomunicarse» verbalmente, anunciando que «Es sólo un juego», o reír, dar un suave codazo, o hacer algo extraño para demostrar sus intenciones.

Bateson asegura que muchos problemas y conflictos tienen como causa la confusión o la mala interpretación de esos mensajes. Cabe citar como ejemplo de ello las dificultades que tienen las personas de culturas diferentes para interpretar las sutilezas no verbales de la otra parte.

De hecho, en *Epidemiology of a Schizofrenia* (1955), Bateson mantiene que la explicación de muchos comportamientos aparentemente psicóticos o «locos» residía en la incapacidad para reconocer e interpretar correctamente metamensajes, así como para distinguir entre diferentes clases o tipos lógicos de comportamiento. Bateson cita el ejemplo de un paciente mental joven, que se personó en la farmacia del hospital. La enfermera encargada le preguntó: «¿En qué puedo ayudarlo?», pero el paciente no conseguía discernir si esa pregunta se trataba de una amenaza, de una proposición sexual, de una bronca por estar donde no debía, de una pregunta sincera, etc.

Según Bateson, cuando alguien no está en condiciones de realizar estas distinciones, acabará probablemente actuando de forma inapropiada para la situación. Bateson compara esta situación con la de un sistema telefónico que no consiguiera discriminar entre el código de país, el de ciudad y el número local. El resultado sería que interpretaría los números de código de país como si fueran parte del número del teléfono, o viceversa. Las consecuencias serían que, con demasiada frecuencia, el que marcara se encontraría con la respuesta de «se ha equivocado de número» al otro lado del teléfono. Incluso a pesar de que todos los números (el contenido) fueran correctos, su clasificación (el contexto) sería confusa y provocaría problemas.

En The *Logical Categories of Learning and Communication*

(1964), Bateson utiliza la noción de tipos lógicos para explicar distintas clases y fenómenos de aprendizaje y comunicación. Define dos tipos o niveles fundamentales de aprendizaje, a considerar en cualquier proceso de cambio: «Aprendizaje I» (tipo de condicionamiento estímulo-respuesta) y «Aprendizaje II» o *deuteroaprendizaje* (aprender a reconocer el contexto mayor en que el estímulo ocurre, de modo que su significado pueda ser entendido correctamente). El ejemplo más elemental de fenómeno de aprendizaje II es el del predeterminado, cuando un animal aprende a resolver pruebas, es decir, cuando un animal de laboratorio aprende cada vez más deprisa nuevas tareas que corresponden a la misma clase de actividad, lo cual está relacionado con aprender *clases* de comportamientos, más que comportamientos aislados.

Por ejemplo, un animal condicionado para evitar aprenderá distintos tipos de comportamiento inhibidor cada vez más aprisa. Sin embargo, será más lento en aprender comportamientos de respuesta (por ejemplo, salivar al oír un timbre) que otro que haya sido condicionado anteriormente para esta clase de comportamientos. En otras palabras, aprenderá rápidamente a identificar y rechazar objetos que provoquen descargas eléctricas, pero le costará más aprender a salivar al oír el timbre que anuncia la llegada de la comida. Por otro lado, un animal entrenado en el condicionamiento de Pavlov aprenderá rápidamente a salivar ante otros estímulos (colores, sonidos, etc.), pero será más lento en aprender a evitar objetos electrificados.

Bateson señala que esta capacidad para aprender patrones o reglas de una misma categoría de procedimientos de condicionamiento corresponde a un «tipo lógico» de aprendizaje distinto y no funciona según las secuencias del simple refuerzo de estímulo-respuesta utilizado para enseñar comportamientos específicos aislados. Bateson observa, por ejemplo, que el estímulo a la «exploración» (un medio de aprender a aprender) en las ratas es de naturaleza distinta al de «probar» un objeto (el contenido de aprendizaje de la exploración). En *Steps to an Ecology of Mind* (pág. 282) [Una unidad sagrada: pasos ulteriores hacia una ecología de la mente] escribe:

«... se puede estimular a una rata (positiva o negativamente) cuando investiga algún objeto extraño, con lo que
aprenderá a acercarse o a alejarse de él. Pero el propósito
mismo de la exploración consiste en reunir información
para determinar a qué objetos hay que acercarse y a cuáles
no. El descubrimiento de que determinado objeto es peligroso es, por consiguiente, un éxito del esfuerzo por reunir
información. Este éxito no desanimará a la rata de ulteriores exploraciones de otros objetos extraños»

La capacidad de explorar, aprender una tarea discriminato-
ria o ser creativo constituye un nivel de aprendizaje superior al
de las tareas específicas que componen estas capacidades. Asimismo, las dinámicas y las reglas del cambio correspondientes a
este nivel superior son distintas.

Debido al papel y a la influencia de Bateson en el alumbra-
miento de la Programación Neurolingüística, el concepto de tipo
lógico es importante en PNL. En la década de 1980 adapté las
ideas de Russell y Bateson para formular los conceptos de «niveles lógicos» y «niveles neuro-lógicos» en el comportamiento y el
cambio humanos. Inspirándose en Bateson, el modelo de niveles
propone que dentro de un individuo o grupo existe una jerarquía
natural de niveles, que funcionan como diferentes tipos lógicos
de procesos. Cada nivel sintetiza, organiza y dirige una clase
concreta de actividad en el nivel inmediato inferior. Cambiar
algo en un nivel superior «irradiará» necesariamente hacia abajo, precipitando el cambio en los niveles inferiores. Sin embargo,
habida cuenta de que cada nivel sucesivo pertenece a un tipo lógico de proceso diferente, cambiar algo en un nivel inferior no
afectará por fuerza a los niveles por encima del mismo. Las
creencias, por ejemplo, se forman y se cambian según normas
distintas a las que rigen los comportamientos reflejos. Recom-
pensar o castigar determinado comportamiento no cambiará por
fuerza las creencias que lo provocan porque, tanto a escala mental como neurológica, los sistemas de creencias pertenecen a un
tipo de proceso distinto al de las creencias.

Según el modelo de niveles neuro-lógicos, las influencias del *medio* determinan las condiciones externas en las que tiene lugar el comportamiento. Sin embargo, en ausencia de un mapa interno, de un plan o de una estrategia que los guíe, los *comportamientos* son como reflejos en la rodilla, hábitos o rituales. En el nivel de *capacidad* podemos seleccionar, alterar y adaptar una clase de comportamiento a un conjunto más amplio de situaciones externas. En el nivel de *creencias y valores* podemos estimular, inhibir o generalizar determinada estrategia, plan o forma de pensar. La *identidad*, por supuesto, consolida sistemas completos de creencias y valores en un sentido del propio ser. La experiencia al nivel *espiritual* está relacionada con el sentir que nuestra identidad es parte de algo más grande que nosotros mismos, y con nuestra visión de los sistemas mayores a los que pertenecemos. A medida que cada nivel se abstrae cada vez más de las especificidades del comportamiento y de la experiencia sensorial, crece la amplitud de su efecto sobre nuestro comportamiento y nuestra experiencia.

* Los *factores del medio* determinan las oportunidades o restricciones externas a las que el sujeto debe reaccionar. Atienden a las preguntas relacionadas con **dónde** y **cuándo**.

* El *comportamiento* se construye con acciones y reacciones específicas tomadas del medio. Atiende a las preguntas relacionadas con **qué**.

* Las *capacidades* conducen y orientan las acciones del comportamiento a través de un mapa mental, plan o estrategia. Atienden a las preguntas relacionadas con **cómo**.

* Las *creencias* y los valores proporcionan el apoyo (motivación y permiso) que afirma o niega las capacidades. Atienden a las preguntas relacionadas con **por qué**.

* Los factores de *identidad* determinan el propósito general (la misión) y moldean las creencias y los valores a través de nuestro sentido del ser. Atienden a las preguntas relacionadas con **quién**.

* Las cuestiones de nivel *espiritual* se relacionan con el hecho de que somos parte de un sistema mayor, que va más allá de uno mismo como individuo, para abarcar a la fa-

milia, a la comunidad y a los sistemas globales. Responde a las preguntas relacionadas con **para quién** y **para qué**.

Desde la perspectiva de la Programación Neurolingüística, cada uno de estos procesos implica un nivel de organización distinto y activa la movilización y la entrega de «circuitos» neurológicos cada vez más profundos.

Resulta interesante señalar que algunos de los estímulos de este modelo surgieron mientras se enseñaban los patrones de *El poder de la palabra*. Comencé a darme cuenta de que algunas clases de afirmaciones les resultaban a las personas más difíciles de manejar que otras, a pesar de que la clase de juicio que se afirmaba fuera esencialmente la misma. Comparemos, por ejemplo, las siguientes afirmaciones:

Ese objeto en tu medio es peligroso.
Tus acciones en ese contexto concreto fueron peligrosas.
Tu incapacidad para juzgar adecuadamente es peligrosa.
Lo que tu crees importante y valoras como tal es peligroso.
Eres un tipo peligroso.

En cada caso, el juicio expresado es de que algo es «peligroso». De forma intuitiva, sin embargo, la mayoría de personas sienten que el «espacio» o el «territorio» implicado en cada una de las frases se vuelve cada vez más amplio, experimentando un efecto emocional creciente con cada una de ellas.

Que alguien te diga que determinado comportamiento fue peligroso es muy distinto a que te diga que tú eres «un tipo peligroso». Observé que si mantenía constante un juicio y simplemente substituía un término para medio, comportamiento, capacidades, creencias y valores e identidad, mi interlocutor se sentía cada vez más ofendido o halagado, según la naturaleza del juicio fuera negativa o positiva.

Pruébalo tú mismo. Imagina que alguien te dice cada una de las frases siguientes:

Tu *medio* es estúpido/feo/excepcional/hermoso.

El modo en que te *comportaste* en esa situación fue estúpi-
do/feo/excepcional/hermoso.
Realmente tienes la *capacidad* de ser estúpido/feo/excepcio-
nal/hermoso.
Eso que *crees y valoras* es estúpido/feo/excepcional/hermoso.
Eres estúpido/feo/excepcional/hermoso.

Observa una vez más que las evaluaciones expresadas en
cada afirmación son idénticas. Lo que cambia en cada frase es el
aspecto particular de la persona al que se refiere.

Cambio de niveles lógicos

Una de las tácticas de El *poder de la palabra* más comunes y eficaces consiste en volver a categorizar una característica o experiencia desde un nivel lógico a otro, por ejemplo, separar la *identidad*
de una persona de sus *capacidades* o de su *comportamiento*. Los juicios de identidad negativos son a menudo el resultado de interpretar comportamientos específicos, o bien la incapacidad para
producir determinados resultados del comportamiento entendida
como una manifestación de la identidad de la persona. Devolver
un juicio de identidad negativo a su lugar de manifestación de
comportamiento o capacidad reduce en gran medida el impacto de
ese juicio sobre la persona, tanto mental como emocionalmente.
    Por ejemplo, tal vez una persona se sienta deprimida por te-
ner cáncer y se refiera a sí misma como una «víctima del cáncer». Sin embargo, eso podría ser «reencuadrado» con la respuesta: «No eres una *víctima del cáncer*, sino una persona normal
y corriente que todavía no ha desarrollado su *capacidad de sacar-
le todo el partido a la conexión entre cuerpo y mente*». Esto ayudará a esa persona a cambiar su relación con la enfermedad, a abrirse a otras posibilidades y a verse a sí misma como partícipe de su
propio proceso de sanación.
    El mismo tipo de reencuadre podría hacerse con una creen-
cia como, por ejemplo: «Soy un fracaso». Se podría observar
que: «No es que tú seas un "fracaso", sino que todavía no has lle-

gado a dominar todos los elementos necesarios para el éxito». De nuevo, eso resitúa el juicio de identidad limitador en el ámbito de un marco más productivo y resoluble.

Los reencuadres de estas características pueden diseñarse realizando los pasos siguientes:

a) Identifica el juicio de identidad negativo:

Soy _____ (Por ejemplo: «Soy *una carga para los demás*»).

b) Identifica una capacidad o un comportamiento específico que esté relacionado con el estado presente o bien con el estado deseado, implicado en el juicio de identidad negativo:

Capacidad para _____

(Por ejemplo: «Capacidad *para resolver los problemas por mí mismo*»).

c) Reemplaza el juicio de identidad negativo por la capacidad o el comportamiento:

Tal vez no es que tú seas _____
(Identidad negativa, por ejemplo: «una carga para los demás»), *sino simplemente que todavía no has desarrollado la capacidad de* _____ (capacidad o comportamiento específico, por ejemplo: «resolver los problemas por ti mismo»).

Por supuesto, ese proceso también puede ser invertido para promover creencias potenciadoras. Se puede elevar un comportamiento o una capacidad al nivel de manifestación de identidad. Por ejemplo, podríamos decir: «Tu capacidad para mostrarte creativo en esta situación demuestra que eres una persona creativa». Otros ejemplos de lo mismo serían: sobrevivir ➤ superviviente, sanar ➤ persona sana, tener éxito ➤ triunfador/a, etc. Esta clase de reformulación sirve para profundizar o reforzar la percepción de una persona hacia sus propios recursos.

9

Aplicar los patrones como un sistema

Definición y ejemplos de patrones de *El poder de la palabra*

A lo largo de este libro hemos examinado una serie de patrones específicos de *El poder de la palabra*, junto con los principios y los métodos que proporcionan la capacidad para generarlos y utilizarlos. El propósito del presente capítulo consiste en resumirlos a modo de sistema de conceptos que puedan ser empleados por igual en la conversación, en la consulta o en el debate para ayudar a las personas a ser más «abiertas a dudar» de sus creencias limitadoras, así como más «abiertas a creer» en otras más potenciadoras y útiles. Existen catorce patrones distintos de *El poder de la palabra*, cada uno de los cuales ayuda a cambiar el foco de la atención o a ampliar el mapa de la persona en diferentes direcciones.

Consideremos la creencia de que «*Tengo esta creencia desde hace tanto tiempo, que me será difícil cambiar*». Se trata de una creencia realmente común, con la que se tienen que debatir muchas personas cuando tratan de hacer algún cambio en su vida. Si bien es reflejo de una perspectiva válida, puede resultar ser una creencia muy limitadora si se toma en sentido literal y se interpreta de forma rígida o estrecha. También resulta particularmente peligrosa por tratarse de una creencia no tan sólo sobre otras creencias, sino también sobre el proceso mismo de cambio de creencias. Esta calidad «autorreferencial» incrementa la posibilidad de que se torne circular, así como de que acabe por convertirse en un «virus mental». Aplicar los distintos patrones de *El poder de la palabra* contribuirá a añadir nuevas perspectivas, así como a «ampliar el mapa» asociado con esta creencia.

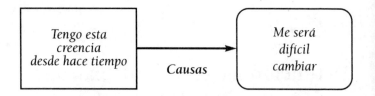

**Estructura de la afirmación de una creencia limitadora
acerca del cambio**

Veamos a continuación algunos ejemplos y definiciones sobre cómo aplicar los catorce patrones de *El poder de la palabra* a esta creencia en concreto. Recordemos una vez más que el propósito de *El poder de la palabra* no consiste en atacar a la persona o a su creencia, sino en reencuadrar la creencia y ampliar el mapa del mundo de esa persona, de modo que la intención positiva que subyace en su creencia sea satisfecha por medio de otras opciones.

1. **Intención**: Dirigir la atención al propósito o a la intención subyacente en la creencia. (Ver Capítulo 2, págs. 62-70.]

   Por ejemplo: «Admiro mucho y apoyo tu deseo de ser honesto contigo mismo».
   Intención positiva = «honestidad»

   «Es muy importante ser realista en relación con el cambio de las propias creencias. Miremos de forma realista esta creencia y lo que haría falta para cambiarla.»
   Intención positiva = «ser realista»

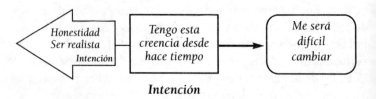

Intención

2. **Redefinición**: Substituir una de las palabras utilizadas en la declaración de creencia por otra nueva que signifique algo parecido, pero que tenga implicaciones distintas. (Ver Capítulo 2, págs. 70-74.)

   Por ejemplo: *«Efectivamente, puede resultar difícil desprenderse de algo a lo que has estado tan apegado».*
   «tener desde hace tiempo» = > «tan apegado»
   «difícil de cambiar» = > «poco fácil»

   «Estoy de acuerdo en que, inicialmente, puede parecer extraño traspasar los límites conocidos»
   «creencia» = > «límite conocido»
   «difícil de cambiar» = > «inicialmente extraño de traspasar»

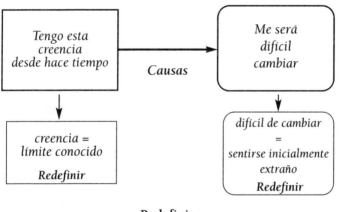

Redefinir

3. **Consecuencia**: Dirigir la atención hacia un efecto (positivo o negativo) de la creencia o de la generalización definida por la creencia que la cambia o refuerza. (Ver Capítulo 5, págs. 144-148.)

Por ejemplo: «*Anticipar que algo va a ser difícil hace que parezca a menudo mucho más fácil cuando lo haces realmente*». «*Admitir de verdad nuestras inquietudes nos permite apartarlas para centrar la atención en lo que queremos*»

Consecuencia

4. **Fragmentar hacia abajo**: Reducir los elementos de la creencia en porciones más pequeñas, de modo que cambie (o refuerce) la generalización definida por la creencia. (Ver Capítulo 3, págs. 83-85.)

Por ejemplo: «*Puesto que tener la creencia tan sólo un breve período de tiempo haría que cambiarla fuera más fácil, tal vez puedas recordar cuándo la formulaste e imaginar que la cambiaste entonces*».
«mucho tiempo» = > «poco tiempo»

«*Tal vez si en lugar de tratar de cambiar toda la creencia de una vez la modificaras por partes, te resultaría más fácil e incluso divertido.*»
«cambiar la creencia» = > «modificarla por partes»

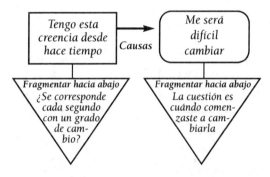

Fragmentar hacia abajo

5. **Fragmentar hacia arriba**: Generalizar un elemento de la creencia hasta una clasificación superior que cambie (o refuerce) la generalización definida por la creencia. (Ver Capítulo 3, págs. 86-87.)

Por ejemplo: *«El pasado no siempre predice con exactitud el futuro. El conocimiento evoluciona con rapidez cuando se reconecta con los procesos naturales que lo actualizan».*
«difícil de cambiar» = > «futuro» «cambio» = > reconectado con los procesos naturales que lo actualizan».

«Todos los procesos de cambio tienen un ciclo natural que no puede precipitarse. La pregunta es: ¿Cuánto dura el ciclo vital natural de tu particular creencia?»
«difícil de cambiar» = > «no se puede precipitar el ciclo natural»
«tienes la creencia mucho tiempo» = > *«duración del ciclo vital de la creencia»*

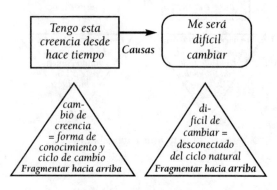

Fragmentar hacia arriba

6. **Analogía**: Encontrar una relación análoga a la definida por la creencia que cuestione (o refuerce) la generalización definida por la creencia. (Ver Capítulo 3, págs. 87-91.)

Por ejemplo: *«Una creencia es como una ley. Incluso leyes muy antiguas pueden ser cambiadas con rapidez si un número suficiente de personas vota por otra nueva».*

«Una creencia es como un programa informático. La cuestión no es si es viejo o nuevo, sino si conocemos o no el lenguaje de programación.»

«Los dinosaurios quedaron probablemente muy sorprendidos de lo rápido que cambiaba su mundo, a pesar de todo el tiempo que llevaban existiendo.»

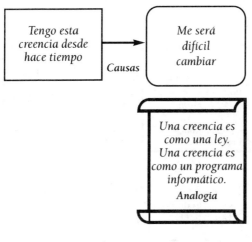

Analogía

7. **Cambio del tamaño del marco**: Reevaluar (o reforzar) la implicación de la creencia en el contexto de un marco temporal mayor (o menor), de un mayor número de personas (o de una sola persona) o de una perspectiva más o menos amplia. (Ver Capítulo 2, págs. 56-59.)

Por ejemplo: «*Probablemente no eres ni el primero ni el único en tener esta creencia. Tal vez cuantas más personas consigan cambiarla, más fácil será para las demás cambiar esta clase de creencia en el futuro*».

«*Dentro de unos años, probablemente te resultará difícil recordar siquiera que tuviste esa creencia.*»

«*Estoy seguro de que tus hijos se sentirán felices de que hayas realizado el esfuerzo necesario para cambiar esa creencia, en lugar de traspasársela a ellos.*»

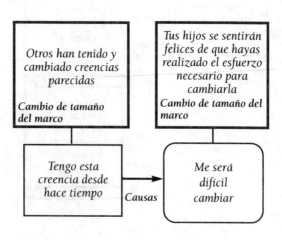

Cambio del tamaño del marco

8. **Otro resultado**: Cambiar a otro objetivo distinto al que atiende o implica la creencia, para cuestionar (o reforzar) la relevancia de ésta. (Ver Capítulo 2, págs. 49-53.)

Por ejemplo: *«No es necesario cambiar de creencia, sino tan sólo actualizarla».*

«La cuestión no es tanto cambiar las creencias, como construir un mapa del mundo que sea congruente con quien tú eres ahora.»

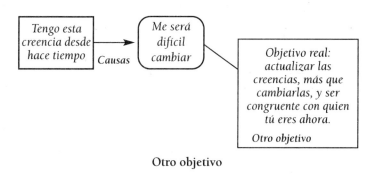

Otro objetivo

9. **Modelo del mundo**: Reevaluar (o reforzar) la creencia desde el marco de un modelo diferente del mundo. (Ver Capítulo 2, págs. 74-78.)

Por ejemplo: *«Estás de suerte, muchas personas ni siquiera se dan cuenta de que sus limitaciones son función de creencias que pueden ser cambiadas por completo. Les llevas mucha delantera».*

«Los artistas suelen usar sus luchas internas como fuente de inspiración para la creatividad. Me pregunto qué clase de creatividad hará surgir en ti tus esfuerzos por cambiar esa creencia.»

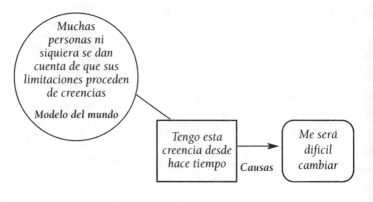

Modelo del mundo

10.**Estrategia de realidad**: Reevaluar (o reforzar) la creencia, teniendo en cuenta que las personas operan desde percepciones cognitivas del mundo para construir sus creencias. (Ver Capítulo 4, págs. 110-117.)

Por ejemplo: «*¿Cómo, en concreto, sabes que tienes esta creencia "desde hace tiempo"?*»

«*¿Qué cualidades concretas de lo que ves o escuchas cuando piensas en cambiar esa creencia hacen que eso te parezca "difícil"?*»

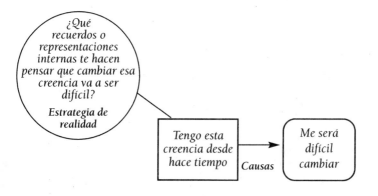

Estrategia de realidad

11.**Contraejemplo**: Encontrar un ejemplo o una «excepción de la regla» que cuestione (o enriquezca) la generalización definida por la creencia. (Ver Capítulo 6, págs. 182-187.)

Por ejemplo: «*Parece que la mayoría de los procesos mentales (como los viejos recuerdos) se vuelven menos intensos y más sujetos a la distorsión y al cambio cuanto más tiempo hace que los tenemos, en lugar de hacerse más fuertes. ¿Qué hace a las creencias tan diferentes?*»

«*He visto muchas creencias establecidas cambiar de forma instantánea cuando la persona tiene acceso a las experiencias y el apoyo necesarios.*»

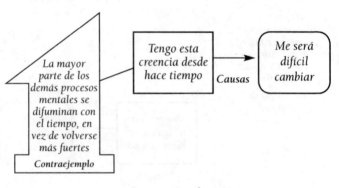

Contraejemplo

12. **Jerarquía de criterios**: Reevaluar (o reforzar) la creencia de acuerdo con un criterio que sea más importante que cualquier otro atendido por la creencia. (Ver Capítulo 4, págs. 118-124.)

Por ejemplo: *«El grado en el que la creencia encaja con nuestra visión y nuestra misión y las apoya es más importante que el tiempo durante el que hemos estado manteniendo la creencia».*

«La congruencia y la integridad personales compensan cualquier esfuerzo que uno haga por alcanzarlas.»

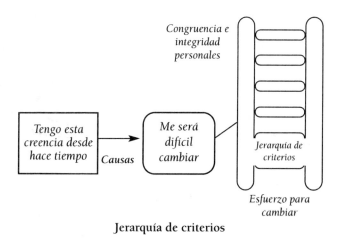

Jerarquía de criterios

13. **Aplicar a sí mismo**: Evaluar la propia afirmación de creencia, de acuerdo con la relación o los criterios definidos por ella. (Ver Capítulo 8, págs. 248-253.)

Por ejemplo: «*¿Cuánto hace que tienes la opinión de que la dificultad para cambiar de creencias es, fundamentalmente, una cuestión de tiempo?*»

«*¿Cuán difícil crees que sería cambiar tu creencia de que las generalizaciones mantenidas largo tiempo son difíciles de cambiar?*»

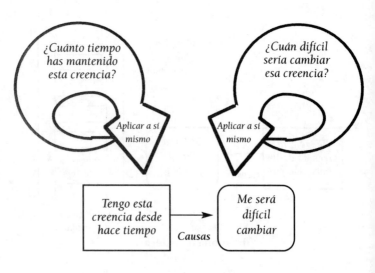

Aplicar a sí mismo

14. **Metamarco**: Evaluar la creencia desde el marco de un contexto presente, de orientación personal, es decir, *establecer una creencia **sobre** la creencia.* (Ver Capítulo 8, págs. 253-258.)

Por ejemplo: «*Tal vez tienes la creencia de que las creencias son difíciles de cambiar, debido a que te han faltado las herramientas y la comprensión necesarias para cambiarlas con facilidad*».

«*¿Se te ha ocurrido que tal vez tu creencia de que esta creencia concreta será difícil de cambiar constituye una buena justificación para quedarte como estás? Tal vez haya algo que te guste, o que le guste a alguna parte de ti, del modo en que ahora eres.*»

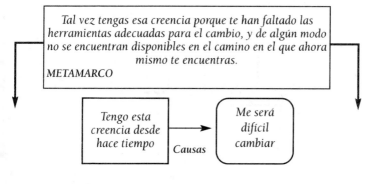

Metamarco

Los patrones de El poder de la palabra *como sistema de intervenciones verbales*

Como ilustra el diagrama siguiente, los catorce patrones de *El poder de la palabra* componen un sistema de intervenciones que pueden ser aplicadas a la afirmación de causa-efecto o de equivalencias complejas que se encuentra en la base de la creencia de que se trate, con el objetivo de volverse más «abierto a dudar» o «abierto a creer» esa generalización concreta.

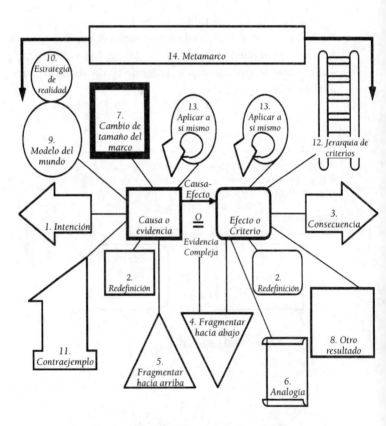

Patrones de *El poder de la palabra*
El sistema de patrones de *El poder de la palabra* al completo

Utilizar El poder de la palabra *como un sistema de patrones*

A estas alturas del libro hemos examinado de qué modo puede ser aplicado cada uno de los patrones de *El poder de la palabra* para ayudar a estar más «abierto a dudar» de las creencias y generalizaciones limitadoras, así como a estar más «abierto a creer» en las potenciadoras. A menudo, una sola afirmación de *El poder de la palabra* contribuye en gran medida al cambio de la actitud y las respuestas de la persona. Consideremos el ejemplo de la mujer a la que le acababan de comunicar que tenía una variante «inusual» de cáncer y que, por consiguiente, los médicos no estaban muy seguros de cómo tratarlo. Temiendo lo peor, se sentía ansiosa y desconcertada por la situación. Consultó a un practicante de PNL quien, «aplicando a sí mismo» la generalización, observó: «Ante circunstancias inusuales, pueden suceder cosas inusuales». Este simple comentario la ayudó a cambiar de perspectiva, hasta el punto de percibir la incertidumbre no ya por fuerza como un problema, sino como una posible ventaja. Comenzó a implicarse más personalmente en la acción, lo que a su vez motivó que sus médicos le ofrecieran más opciones, habida cuenta de lo «inusual» de su situación. La mujer comenzó a mejorar a ojos vista (algo asimismo «inusual») con una mínima intervención de sus médicos, llegando a recuperar plenamente la salud.

Sin embargo, las intervenciones de *El poder de la palabra* requieren a menudo la aplicación de más de un solo patrón para atender diversos aspectos de una misma creencia. Ello es cierto sobre todo cuando nos encontramos ante un «virus mental». De hecho, los propios virus mentales se mantienen en su lugar por la aplicación inconsciente de patrones de *El poder de la palabra* que actúan a modo de escudo ante cualquier intento de cambiarlos.

Como ejemplo, mi primer reconocimiento consciente de la estructura de algunos de los patrones de *El poder de la palabra* surgió en el año 1980, mientras participaba en un seminario en Washington a cargo de Richard Bandler, cofundador de la Programación Neurolingüística. Bandler analizaba, entre otros, el fenómeno conocido como *cruzar el umbral*. Este fenómeno se produce cuando una persona, que ha estado implicada en una relación intensa y significativa con otra durante un período dilatado de tiempo, rompe de repente esa relación con el otro individuo, determinada a no volver a saber más de él. Eso suele ocurrir como resultado de cruzar una especie de línea, que podríamos denominar la «última barrera» con respecto a la relación. Para terminar «definitivamente» de forma congruente con la relación, el que decide romperla necesita de algún modo suprimir o reencuadrar las numerosas experiencias positivas compartidas con la otra persona. En un proceso que Bandler denomina «cambio de imágenes», realizará una especie de reencuadre negativo con respecto a sus recuerdos del pasado. Todos los recuerdos, atributos y hábitos negativos de la otra persona, antes relegados a un segundo plano, pasarán ahora a primera línea, al mismo tiempo que todo lo positivo se difuminará en el trasfondo.

Este proceso tiene una estructura parecida a la del «virus mental», en el sentido de que no resulta fácil que la experiencia o el razonamiento consigan darle la vuelta. La persona implicada dedicará gran cantidad de esfuerzos para mantener sus recuerdos de la relación dentro de un «marco problema». Bandler comenzó a explorar la posibilidad de «invertir» ese proceso una vez ya manifestado, con el objetivo de crear la posibilidad de una nueva relación, más sana.

Una persona, a la que llamaremos «Ben», se prestó voluntario para el experimento. La relación con su novia no iba por buen camino y se planteaba romperla. Ben trataba de echarle la culpa a su novia de todos los problemas de la relación, y parecía determinado a dejarla. Bandler (que por aquel entonces tenía problemas en su matrimonio) estaba interesado en ayudar a Ben a resolver sus dificultades salvando así, a ser posible, la relación comprometida.

La realidad demostró que no era tan fácil convencer a Ben para que diera a su novia y a la relación otra oportunidad. A pesar de querer colaborar activamente en la demostración, Ben hizo gala de una gran creatividad a la hora de rebatir las opciones, posibilidades o razonamientos que Bandler le proponía para que cambiara de opinión acerca de la chica y de la relación. Ben estaba convencido de que su mapa mental de la situación era correcto, y aseguraba que lo había comprobado una y mil veces.

En lugar de sentirse frustrado, Richard decidió «dar la vuelta a la tortilla» y colocar metafóricamente a Ben y al resto de los participantes en la posición de la novia, para ver si de ese modo resolvían el problema.

El seminario se desarrollaba en la sala de un hotel. Como suele suceder en estos casos, Richard y Ben estaban sobre un entarimado temporal, compuesto por varias tarimas elevadas más pequeñas puestas juntas para formar una superficie mayor. La pata de una de esas tarimas estaba algo suelta, de modo que cuando Bandler pisó allí por primera vez, la plataforma se inclinó e hizo que se tambaleara. Uno de los participantes, al que llamaremos «Vic», saltó en ayuda de Richard y trató de arreglar la pata suelta. Por desgracia, la pata seguía dando problemas y cuando Bandler volvió a pisar sobre ella mientras interactuaba con Ben, la plataforma volvió a balancearse, y de nuevo se tambaleó.

Cuando vio que Vic volvía a tratar de arreglar la dichosa pata, Richard, que tiene un instinto natural para lo grotesco, percibió una oportunidad para crear una situación ridícula, paralela a la que Ben estaba viviendo en relación con su novia. Richard comenzó a crear una especie de escenario «paranoide», en el que aparentaba sentirse deliberadamente agredido por Vic. Para mantener su «virus mental» paranoide, Bandler puso en funcionamiento varios de los principios y técnicas verbales de reencuadre que hemos analizado en este libro, orientados al «marco problema».

La obra de teatro improvisada fue más o menos como sigue:

Transcripción

Richard Bandler: La persona que arregló esta pata que salga inmediatamente de la sala. Nunca más podría confiar en ella. (A Ben.) Tuvo su oportunidad y no lo hizo bien. Nunca más me fiaré de él. ¿Te das cuenta? No le importa mi futuro. Es la única explicación que puedo darle a lo sucedido. Le importa un comino que me rompa la pierna, ¿verdad? Pues no le voy a dar otra oportunidad de hacerme daño. Quiero decir, ¿qué otra explicación le podemos dar a que arregle la pata y cuando vuelvo a pasar por ahí, por poco me lastimo? O es un tonto incompetente o lo ha hecho adrede. En cualquiera de los dos casos no quiero tener nada que ver con ese tipo. Acabaría lastimándome. Si no es eso, ¿qué es entonces? ¿Por qué querrá hacerme eso a mí? (Dirigiéndose a Vic.) ¿Por qué quieres lastimarme? ¿Eh?

Bandler establece la creencia limitadora en forma de causa-efecto y afirmaciones de equivalencia compleja, creando así un «marco-fracaso» y un «marco-problema»: «Vic ha hecho algo que podía lastimarme varias veces, y lo haría de nuevo. Eso quiere decir que trata de lastimarme y que no me puedo fiar de él».

Vic: Eso no es cierto.

RB: ¿Ah, no? ¿Entonces para qué lo hiciste?

Vic: Mmm, la... la arreglé, y ahora puedes comprobar que está firme como una roca.

Tratando de «seguir el juego», Vic intenta de manera intuitiva vincular la generalización con una consecuencia positiva.

RB: ¿Y si no lo está? ¿Qué pasa si me rompo una pierna?

Bandler se centra en un contra-ejemplo para la explicación de Vic, exagerando el peligro poten-cial.

Vic: No, está bien, firme como una roca.

RB: De modo que lo que quie-res es que pise ahí, que ponga mi vida en peligro.

Bandler «fragmenta hacia arri-ba», convirtiendo la consecuen-cia de «lastimarme» o «romper-me la pierna» en «poner mi vida en peligro».

Vic: Arriesgaré yo mi vida pri-mero, ¿de acuerdo?

Vic ensaya una versión de «apli-car a sí mismo».

RB: ¿Tienes alguna idea de cuántas veces más tengo que pasar por ese punto más que tú? Ya sabes que lo probé la última vez y aguantó, pero cuando vol-ví a pasar por ahí ¡Boom!, otra vez. Otra vez por el suelo.

Bandler amplía el «tamaño del marco» para mantener el «mar-co-problema» y restablecer la posibilidad de un contraejemplo.

Vic: Pisaste sobre el lado dere-

Tratando de «sacar del marco»

cho. Esa parte está un poco mal.

el contraejemplo, Vic «fragmenta hacia abajo», asegurando que el problema se circunscribe sólo a una parte del entarimado.

RB: Sí que lo está. Simplemente, no lo comprendo. Para mí no tiene ningún sentido. No me cabe en la cabeza que alguien quiera hacerme una cosa así. Al principio creí que eras alguien sincero, que de verdad trataba de ayudarme. Parecía otra cosa, amabilidad y todo eso. No tenía ni idea de lo que realmente tratabas de hacerme.

Bandler fragmenta hasta la totalidad de la secuencia de la interacción, centrándose en la «intención» de Vic, lo cual tiene como efecto cambiar el «resultado» sobre el que se centraba el argumento.

Hombre 1: A condición de que evites pasar por ahí en el futuro, todo irá bien.

Hombre 1 acompaña el «marco-problema» de Bandler y su fragmentación general.

RB: ¿Veis? Él sí que trata de ayudarme. De ese otro (señalando a Vic) no me puedo fiar. Lo único que me aconseja es que «pruebe de nuevo», ¿no es así? Ése, en cambio (señalando a Hombre 1), me dice dónde tengo que vigilar. Pero seguramente eso no es de lo único que me tengo que preocupar, puede que haya otros peligros.

Bandler toma el comentario de Hombre 1 como confirmación de su marco problema y de su creencia limitadora, y amplía el «tamaño del marco» para incluir a otros que también tengan «mala intención».

(Dirigiéndose a Ben.)
¿Ves? Él (señalando a Hombre 1) sí que está de mi parte ¿Mmm?

Ben:(captando la metáfora): Tal vez... todavía no estoy muy seguro.

RB: Bueno, tal vez me aconseje ir demasiado lejos, pero sus intenciones son buenas. El tipo ése, Vic, en cambio, trata de que vaya ahí a lastimarme, ¿no le has escuchado? Pretende que vaya ahí a probar de nuevo.

Bandler continúa centrándose en el patrón de «buenas intenciones» frente a «malas intenciones».

Ben:Bueno, me sorprende un poco que no haya ido ya a probar él mismo.

Ben acompaña también el marco problema de Bandler, señalando que el comportamiento de Vic es un contraejemplo de sus protestas de buenas intenciones, así como de sus afirmaciones de que la tarima está «firme como una roca».

RB: Exacto, yo también me he dado cuenta. No se me había ocurrido antes sacar la maldita plataforma. Ahora sí que veo bastante claro que lo que quiere es que me haga daño. ¿Qué te parece? Viene a mi seminario a tratar de asesinarme. E

Bandler utiliza la confirmación de Ben de la creencia limitadora para «fragmentar hacia arriba» aún más la intención negativa de Vic de «hacerme daño» a «tratar de asesinarme», trasladándola al nivel de «identidad».

intenta convencerme de que no es una trampa.

Ben: Ya le has dado muchas oportunidades de demostrar que no va a por ti.

Ben continúa «acompañando» la declaración de creencia de Bandler, «fragmentando hacia arriba» el «contraejemplo» para cuestionar la afirmación de Vic de que no tiene malas intenciones.

RB: Ya lo creo que sí, una oportunidad tras otra de tratar de hacer algo positivo.

Bandler sigue fragmentando hacia arriba.

Ben: Y ahí lo tienes, sentado y sin hacer nada.

El contraejemplo es reencuadrado como «consecuencia», que confirma la creencia negativa de Bandler.

Hombre 2: ¿Por qué crees que pensó que tenía que volver a colocar ese trozo, en vez de sacarlo?

Hombre 2 trata de «metaencuadrar» parte de la creencia limitadora de Bandler, para tratar de indicar una posible presuposición.

RB: No sé por qué lo ha hecho. Quizá no le gusto. Quizá quiere lastimarme. Tal vez no sabe qué más hacer en el futuro para hacerme daño. O quizá nunca se le ocurrió pensar el daño que me podía hacer. En todo caso, no quiero estar cerca de nadie con esas intenciones.

Bandler mantiene el marco problema, ampliando las causas posibles del comportamiento de Vic desde su «intención negativa», para incluir también su «modelo del mundo limitado».

Mujer 1: Sí, pero si no piensa en lo que puede ocurrir en el futuro, tal vez no lo haya hecho deliberadamente.

Mujer 1 trata de utilizar la respuesta de Bandler como un posible contraejemplo de su creencia acerca de la intención negativa de Vic.

RB: Si no ha pensado antes en mi futuro, tampoco lo hará la próxima vez y me meterá en alguna situación de la que saldré realmente escaldado.

Para mantener el marco problema, Bandler cambia el foco de la atención de la «intención» a las «consecuencias».

Hombre 2: Pero sólo tienes un ejemplo, así que no lo puedes saber con seguridad.

Hombre 2 trata de encontrar un contraejemplo «fragmentando hacia abajo».

RB: ¡Lo ha hecho dos veces! Y le di un montón de opciones sobre cómo hacer algo para demostrarme que no estaba tratando de lastimarme. Ofreció pisar y «arriesgar su vida» primero, pero ¿lo ha hecho? No, no lo ha hecho. Le sugerí que sacara ese trozo y tampoco lo ha hecho. Es que no le importo. Le doy igual. Ahí lo va a dejar hasta que consiga que me caiga.

Bandler vuelve a fragmentar hacia arriba —asegurando haberle ofrecido a Vic «un montón de opciones»— y «redefine» la falta de respuesta de Vic como una demostración de que «no le importa», conectándola de nuevo con una consecuencia negativa. (Bandler obvia el hecho de que le ha dicho a Vic que su oferta de pisar primero la tarima no era «prueba» suficiente de sus intenciones.)

Mujer 1: ¿Por qué no le dais la vuelta a esa plataforma entre los dos y os aseguráis

Mujer 1 trata de establecer un «marco-realimentación» cooperativo y cambiar de resultado:

que está bien? Que trabaje contigo para comprobarlo.

«comprobar» la plataforma para asegurarse de que «está bien».

RB: De modo que lo que pretendes es que me ponga a trabajar con él, que le demos la vuelta a la tarima, y luego que sea yo el que se pasee sobre ella los dos o tres días siguientes. Tú estás de su lado. Lo sabía desde el principio. ¿No te das cuenta? ¡Si hasta te has sentado en el mismo lado de la sala que él!

Bandler amplía de nuevo el tamaño del marco (más allá del presente hasta «los dos o tres días siguientes»), para descalificar de este modo la solución potencial. Acto seguido «metaencuadra» el intento de la mujer por encontrar una solución y lo convierte en una prueba de que conspira con Vic, utilizando el hecho de que se sienten en el mismo lado de la sala como consecuencia confirmadora.

Mujer 1: Bueno, pues lo puedo hacer yo con él... ¡Ah, no! No te fías de mí porque piensas que somos cómplices.

Mujer 1 se da cuenta de que una de las consecuencias del «metamarco» de Bandler consiste en que descarta potencialmente cualquier intento que ella pueda hacer para cuestionar su creencia.

RB: Vaya, ahora tratas de hacerme parecer paranoico ¿Eh? (Vic) Te ha preparado para eso ¿no?

Bandler profundiza el marco problema, señalando una consecuencia negativa de la afirmación de Mujer 1.

Mujer 2: Entonces ¿qué es lo que quieres ahora mismo?

Mujer 2 hace un intento directo por establecer un marco resultado, centrándose en el futuro inmediato

RB: No quiero nada. Lo que no

Bandler reafirma el marco pro-

quería es que se volviera a instalar esa tarima. Ahora ya es demasiado tarde.

blema, cambiando el marco al pasado.

Mujer 2: ¿No le vas a dar otra oportunidad?

Mujer 2 hace otro intento directo, en esta ocasión para establecer un marco realimentación.

RB: Ya tuvo su oportunidad. Y no sólo una, sino que le di un montón de ellas y no aprovechó ninguna. Simplemente no le importa. ¿Qué otra explicación podría haber si no? Cómo podía yo imaginar que iba a caerme. Cómo podía yo imaginar que (Vic) iba a venir antes que nosotros a torcer esa pata. No sé qué más va a tratar de hacerme. Sacadlo de la sala ahora mismo.

Bandler vuelve a «fragmentar hacia arriba», extendiendo las consecuencias de su creencia paranoica.

Hombre 1: Creo que es mejor que te vayas tú, podría esconderse y esperarte afuera.

Hombre 1 acompaña el marco problema de Bandler (junto con su afirmación acerca de la intención negativa de Vic), ampliándolo para incluir también el comportamiento futuro del sospechoso.

RB: Tal vez debería ocultarme.

Hombre 3: (Señalando a Hombre 1) ¿Y qué te hace pensar que puedes fiarte de él?

Hombre 3 cambia a «otro objetivo», cuestionando la autenticidad de Hombre 1.

RB: Bueno, él haría lo mismo que yo.

Hombre 3: Quizá (Vic) sea un señuelo. Es una posibilidad.

Hombre 3 propone una meta-marco más «positivo» para el comportamiento de Vic.

RB: ¿Por qué le buscas excusas? (Mirando a las personas con las que no está de acuerdo.) Todos sentados en primera fila, ¡qué casualidad!

Bandler «redefine» el metamarco de Hombre 3 como una «excusa» para el comportamiento de Vic, y continúa expandiendo el marco-problema paranoide.

Mujer 2: Es una acción en masa. La chusma ataca.

Mujer 2 trata de «fragmentar hacia arriba» y ampliar el tamaño del marco, para exagerar la creencia y llamar la atención sobre la generalización.

RB: ¡Vaya! Otra que trata de hacerme parecer paranoico.

Bandler coloca un «metamarco» en torno al comentario de Mujer 2, afirmando que tiene una intención negativa.

Mujer 2: No, sólo me preocupa que pienses que toda esta gente está contra ti.

Mujer 2 trata de redefinir en positivo su intención.

RB: No me vengas con esas. (A Vic) ¿Te das cuenta del lío que has armado? (A la sala.) Ya os dije que ése quería que la gente se hiciera daño entre sí. (A Vic.) ¿Qué clase de ser humano eres? Mira lo que has conseguido, que

Bandler amplía de nuevo el marco, centrando de nuevo la atención sobre Vic, reafirmando la intención negativa de éste y las consecuencias negativas de su comportamiento.

dos personas se enfrenten y que las demás tengan que tomar partido.

Hombre 4: Tiene que ser condenadamente listo para lograrlo con tantos rodeos.

Hombre 4 sugiere un cambio de foco de atención.

RB: No te quepa duda de que lo es.

Hombre 4: ¿Crees que podemos ser más listos que él?

Hombre 4 trata de desplazar la atención hacia el futuro y hacia un marco objetivo.

RB: No lo sé. Ya me pilló una vez. Y me volvió a pillar. Sólo Dios sabe a cuántos más habrá pillado.

Bandler cambia el marco temporal al pasado, ampliando el marco problema para incluir a otras personas, además de sí mismo.

Hombre 4: Si vas con precaución, tal vez puedas utilizar su genio diabólico.

Hombre 4 trata de redefinir la «intención negativa» de Vic como «genio diabólico», colocándola en el marco resultado de «utilizarlo».

RB: No vale la pena. Tan sólo aspiro a estar con gente y a sentirme un poco más seguro acerca de lo que pasa a mi alrededor. ¿Sabes? La vida está llena de cosas buenas aparte de esa clase de porquería. ¿Qué puedo hacer?

Para restablecer un marco-problema, Bandler pasa a «otro objetivo» en relación con su propia «seguridad» en lugar de con el «genio» de Vic.

Hombre 4: Bueno, mientras esté aquí lo puedes vigilar.

Para satisfacer el objetivo «seguridad», Hombre 4 trata de es-

	trechar el tamaño del marco temporal hasta la situación en curso.
RB: Ya lo vigilo. Me pregunto cuándo acabará todo esto.	Bandler expande el marco más allá del presente, lo cual implica que volverá a sentirse amenazado más adelante.
Vic: Voy a sacar esa tarima. (Y comienza a retirar la tarima estropeada.)	Vic trata de crear un contraejemplo a la generalización de Bandler, cumpliendo con su requisito de retirar la tarima estropeada.
RB: Ahora intenta hacerme parecer estúpido. ¿Veis? Ahora trata de hacer ver que no ha pasado nada, así podrá hacerlo otra vez cuando se le antoje. Dirá a los demás que la arregló y la volvió a colocar, y que todo está bien. ¿Qué puedo hacer? No me fío de él. ¿Debería cortar por lo sano y no volver a comunicarme nunca más con él? Tal vez sea lo mejor, ¿eh? Podría tratar de hacerme lo mismo de nuevo. No hay más que verle, sigue sentado en el mismo sitio.	Bandler metaencuadra la acción de Vic como un intento de desacreditarle a él y de aparentar que no corre ningún peligro. Bandler utiliza este marco como confirmación de la intención negativa de Vic, así como a modo de justificación para la falta de confianza respecto a Vic y a las potenciales consecuencias futuras.
Mujer 3: Pero no has tenido la adecuada interacción con él para fiarte.	Mujer 3 trata de establecer otro metamarco alrededor de la generalización de Bandler, argumen-

tando que la conclusión de éste se basa en una experiencia limitada.

RB: Pero no quiero tener ninguna clase de interacción con él.

Bandler «colapsa» el metamarco aplicando su conclusión a los términos de éste, y crea así una especie de «argumento circular», a saber: «No me fío porque no he tenido con él la adecuada interacción. Además, no quiero tener ninguna clase de interacción con él porque no me fío».

Hombre 1: No te critico por ello.

RB: Quiero decir… aunque llevarais una tarima nueva, tan sólo estaría seguro un tiempo. Tal vez corte una pata del otro extremo, ¿quién sabe?

Bandler vuelve a cambiar el tamaño del marco para incluir en él consecuencias negativas en el futuro, descartando cualquier solución en el presente.

Mujer 3: ¿Cómo sabes que lo preparó de antemano?

Mujer 3 trata de determinar con qué «estrategia de realidad» ha formado Bandler su generalización acerca de la intención negativa de Vic.

RB: Bueno, no sé, pero ésa no es la cuestión. La cuestión es que no sólo dejó que me sucediera a mí, sino que lo volvió a disponer todo para que me sucediera lo mismo de nuevo. Incluso aunque no lo hiciera adrede, lo

En lugar de atender a la pregunta, Bandler cambia de inmediato a «otro objetivo», centrándose en las consecuencias negativas del comportamiento de Vic sobre su estado interno (de Bandler), más que en la intención negativa de Vic.

cierto es que sucedió. Él es quien me hace sentir mal. ¿Veis? ¡Estoy aterrado!

Mujer 3: ¿De qué modo te hace sentir así?

Mujer 3 trata de nuevo de «fragmentar hacia abajo» la «estructura» de la generalización de causa-efecto, estableciendo las «equivalencias» o estrategias internas que Bandler aplica para construir su generalización.

RB: La cuestión no es ésa. Lo que importa es que eso es lo que siento. Si él no hubiera hecho todas esas cosas, yo no me sentiría así. Ahora no puedo dejar de sentirme de este modo. Traté de darle una oportunidad para hacer algo al respecto, pero me decepcionó.

Bandler desplaza el foco de la atención de la generalización causa-efecto a las consecuencias relacionadas con su estado interno.

Mujer 4: ¿Puedes recordar cosas que hayas disfrutado haciendo con él? Quiero decir, aunque ahora te disguste.

Mujer 4 trata de conducir a Bandler a identificar contraejemplos positivos del pasado, relacionados con su estado interno y sus interacciones con Vic.

RB: Sí, claro, todo eso está ahí, pero no podría ser lo mismo en el futuro. Al no sentir lo que siento ahora, eso sería imposible. No podré volver a ser la misma persona con él nunca más. En

Bandler cambia el marco a su estado interno negativo presente, así como a las consecuencias negativas que es de esperar que dicho estado tenga para su futuro (cambia del nivel de comportamiento al de identidad).

los seis meses últimos he cambiado mucho. (Dirigiéndose a la sala.) ¿Qué vais a hacer?, ¿dejarme de este modo? Porque si no sois capaces de ayudarme me tendré que marchar. No voy a poder dar seminarios hoy, mañana ni nunca. Es capaz de volver de nuevo con otro nombre. Ni siquiera quiero volver a tener participantes en mis seminarios. ¡Santo cielo! ¡No me dejéis así!

Bandler fragmenta hacia arriba y amplía el tamaño del marco, redefiniendo la situación como relacionada con «ayudarme», en lugar de tratar de las acciones de Vic.

Mujer 3: ¿Así es como quieres que sea?

Mujer 3 realiza otro intento de establecer directamente un marco objetivo, orientado hacia un futuro más positivo.

RB: No, no quiero que sea así. Quiero ser como era antes.

Bandler vuelve a un marco problema y traslada el marco al pasado.

Mujer 3: ¿Y cómo eras? Cuéntamelo.

Mujer 3 trata de utilizar el pasado como recurso para establecer un marco objetivo.

RB: Solía ser confiado y feliz. Me gustaba la gente y confiaba en ella. Ahora ya no soy así. ¿Veis lo que me ha hecho? (Señalando a Vic.) ¿Veis lo que me estáis haciendo? (A la sala.) Pero no

Para mantener el marco problema, Bandler pasa del pasado al presente.

puedo hacer nada más porque no queréis ayudarme.

Mujer 3: ¿Quieres decir que no puedes hacer nada más o que no quieres hacer nada más?

Mujer 3 trata de redefinir «no puedo» como «no quiero», implicando que Bandler tiene más opciones de las que admite al nivel de capacidad.

RB: ¿Qué más da? No sé que hacer.

Bandler utiliza una modalidad de «jerarquía de criterios», asegurando que no importa las opciones que uno tenga si «no sabe qué hacer».

Hombre 4: Lo que quería es ponerte en el estado en que te encuentras.

Hombre 4 trata de redefinir (o «encadenar») el «problema» de Bandler, desde el nivel de identidad («no soy como era») al de respuesta de comportamiento («el estado en que te encuentras»).

RB: Ya lo sé. Quiere sentirse superior a mí. Hay muchos asesinos de líderes como él. Puedo cuidar de mí mismo y defenderme, pero la gente te puede poner trampas como ésa. Solía ser la clase de persona que piensa que todos tienen buenas intenciones. Solía pensar bien de todo el mundo, pero ahora ya he aprendido la lección. Me he lastimado más de lo que nunca hubiera pensado. Mira cómo

[Bandler vuelve a colocar el problema en el nivel de identidad (Vic es un asesino de líderes) y lo utiliza como medio para restablecer y expandir firmemente, o «fragmentar hacia arriba», su marco problema.

estoy. Ahora me he dado cuenta de que hay personas que harían cualquier cosa para herirme. Realmente no vale la pena. ¿Puede alguien ayudarme?

Crear y mantener un «virus mental» utilizando
El poder de la palabra

Esta clase de diálogo entre Bandler y los participantes duró aún un buen rato, sin ninguna clase de progreso. Estaba claro que la intención primordial de la demostración de Bandler consistía en mantener a toda costa el marco problema. Sus respuestas no versaban realmente sobre el contenido de la creencia que había elegido. Conseguía «desencuadrar» cada una de las intervenciones que se le planteaban como intento de ayudarle a encontrar alguna solución.

Mientras consiguiera mantener el «marco», podría seguir determinando el resultado de la interacción. Consiguió colocar a los participantes en un lazo doble más o menos como éste: «Si tratáis de ayudarme, malo. Pero si no tratáis de ayudarme, malo también». Para algunos resultaba atormentador, para otros frustrante. (De hecho, ante la reiterada súplica de Bandler de «¿Puede alguien ayudarme?», una de las mujeres presentes respondió finalmente: «¿Quieres que te traiga un poco de caldo de gallina?»)

Como, a pesar de todo, las interacciones continuaban, me percaté de que lo que Richard hacía tenía una estructura que yo podía repetir. Me di cuenta de que, si bien el contenido de la interacción era distinto, al nivel de «estructura profunda» se trataba de un diálogo con el que me había encontrado ya numerosas veces en muchas personas. Se trataba de un modo de establecer y mantener un «virus mental», mediante el reencuadre negativo o el «desencuadre» de cualquier intento de resituar la creencia limitadora en un marco objetivo, en un marco realimentación, o en un marco «como si».

Me di cuenta, por ejemplo, de que Bandler cambiaba sistemáticamente el marco y el tamaño del marco, para cebarse en cualquier cosa que el participante que planteara una opción dejara al margen de ella. También era obvio que, cada vez que alguien trataba de «acompañar» el marco problema, o la formulación negativa de la intención tras la creencia, en su intento de establecer «sintonía» con él, Bandler lo metía en un lío más gordo.

También me percaté de que Bandler utilizaba sistemáticamente (aunque de manera intuitiva) los patrones lingüísticos que yo había estado percibiendo como resultado de mi estudio sobre personajes históricos importantes, como Sócrates, Jesús, Karl Marx, Abraham Lincoln, Hitler y Gandhi, entre otros, que serán presentados en el Volumen II de la presente obra. Estaba claro para mí que estos patrones podían ser empleados tanto para defender como para cuestionar creencias y generalizaciones.

Esta nueva comprensión me llevó al umbral de lo que se conoce como fase de «disparadero inconsciente» del modelado en Programación Neurolingüística. El siguiente paso consistió en tratar de formalizar los patrones que había comenzado a intuir. Pero antes de hacerlo, tenía que probar a propósito los patrones yo mismo, para ver si lograba emular en cierta medida la actuación de Bandler. Una condición clave del modelado eficaz en PNL consiste en que, antes de formalizarla en conceptos relevantes, es necesario interiorizar la capacidad que se esté modelando. De otro modo nos limitaríamos a formular tan sólo una descripción, que reflejaría la «estructura superficial» del proceso en lugar de construir un modelo de las nociones más profundas necesario para generar la capacidad de que se trate.

La oportunidad se me presentó un mes más tarde, en un programa avanzado de PNL en Chicago. En el tercer día del programa, decidí informar al grupo de que les iba a mostrar un nuevo conjunto revolucionario de patrones. Veamos a continuación una transcripción comentada de mi propia versión del drama «irónico», modelada sobre la de Bandler:

Robert: ¿Quién me ha puesto ese micrófono? ¿Jim? ¿Dónde está Jim? Va a por mí. ¿Está en el baño? Seguro que estará allí, tramando algo contra mí. Me ha puesto esta cosa… y todos habéis visto ya que tropiezo a cada momento con eso. Seguro que quiere que me caiga y me lastime, que pierda mi credibilidad como profesor y que os riáis de mí. No hay duda de que va a por mí. Es obvio, ¿no? ¿Me va a ayudar alguien? Dentro de poco estará aquí de nuevo. (Establece creencia limitadora: «*Jim ha hecho algo que ha provocado que me haga daño y me sienta humillado. Puesto que ya ha sucedido antes, volverá a suceder de nuevo. Trata de lastimarme y estoy en peligro».)*

Participante 1: ¿Por qué dejaste que te lo pusiera, si sabías que iba a por ti? (Contraejemplo: Inconsistencia entre las consecuencias lógicas de la creencia manifestada de R y su comportamiento.)

R: Porque sabe que estáis todos aquí, y si trato de impedirle que me coloque el micrófono, todos pensaréis que soy un paranoico y él habrá conseguido desacreditarme ante vosotros. (Metamarco: «Parecería raro que tratara de detenerle». Consecuencia: «Pensaríais que soy un paranoico».)

P1: Así que si no te hubieras dejado poner el micro te habría hecho aparecer como un tonto, ¿no? (Fragmenta hacia arriba y redefine «tropezar con el cable y perder credibilidad» en «aparecer como un tonto». Trata de estimular una reevaluación de la creencia manifestando una consecuencia de la declaración de creencia redefinida: «Puesto que colocarte el micrófono es lo que te hace aparecer como un tonto, si no te lo pones no parecerás un tonto».)

R: ¿Por qué haces tantas preguntas? (Al resto de participantes.) ¿Sabéis qué? Lleva camisa azul y vaqueros del mismo color, igual que Jim. ¿Acaso estás de su parte? Me estoy comenzando a poner nervioso con todas esas preguntas que me hace... Vamos, tenéis que ayudarme, la conspiración está creciendo. (Metamarco: Pones todas esas preguntas y tratas de cuestionar mi creencia porque conspiras con Jim.)

P2: Estoy de acuerdo contigo. Lo más probable es que esté tratando de ponerte en ridículo ante todas estas personas. (Acompaña el marco problema.)

R: ¡Lo hace! Y puesto que eres lo suficientemente listo como para darte cuenta de lo peligroso de la situación, ayúdame. Necesito ayuda urgentemente. ¡Haz algo ahora mismo! (Consecuencia: «Puesto que estás de acuerdo conmigo, deberías hacer algo al respecto ahora mismo».)

P2: ¿Qué crees que Jim trata de hacer? (Intento de descubrir la intención positiva.)

R: ¡Ya te he dicho lo que quiere hacer! ¡Va a por mí! (Se centra de nuevo sobre la intención negativa.)

P2: ¿Cuál crees que es su propósito? (Sigue fragmentando hacia arriba en busca de la intención positiva.)

R: Ya te lo he dicho, quiere lastimarme. Quiere que quede como un tonto. (Fragmenta hacia arriba la intención negativa hasta una consecuencia al nivel de identidad: «Hacerme quedar como un tonto».)

P2: ¿Y que gana él con eso? (Búsqueda de la intención positiva cambiando a otro objetivo.)

R: No sé lo que gana con ello. Está claro que está loco. Tal vez su mapa del mundo consista en perjudicar a los demás para elevarse a sí mismo. (Utiliza el marco de un modelo del mundo diferente para encadenar una intención positiva.)

P2: Bueno, entonces quizá deberíamos avisar al hospital. (Se centra en la consecuencia del juicio «loco» para tratar de establecer un marco objetivo.)

R: Bueno, no te quedes ahí dándome consejos, hazme el favor de llamar al hospital para que se lo lleven. (Versión sutil de aplicación de la creencia a sí misma, dirigiendo la consecuencia de la declaración de creencia a quien la manifiesta. También sirve para desviar el marco objetivo de vuelta a quien habla, de modo que R puede mantener el marco problema.)

P2: Llamemos los dos. (Trata de ampliar el marco para incluir en él a R.)

R: No, tendrás que hacerlo tú por mí. Si aviso yo al hospital pensarán que estoy loco. Tú me comprendes, estoy seguro de que me ayudarás llamándoles en mi lugar. (Metamarco: Una tercera parte tiene más credibilidad. Creerán que soy paranoico cuando les cuente lo que me pasa.)

P2: ¿Por qué tendrían que pensar que estás loco? (Pasa al modelo del mundo de «ellos» y fragmenta hacia abajo, tratando de encontrar opciones posibles o contraejemplos.)

R: No me fastidies, ¡sabes perfectamente por qué lo pensarán! (Reafirma el metamarco en forma de presuposición: «Tú ya sabes por qué».)

P2: Yo no creo que estés loco. (Tratando de proporcionar un contraejemplo en curso.)

R: Esto está fuera de lugar. ¡Yo necesito ayuda ahora! (Pasa a otro objetivo: «Necesito ayuda ahora».)

P3: ¿Y qué pasaría si dejaras de juguetear con el cable del micrófono? (Utiliza la generalización de causa-efecto afirmada por la creencia para atraer la atención a la influencia del comportamiento del propio R.)

R: (Con suspicacia.) ¿Y por qué me preguntas eso ahora? (Metamarco: «Tu implicación de que debería cambiar mi comportamiento significa que estás contra mí».)

P4: (Riéndose.) Está loca, yo en tu lugar también la vigilaría a ella.

R: Sí… Jim lleva gafas y ella también. ¿Qué voy a hacer? ¿Nadie va a ayudarme? (Amplía el marco.)

P5: ¿Qué tendría que hacer Jim para que no pensaras que va a por ti? (Busca una base para contraejemplos de la creencia limitadora acerca de Jim.)

R: No quiero cambiar mi forma de sentir hacia él. Sólo quiero librarme de él. Sé que va a por mí. ¡Mira! ¡Aquí está la prueba! (R muestra el cable del micro a la sala.). ¿Lo ves? No me negarás que es una prueba abrumadora, ¿verdad? Aquí está. Ayudadme. (Afirmando la presuposición de que Jim va a por él, R fragmenta hacia abajo para centrarse en el cable del micrófono como prueba.)

P6: Bueno, primero sácate ese micro y luego ve a hablar con Jim del asunto. Necesitas alivio inmediato, ¿no es así? (Trata de establecer un marco objetivo en relación con el cable del micrófono y con la intención de Jim.)

R: Si me saco el micro hará alguna otra cosa. Eso sería tratar simplemente el síntoma. Me ha puesto una y otra vez esa cosa cada día. ¿Qué te hace pensar que sacarme el micro le detendría? (Cambia el tamaño del marco expandiendo el marco temporal para centrar de nuevo la atención sobre el marco problema y las consecuencias de la «intención negativa» de Jim.)

P5: ¿Qué necesitas para saber que no va a por ti? (Trata de fragmentar hacia abajo, para definir la estrategia de realidad de la creencia acerca de la intención de Jim y buscar posibles contraejemplos.)

R: ¿Por qué sigues tratando de convencerme de que no va a por mí? Ya he demostrado que va a por mí. No quiero que nadie me convenza de que no es así. Eso me metería en problemas. (Metamarco: «Tratar de cambiar mi creencia de que va a por mí me acarrearía consecuencias negativas».)

P7: ¿Qué quieres que te ayudemos a conseguir? (Intenta establecer de forma directa un marco objetivo.)

R: Sólo quiero sentirme protegido... saberme a salvo de él. Y eso no lo puedo hacer por mí mismo. Necesito ayuda. (Utiliza una formulación ligeramente distinta al objetivo para mantener intacto el marco problema.)

P8: (Con vehemencia.) Sí, pero todo el tiempo has sabido que ese cable estaba ahí. ¡Lo primero que puedes hacer por tu seguridad es quitártelo! (Utiliza una consecuencia de la creencia de R para tratar de establecer un marco realimentación —aplicando indirectamente la creencia a sí misma— y colocar a R en una posición de «víctima».)

R: Me pone realmente nervioso que alguien me grite. (Metamarco del comentario para llamar la atención sobre la consecuencia sobre su estado interno de la parte no verbal de la declaración.)

P7: ¿Cómo sabrías que ya estás a salvo de Jim? (Tratando de establecer un marco objetivo y un marco realimentación, fragmentando hacia abajo y estableciendo el criterio de equivalencia para «seguridad».)

R: No puedo sentirme seguro mientras él ande por ahí. Libradme de él ahora mismo. (Fragmenta de nuevo hacia arriba, reafirmando el marco problema y sus consecuencias.)

P9: ¿Para qué te sirve que sigas con el cable puesto, a pesar de que crees que es un peligro? (Fragmenta de nuevo hacia abajo y cambia el foco de atención, de Jim al «cable», y trata de averiguar la intención de R para establecer un marco objetivo. «No seguro» es asimismo redefinido como «peligroso».)

R: El micrófono sólo es peligroso cuando me muevo. La cuestión es que ése es tan sólo un modo más de Jim para pillarme. (Metaencuadra y cambia el tamaño del marco para desviar la atención desde el cable del micrófono hasta la intención negativa de Jim.)

P9: ¿De modo que es el cable lo que te indica que Jim va a por ti? (Fragmenta hacia abajo para verificar la estrategia de realidad que relaciona el cable del micrófono con la mala intención de Jim.)

R: Ese cable no me indica nada. Ya sé que va a por mí. ¿Acaso tratas de confundirme? (A la sala.) Creo que está loca.

(A P9.) Me sorprende que estés loca… Venga, se supone que sois practicantes de PNL. ¿Por qué no me ayudáis? (Sitúa de lleno la atención sobre la intención negativa de Jim como causa del «peligro». Establece una «equivalencia compleja» entre el estado interno de R —«Estoy confundido»— y un juicio sobre la otra persona —«Debes de estar loca»—. Asimismo, R descarga sobre los participantes la responsabilidad de su estado problema.)

P6: (Riéndose.) Ese Jim comienza a asustarme a mí también.

R: Y con razón. (A la sala.) Ése es el único entre todos vosotros que tiene algo de cerebro. Me va a librar de Jim. (Afirma una consecuencia problema de la aceptación de su marco problema.)

P10: Si te ata con eso es que va a por ti, por consiguiente… (Redefine el problema con el micrófono como «estar atado».)

R: No, no te das cuenta de lo que pasa. No me «ata». Sabe perfectamente que, a lo largo del programa, acabaré tropezando con el cable. (Cuestiona la redefinición.)

P10: ¿Y el único modo en que puedes detener eso es librándote de él? (Busca contraejemplos.)

R: ¡Exacto!

P10: Siendo así, tal vez no sea mala idea que te ates con ese cable de modo que no enloquezcas y le mates. (Redefine «librarte de él» como «matarle» y trata de establecer una consecuencia positiva con respecto al cable.)

R: ¡Yo no quiero matarle! Sólo quiero sentirme protegido de él. ¿Qué tratas de hacer? ¿Convertirme en un asesino? ¿Veis? Lo que Jim ha estado haciendo para desacreditarme está dando frutos. Ha conseguido que penséis que soy yo quien va a por ÉL. (Metamarco: «Tu redefinición de "librarte de él" como "matarle" refuerza mi creencia limitadora y mi marco problema».)

310 EL PODER DE LA PALABRA

Como la transcripción ilustra, conseguí recapitular en cierta medida lo que Bandler había hecho en aquel seminario de Washington D. C. Fue a la vuelta de mi seminario de Chicago cuando formulé explícitamente los catorce patrones de El poder de la palabra, basándome en lo que ya había conseguido interiorizar intuitivamente de la demostración de Bandler.

El poder de la palabra y la Ley de variedad requerida

Estas experiencias iniciales con El poder de la palabra me confirmaron que la capacidad para mantener o desencuadrar determinada creencia constituye, en esencia, una aplicación de la Ley de variedad requerida de los sistemas de creencias. Según esta ley, si deseas firmemente alcanzar un objetivo, debes incrementar el número de opciones disponibles para lograrlo, en proporción al grado de variabilidad potencial (incluyendo posibles resistencias) del sistema. Es decir, que es importante disponer de variantes para las operaciones utilizadas para alcanzar objetivos —aunque dichas operaciones hayan tenido éxito en el pasado—, habida cuenta de la tendencia de los sistemas al cambio y a la variación.

Se dice a menudo que «si haces lo que siempre has hecho, conseguirás lo que siempre has conseguido». Pero ni siquiera es necesariamente cierto que consigas «lo que siempre has conseguido». Hacer lo mismo no siempre produce el mismo resultado, si el sistema circundante cambia. Es evidente que, si en la carretera que tomas cada día para acudir al trabajo hay un atasco de circulación o unas obras, no conseguirás llegar a tiempo «haciendo lo que siempre has hecho». Para lograrlo tendrás que buscar rutas alternativas. Los taxistas de las grandes ciudades disponen de varias posibilidades para llegar al aeropuerto o a determinada calle, para el caso de que la ruta habitual esté bloqueada.

Probablemente sea en la biología básica de nuestro cuerpo donde más evidente resulta la necesidad de la «variedad requerida». Los asesinos biológicos que nos asolan hoy no son peligrosos por su fuerza, sino por su «variedad requerida» y por nuestra falta de ella para regularlos. Lo que hace peligroso al cáncer es su grado de variación y adaptabilidad. Las células cancerígenas cambian con rapidez y son capaces de adaptarse rápidamente a entornos diferentes. El cáncer se convierte en una amenaza mortal cuando nuestro sistema inmune no consigue producir la variedad reguladora necesaria para identificar y «absorber» las células cancerosas que proliferan. El campo de la oncología se ha visto atascado en sus esfuerzos por tratar el cáncer debido a que las células cancerígenas tienen una variedad requerida mayor que la de los poderosos venenos químicos y la de los tratamientos de radiación que se usan para tratar de destruirlas. Al principio del tratamiento, estos métodos consiguen en efecto destruir numerosas células cancerígenas, por desgracia junto a otras muchas sanas. Sin embargo, las variaciones en las células dañinas llegan a hacerlas resistentes a esos tratamientos, lo cual desemboca en la recurrencia de los síntomas. Se ponen en juego entonces tratamientos cada vez más fuertes, hasta el punto de que éstos amenazan la propia vida del paciente, y ahí se acaba lo médicamente posible.

El virus del SIDA produce problemas parecidos. Como en el caso del cáncer, el virus del SIDA es extremadamente flexible y adaptable, lo cual dificulta su tratamiento por medios químicos. El propio virus afecta al sistema inmune reduciendo su flexibilidad. Es necesario señalar que el virus del SIDA no destruye por completo el sistema inmunitario de su víctima, sino que se limita a influir sobre parte de él. Las víctimas de SIDA siguen rechazando muchas infecciones y enfermedades cada día. Ese virus en realidad afecta a la adaptabilidad del sistema inmunitario de la persona. Estudios recientes demuestran que en el cuerpo de una persona sana aproximadamente la mitad de las células del sistema inmunitario están «preprogramadas» para actuar frente a enfermedades específicas. La mitad restante no lo está, quedando disponible para responder a nuevos desafíos. En el cuerpo de las personas afectadas por SIDA, esta proporción cambia hasta aproximadamente un 80 por ciento de células preprogramadas, y tan sólo el 20 por ciento restante está libre para aprender y adaptarse a situaciones nuevas. Las células afectadas por el virus del SIDA son las únicas que le confieren al sistema inmunitario su «variedad requerida».

Una de las implicaciones de la Ley de variedad requerida consiste en que estas dos enfermedades podrían ser tratadas con mayor eficacia si se aumentara la variedad del sistema inmunitario. Un sistema inmune sano es, en esencia, una organización capaz de aprender con eficacia. De hecho, parece que las personas con inmunidad natural ante el virus del SIDA poseen un sistema inmunitario que ya dispone de la «variedad requerida» necesaria para tratar con el virus. Por consiguiente, la cuestión no estriba tanto en la «fuerza» del sistema, sino en su grado de flexibilidad para la respuesta.

Extendiendo la analogía al concepto de «virus mental», comenzamos a darnos cuenta de que *la persona con la mayor flexibilidad será la que dirija la interacción*. Así pues, los patrones de *El poder de la palabra* proporcionan un medio para incrementar la «variedad requerida» de quienes deseen ayudar a transformar o sanar creencias limitadoras y virus mentales, así como a reforzar y promover creencias potenciadoras. Los patrones de *El poder de la palabra* proporcionan un medio para incrementar la flexibilidad de nuestro «sistema inmunitario» psicológico. Nos ayudan a comprender mejor la estructura del sistema de creencias que mantiene en su lugar al «virus de pensamiento», así como a generar de forma más creativa las respuestas y los reencuadres que nos ayuden a «absorber» y transformar esas creencias limitadoras.

Reencuadrar y «sacar del marco» un virus mental utilizando El poder de la palabra

Una vez familiarizados con el sistema de creencias que mantiene en su lugar, por ejemplo, a un «virus mental» potencial, estamos en mejores condiciones de encontrar reencuadres eficaces que nos ayuden a situar de nuevo la creencia limitadora en un marco objetivo y en un marco realimentación. Los diversos patrones de *El poder de la palabra* nos permiten enfocar el sistema de creencias limitadoras de forma menos reaccionaria y más estratégica.

Consideremos el modo en que podemos utilizar la formalización de *El poder de la palabra* como medio para tratar más eficazmente con el «virus mental» paranoide que hemos utilizado como ejemplo en el presente capítulo. La esencia de la creencia limitadora, base de ese virus mental, es la siguiente:

> *La persona X ha hecho algo que ha provocado que me lastime más de una vez. Puesto que ya ha sucedido antes, volverá a suceder de nuevo. La persona X trata de dañarme y estoy en peligro.*

Uno de los mejores modos tanto de aprender como de aplicar *El poder de la palabra* consiste en considerar las preguntas clave relacionadas con cada uno de sus patrones. En cierto modo, cada de los patrones de *El poder de la palabra* puede ser considerado como una respuesta a preguntas clave, conducentes a distintas perspectivas y posiciones perceptivas. Los ejemplos siguientes ilustran de qué modo explorar esas respuestas puede ser de utilidad para identificar y construir reencuadres de *El poder de la palabra*. El objetivo de esos nuevos encuadres consiste en encontrar un modo de reafirmar al poseedor de la creencia limitadora al nivel de su identidad y de su intención positiva, reformulando al mismo tiempo la creencia para convertirla en un marco objetivo y en un marco resultado.

Creencia limitadora:

> *La persona X ha hecho algo que ha provocado que me lastime más de una vez. Puesto que ya ha sucedido antes, volverá a suceder de nuevo. La persona X trata de dañarme y estoy en peligro.*

1. **Intención**: ¿Cuáles son la intención o el propósito positivos de esta creencia?

   Hay muchas formas de comenzar a desarrollar un sentido de poder y control cuando te preocupa tu seguridad. (Intención = «comenzar a desarrollar un sentido de poder y control».)

Es muy importante dar todos los pasos posibles para asegu-
rarte que la gente actúe éticamente y haga lo adecuado.
(Intención = «dar todos los pasos que puedas para asegurarte que la gente actúe éticamente y haga lo adecuado».)

2. **Redefinición:** ¿Qué palabra que signifique algo parecido a
   alguna de las que componen la declaración de creencia
   puede substituirla, pero con implicaciones más positivas?

Creo que deberías hacer todo lo que estuviera a tu alcance
para evitar ser una víctima.
(«La persona X trata de dañarme y estoy en peligro» =>
«Soy una víctima».)

Es la clase de reto que hay que enfrentar con valor, apoyo y
sabiduría.
(«Estar en peligro» => «un reto».)

Creencia limitadora:

La persona X ha hecho algo que ha provocado que me lasti-
me más de una vez. Puesto que ya ha sucedido antes, volve-
rá a suceder de nuevo. La persona X trata de dañarme y es-
toy en peligro.

3. **Consecuencia:** ¿Cuál es el efecto positivo de la creencia
   o de la relación por ella definida?

Ahora que ya sabes reconocer las situaciones de peligro y
pedir ayuda, en el futuro será mucho más difícil que te lasti-
men. Ése es el primer paso para transformarte de víctima en
héroe.

Sabiendo lo que ahora ya sabes resultará más difícil que al-
guien vuelva a sacar ventaja de ti.

4. **Fragmentar hacia abajo:** ¿Qué elementos o fragmentos
   más pequeños están implicados en la creencia, pero tienen
   una relación más rica o positiva que los que contiene la
   declaración de creencia?

Para tratar eficazmente con la situación, es importante determinar si el grado de peligro aumenta con cada tentativa de agresión o si, por el contrario, estás en el mismo nivel de peligro ahora que la primera vez que saliste lastimado.

Cuando dices que la persona X «trata» de lastimarte, ¿significa eso que esta persona se forma una imagen mental de hacerte daño? Si es así, ¿qué parte de esa imagen es más peligrosa? ¿Cómo actúa esta persona en esa imagen? ¿Qué crees que fue lo que colocó esa imagen en la mente de X?

5. **Fragmentar hacia arriba**: ¿Qué elementos o fragmentos de mayor tamaño están implicados en la creencia, pero tienen una relación más rica o positiva que los que contiene la declaración de creencia?

Las sensaciones intensas son siempre la base de nuestra motivación para el cambio. Como dijera Carl G. Jung, «No hay conciencia sin dolor».

(«daño» => «sensaciones intensas», «dolor».)

Tratar con la incomodidad que experimentamos al enfrentarnos con los riesgos de la vida es uno de los caminos para convertirnos en seres humanos más fuertes y competentes. («daño» => «incomodidad»; «peligro» => «riesgos de la vida»)

6. **Analogía**: ¿Qué otra relación existe que sea análoga a la definida por la creencia (una metáfora para ella), pero que tenga implicaciones distintas?

Aprender a dominar las relaciones interpersonales es como saber levantarse cuando aprendemos a montar en bicicleta, dejando atrás el hecho de habernos pelado las rodillas y manteniendo la determinación de seguir probando hasta lograr mantener el equilibrio. Enfadarse con la bicicleta por habernos lastimado no nos llevará muy lejos.

Tratar con las intenciones de otros se parece un poco a torear. Para mantener la seguridad, debemos saber qué es lo

que atrae la atención del toro hacia nosotros, dirigir su aten-
ción y apartarse de su camino cuando comienza a cargar.

Creencia limitadora:

La persona X ha hecho algo que ha provocado que me lasti-
me más de una vez. Puesto que ya ha sucedido antes, volve-
rá a suceder de nuevo. La persona X trata de dañarme y es-
toy en peligro.

7. **Cambio de tamaño del marco:** ¿Qué marco temporal
   mayor (o menor), que cantidad de personas mayor (o
   menor) o qué perspectiva mayor (o menor) podría hacer
   más positivas las implicaciones de la creencia?

   Cómo tratar con el sufrimiento a manos de otros sigue sien-
   do una de las cuestiones más complicadas, sin resolver aún
   por nuestra especie. A menos que lo logremos hacer con sa-
   biduría y compasión, continuará habiendo violencia, guerra
   y genocidio, tanto a nivel global como individual.

   Todos tenemos que aprender a tratar con el lado oscuro de
   nuestros semejantes. Estoy seguro de que cuando recuerdes
   este incidente al final de tu vida lo verás como un pequeño
   bache en el camino.

8. **Otro objetivo:** ¿Qué otro objetivo o resultado podría ser
   más relevante que el que expresa o implica la creencia?

   El objetivo no es tanto evitar ser lastimado por determinada
   persona, como desarrollar las capacidades necesarias para
   estar seguro, hagan lo que hagan los demás.

   Para mí, la cuestión no es tanto cuál ha sido la intención de
   la persona, sino qué hace falta para que cambie esa inten-
   ción.

9. **Modelo del mundo:** ¿Qué modelo del mundo distinto
   proporcionaría una perspectiva muy distinta sobre esta
   creencia?

Los sociobiólogos sugerirían que la fuente de tu peligro no es lo que tú o esa persona creéis que es su intención consciente, sino el desarrollo evolutivo de sus hormonas.

Imagina todas esas personas que, en todo el mundo, tienen que soportar constantemente la realidad de la opresión social en forma de racismo o de persecución religiosa. Probablemente estarían encantadas de encontrarse en una situación en la que únicamente tuvieran que enfrentarse a las intenciones negativas de una persona única e identificable.

10. **Estrategia de realidad**: ¿Qué percepciones cognitivas del mundo han sido necesarias para la construcción de esa creencia? ¿Cómo habría que percibir el mundo para que esa creencia tuviera fundamento?

Cuando piensas en las ocasiones en que te has lastimado, ¿las ves por separado o todas juntas? ¿Las recuerdas desde una perspectiva asociada o más bien las ves como si estuvieran editadas, como en una especie de documental de tu vida?

¿Qué es lo que más te hace sentir en peligro, tus recuerdos de acontecimientos pasados o lo que imaginas sobre los que pueden o no suceder en el futuro?

Creencia limitadora:

La persona X ha hecho algo que ha provocado que me lastime más de una vez. Puesto que ya ha sucedido antes, volverá a suceder de nuevo. La persona X trata de dañarme y estoy en peligro.

11. **Contraejemplo**: ¿Qué ejemplo o experiencia constituyen una excepción a la regla definida por esa creencia?

Si tan sólo fuese cierto que no tuviéramos que preocuparnos de que algo suceda sólo porque no ha ocurrido antes... El mayor peligro proviene seguramente de lo que aún no ha su-

cedido, por lo que deberíamos trabajar para prepararnos para cualquier posibilidad.

Para estar del todo seguros es importante reconocer que, probablemente, corremos el mismo peligro en relación con las personas bien intencionadas y que no nos han dañado nunca antes. Piensa si no en la cantidad de gente que mata a otra persona sin querer en accidente de tráfico. Como dice el refrán: «El camino hacia el infierno está pavimentado con buenas intenciones».

12. **Jerarquía de criterios**: ¿Qué criterio no ha sido todavía considerado y es potencialmente más importante que los que atiende la creencia?

Siempre he creído que pensar qué recursos necesito para completar con éxito el camino que he elegido y con el que me he comprometido es más importante que preocuparme por los efectos temporalmente dañinos de las intenciones de otras personas.

¿No crees que es más importante evitar ser esclavo de nuestros propios miedos que eludir la realidad inevitable de que alguna vez saldremos lastimados?

13. **Aplicar a sí mismo**: ¿Cómo puedes evaluar la propia declaración de creencia de acuerdo con la relación de criterios definidos por ella?

Puesto que las intenciones negativas pueden ser tan dañinas y peligrosas, es muy importante que seamos extremadamente claros en cuanto al modo en que entendemos nuestras propias intenciones y actuamos según ellas. Cuando utilizamos nuestras creencias sobre las intenciones negativas de otra persona como justificación para tratarla del mismo modo que ella nos trata a nosotros, nos volvemos como ella.

Puede ser igual de peligroso pensar que sólo corremos peligro por quienes nos han perjudicado anteriormente. Mantener creencias que nos hagan revivir una y otra vez ocasiones

en las que hemos salido lastimados puede generar tanto do-
lor como una persona ajena con intenciones negativas.

14. **Metamarco**: ¿Qué creencia sobre esta creencia podría
cambiar o enriquecer nuestra percepción de la creencia?

Las investigaciones demuestran que lo natural es que las
personas sientan temor de los demás y de sus intenciones,
hasta que desarrollan suficientemente su autoestima y la
confianza en sus propias capacidades.

Mientras sigas centrado en permanecer en un «marco pro-
blema» acerca del comportamiento y de las intenciones de la
persona X, seguirás condenado a sufrir las consecuencias.
Cuando estés dispuesto a pasar a un «marco objetivo» co-
menzarás a descubrir numerosas soluciones posibles.

Practicar El poder de la palabra

Practica tú mismo estas preguntas de *El poder de la palabra*. La hoja
de trabajo siguiente te ofrece ejemplos de preguntas susceptibles de
ser utilizadas para identificar y formar los reencuadres de *El poder
de la palabra*. Comienza escribiendo una declaración de creencia limitadora sobre la que quieras trabajar. Asegúrate de que sea una
declaración «completa», en forma de una equivalencia compleja o
de una afirmación de causa-efecto. Veamos una estructura típica:

Referente (soy/es/son)	juicio	porque	razón
Yo	malo		equivalencia compleja
Tú	incapaz		causa-efecto
Ellos	despreciables		
Ello	imposible		

Recuerda que el propósito de tus respuestas consiste en reafirmar la identidad y la intención positiva de la persona que tiene la creencia, al mismo tiempo que se reformula la creencia hacia un marco objetivo o un marco realimentación.

Hoja de trabajo de *El poder de la palabra*

Creencia limitadora: _____ significa/causa
_____

1. **Intención**: ¿Cuáles son la intención o el propósito positivos de esta creencia?
_____

2. **Redefinición**: ¿Qué palabra que signifique algo parecido a alguna de las que componen la declaración de creencia puede substituirla, pero con implicaciones más positivas?
_____

3. **Consecuencia**: ¿Cuál es el efecto positivo de la creencia o de la relación por ella definida?
_____

4. **Fragmentar hacia abajo**: ¿Qué elementos o fragmentos más pequeños están implicados en la creencia, pero tienen una relación más rica o positiva que los que contiene la declaración de creencia?
_____

5. **Fragmentar hacia arriba**: ¿Qué elementos o fragmentos de mayor tamaño están implicados en la creencia, pero tienen una relación más rica o positiva que los que contiene la declaración de creencia?
_____

6. **Analogía**: ¿Qué otra relación existe que sea análoga a la definida por la creencia (una metáfora para ella), pero que tenga implicaciones distintas?
_____

7. Cambio de tamaño del marco: ¿Qué marco temporal mayor (o menor), qué cantidad de personas mayor (o me-

nor) o qué perspectiva mayor (o menor) podría hacer más positivas las implicaciones de la creencia?

---

8. **Otro objetivo**: ¿Qué otro objetivo o resultado podría ser más relevante que el que expresa o implica la creencia?

---

9. **Modelo del mundo**: ¿Qué modelo del mundo distinto proporcionaría una perspectiva muy distinta sobre esta creencia?

---

10. **Estrategia de realidad**: ¿Qué percepciones cognitivas del mundo han sido necesarias para la construcción de esa creencia? ¿Cómo habría que percibir el mundo para que esa creencia tuviera fundamento?

---

11. **Contraejemplo**: ¿Qué ejemplo o experiencia constituyen una excepción a la regla definida por esa creencia?

---

12. **Jerarquía de criterios**: ¿Qué criterio no ha sido todavía considerado y es potencialmente más importante que los que atiende la creencia?

---

13. **Aplicar a sí mismo**: ¿Cómo puedes evaluar la propia declaración de creencia, de acuerdo con la relación de criterios definidos por ella?

---

14. **Metamarco**: ¿Qué creencia sobre esta creencia podría cambiar o enriquecer nuestra percepción de la creencia?

Un ejemplo

Tomemos una creencia limitadora común: «El cáncer causa la muerte». Los ejemplos siguientes ilustran el modo en que estas preguntas producen distintas intervenciones de *El poder de la palabra*, susceptibles de ofrecernos otras perspectivas. Recuerda que el efecto final de una afirmación determinada de *El poder de la palabra* dependerá fuertemente del tono de voz en que se pronuncie, así como del grado de sintonía existente entre quien habla y quien escucha.

Creencia: «El cáncer causa la muerte».

1. **Intención** - Sé que tu intención consiste en prevenir las falsas expectativas, pero de este modo tal vez estés excluyendo toda razón de esperanza.

2. **Redefinición** - En última instancia, no es el cáncer el que causa la muerte, sino el colapso del sistema inmunitario. Busquemos el modo de mejorar el sistema inmunitario. Nuestras percepciones en relación con el cáncer pueden ciertamente causar temor y pérdida de esperanza, lo que hará que la vida sea más difícil.

3. **Consecuencia** - Por desgracia, las creencias como ésta tienden a convertirse en profecías autocumplidoras porque la persona afectada deja de buscar otras opciones y posibilidades.

4. **Fragmentar hacia abajo** - A menudo me he preguntado cuánta «muerte» contiene cada célula cancerosa.

5. **Fragmentar hacia arriba** - ¿Me estás diciendo que cualquier cambio o mutación de una pequeña parte del sistema causará siempre la destrucción de todo el sistema?

6. **Analogía** - El cáncer es como un campo de hierba que comienza a caer bajo la influencia de la maleza porque no se ha atendido adecuadamente. Las células blancas de tu

sistema inmunitario son como un rebaño de ovejas. Si el estrés, la falta de ejercicio, la mala alimentación, etc., reducen la cantidad de ovejas, la hierba crece en exceso y da paso a la maleza. Si logras incrementar el número de ovejas, podrán mantener de nuevo el campo en un equilibrio ecológico.

7. **Cambio del tamaño del marco** - Si todos tuvieran esa creencia nadie se curaría nunca. ¿Es ésa una creencia que quisieras que tus hijos tuvieran?

8. **Otro objetivo** - La verdadera cuestión no es tanto qué es lo que causa la muerte, sino qué es lo que hace que la vida merezca la pena de ser vivida.

9. **Modelo del mundo** - Muchos profesionales de la medicina creen que todos tenemos células mutantes todo el tiempo, así como que sólo cuando nuestro sistema inmunitario se debilita comienzan los problemas. Aseguran que la presencia de un desarrollo maligno es tan sólo uno de entre muchos factores —incluyendo la alimentación, la actitud personal, el estrés, el tratamiento apropiado, etc.— que determinan la duración de la vida.

10. **Estrategia de realidad** - ¿Cómo te representas, en concreto, esta creencia? ¿Te imaginas al cáncer como un invasor con inteligencia propia? ¿Qué representaciones internas tienes del modo en que el cuerpo responde? ¿Ves al cuerpo y al sistema inmunitario como más inteligentes que el cáncer?

11. **Contraejemplo** - Cada vez aumenta el número de casos de personas que tenían cáncer y que sobrevivieron con buena salud durante muchos años. ¿Cómo explica esa creencia estos casos?

12. **Jerarquía de criterios** - Tal vez sea más importante centrarse en el propósito y la misión de nuestra vida que en lo larga que ésta vaya a ser.

13. **Aplicar a sí mismo** - Esta creencia se ha extendido como un cáncer en los años pasados, pero es una creencia ciertamente mortífera de mantener. Sería interesante ver qué pasaría si esa creencia muriera.

14. **Metamarco** - Una creencia simplificada en exceso como ésta surge cuando carecemos de un modelo que nos permita explorar y comprobar todas las variables complejas que contribuyen a los procesos de la vida y de la muerte.

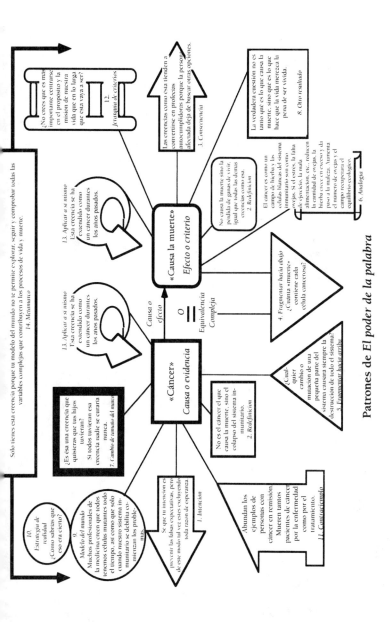

Patrones de El poder de la palabra

10
Conclusión

Conclusión

Este primer volumen de *El poder de la palabra* se centra en la «magia del lenguaje», así como en el poder de las palabras para moldear nuestras percepciones y nuestra actitud acerca de nuestro propio comportamiento y del mundo que nos rodea. Partiendo del principio de que *el mapa no es el territorio*, hemos explorado el impacto que el lenguaje tiene sobre nuestra experiencia, así como sobre las generalizaciones y las creencias (tanto limitadoras como potenciadoras) que derivan de nuestra experiencia. Hemos examinado las formas en que determinados tipos de patrones de palabras pueden enmarcar y «reencuadrar» nuestras percepciones, expandiendo o limitando las opciones que percibimos como accesibles.

También hemos analizado con profundidad la estructura lingüística de las creencias, y hemos establecido que por *creencias limitadoras* entendemos aquellas que enmarcan nuestra experiencia en cuanto a *problemas*, *fracaso* e *imposibilidad*. Cuando tales creencias se convierten en el marco principal sobre el que construimos nuestros modelos del mundo, pueden acarrear un sentimiento de impotencia y ausencia de mérito con respecto a nuestra vida y a nuestras acciones. En este aspecto, el objetivo de la aplicación de los patrones de *El poder de la palabra* consiste en ayudar a las personas a desplazar su atención:

1. de un marco «*problema*» a un marco «*objetivo*».
2. de un marco «*fracaso*» a un marco «*realimentación*».
3. de un marco «*imposibilidad*» a un marco «*como si*».

Los patrones de *El poder de la palabra* están incluidos en catorce patrones verbales de «reencuadre» distintos. El propósito de estos patrones es reconectar nuestras generalizaciones y nuestros modelos mentales del mundo con nuestra experiencia y con los demás aspectos que conforman la «metaestructura» de nuestras creencias: estados internos, expectativas y valores. El libro proporciona definiciones y ejemplos específicos de cada patrón, así como del modo en que todos ellos pueden ser utilizados en conjunto como un sistema. Los patrones pueden ser aplicados para cumplir objetivos tales como reencuadrar la crítica, nivelar jerarquías de criterios para generar motivación, reforzar las creencias potenciadoras actuando «como si» y facilitar la «apertura a dudar» de las creencias limitadoras descubriendo nuevas perspectivas más enriquecedoras.

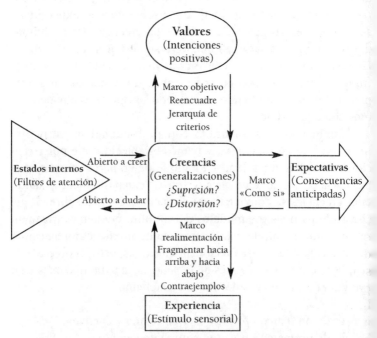

Los patrones de *El poder de la palabra* nos ayudan a actualizar nuestras creencias conectándolas a las experiencias, los valores, las expectativas y los estados internos

La estrategia fundamental que hemos seguido para utilizar los patrones de *El poder de la palabra* implica, en primer lugar, identificar las intenciones positivas tras las creencias limitadoras, junto con los valores que las motivan, para buscar acto seguido formas más apropiadas y útiles de satisfacer estas intenciones positivas. Los diversos patrones de *El poder de la palabra* nos ayudan a hacerlo incitándonos a:

- «Repuntuar» y «refragmentar» nuestras percepciones.
- Identificar y apreciar diferentes perspectivas y modelos del mundo alternativos.
- Descubrir las estrategias internas por medio de las cuales evaluamos la «realidad», y a través de las cuales formamos y actualizamos nuestras creencias.
- Explorar las formas en que construimos nuestros mapas mentales a través de los que formamos expectativas, determinamos causas y conferimos sentido a nuestra experiencia y al mundo que nos rodea.
- Reconocer la influencia de nuestros estados internos sobre nuestras creencias y nuestras actitudes.
- Acompañar el proceso natural de cambio de creencias
- Comprender mejor el impacto del lenguaje y de las creencias sobre diferentes niveles de nuestra experiencia.
- Aumentar nuestra conciencia de los potenciales «virus mentales», así como de nuestras suposiciones y presuposiciones.

En muchos aspectos, lo que este libro presenta no es más que el principio de las potenciales aplicaciones de los patrones de *El poder de la palabra*. Estos modelos constituyen un poderoso sistema de patrones de lenguaje que pueden ser aplicados para producir cambios profundos y de largo alcance. Estos patrones han venido siendo utilizados a lo largo de la historia de la Humanidad como medio primordial para estimular y dirigir el cambio social, así como para evolucionar nuestros modelos colectivos del mundo. El próximo volumen de *El poder de la palabra*, por ejemplo, examinará el modo en que figuras históricas (como

Sócrates, Jesús, Lincoln, Gandhi y Einstein, entre otros) han aplicado los patrones de *El poder de la palabra* para moldear los sistemas religiosos, científicos, políticos y filosóficos que dan forma a nuestro mundo moderno. Analizará cómo estos personajes trataron de atender y «sacar del marco» a los virus mentales que subyacen en el racismo, la violencia, la opresión económica y política, etc.

El Volumen II de *El poder de la palabra* definirá asimismo estrategias básicas para utilizar grupos y secuencias de patrones de *El poder de la palabra*, así como para explorar la estructura de las estrategias de creencias o de «convicción» por medio de las que formamos y evaluamos sistemas de creencias, como los *patrones de «inferencia plausible»* de George Polya. También estudiará el modo en que los principios, las distinciones y los patrones que hemos analizado en este libro pueden ayudarnos a: a) identificar y tratar adecuadamente las falacias lógicas, las creencias limitadoras y los virus mentales, b) manejar las expectativas y la «Curva de Bandura», c) tratar con lazos dobles, y mucho más.

Epílogo

Espero que hayas disfrutado con esta exploración a *El poder de la palabra*. Si estás interesado en profundizar en estos patrones o en otros aspectos de la Programación Neurolingüística, existen otros recursos disponibles para desarrollar y aplicar con mayor amplitud los conceptos, las estrategias y las habilidades descritas en estas páginas.

La **NLP University** es una organización dedicada a proporcionar formación de máxima calidad en habilidades de PNL básicas y avanzadas, así como a promover el desarrollo de nuevos modelos y aplicaciones de la PNL en los ámbitos de la salud, los negocios, la organización, la creatividad y el lenguaje. Cada verano, la NLP University ofrece sus programas en la Universidad de California en Santa Cruz, con cursos residenciales sobre las habilidades de PNL que incluyen patrones lingüísticos avanzados como los de *El poder de la palabra*.

Para más información, contacta por favor con:

NLP University
P.O. Box 1112
Ben Lomond, California 95005
Teléfono: (831) 336-3457
Fax: (831) 336-5854
Correo electrónico: Teresanlp@aol.com
Página web: www.nlpu.com

Además de mis programas en la NLP University, viajo por todo el mundo presentando seminarios y programas específicos sobre una variedad de temas relacionados con la PNL y *El poder de la palabra*. Asimismo, he escrito otros libros y he desarrollado programas informáticos y cintas de audio, basados en los principios y los conceptos de la PNL.

Por ejemplo, recientemente he completado varias herramientas informáticas basadas en mi modelado de estrategias del genio: *Vision to action, Imagineering Strategy* y *Journey to Genius Adventure*.

Para más información sobre estos programas, sobre mi agenda de seminarios y sobre otros productos y recursos relacionados con la PNL, contacta por favor con:

Journey to Genius
P.O. Box 67448
Scotts Valley, CA 95067-7448
Teléfono: (831) 438-8314
Fax: (831) 438-8571
Correo electrónico: info@journeytogenius.com
Página web: www.journeytogenius.com

Bibliografía

Bandler, R., *Using Your Brain*, Real People Press, Moab, Utah, 1985.

——, y Grinder, J., *The Structure of Magic*, vols. I y II, Science and Behaviour Books, Palo Alto, California, 1975-1976.

——, y Grinder, J., *Patterns of the Hypnotic Techniques of Milton H. Erickson, M.D.*, vols. I y II, Meta Publications, Capitola, California, 1975-1977.

——, y Grinder, J., *Frogs into Princes*, Real People Press, Moab, Utah, 1979.

——, y Grinder, J., *Reframing*, Real People Press, Moab, Utah, 1982.

——, y LaValle, J., *Persuasion Engineeering*, Meta Publications, Capitola, California, 1996.

Bateson, G., *Steps to an Ecology of Mind*, Ballantine Books, Nueva York, 1972.

——, *Mind and Nature*, E. P. Dutton, Nueva York, 1979.

Cameron-Bandler, L., *Solutions (They Lived Happily Ever After)*, FuturePace, San Rafael, California, 1978.

Chomsky, N., *Syntactic Structures*, Mouton, La Haya, 1957.

——, *Language and Mind*, Harcourt Brace Jovanovich, Inc., Nueva York, 1968.

DeLozier, J., y Grinder, J., *Turtles All The Way Down*, Grinder, DeLozier & Associates, Santa Cruz, California, 1987.

Dilts, R.; Grinder, J., y DeLozier, J., *Neurologic Programming: The Study of the Structure of Subjective Experience*, vol. I, Meta Publications, Capitola, California, 1980.

——; DeLozier, J., y Epstein, T., *The Encyclopedia of Systemic*

NLP, NLP University Press, Ben Lomond, California, 1999.

——, *Modeling With NLP*, Meta Publications, Capitola, California, 1998.

——, *Visionary Leadership Skills: Creating a World to Which People Want to Belong*, Meta Publications, Capitola, California, 1996.

——, *The Law of Requisite Variety*, NLP University Press, Ben Lomond, California, 1998.

——, *Effective Presentation Skills*, Meta Publications, Capitola, California, 1994.

——, con Bonissone, G., *Skills for the Future: Managing Creativity and Innovation*, Meta Publications, Capitola, California, 1993.

——, *Changing Belief Systems with NLP*, Meta Publications, Capitola, California, 1990.

——, Hallbom, T., y Smith, S., *Beliefs: Pathways to Health and Well-Being*, Metamorphous Press, Portland, Oregon, 1990.

——, *Applications of NLP*, Meta Publications, Capitola, California, 1983.

——, y Epstein, T, *Dynamic Learning*, Meta Publications, Capitola, California, 1995.

——, *Strategies of Genius,* vols. I, II y III, Meta Publications, Capitola, California, 1994-1995.

——, *NLP and Self-Organization Theory*, Anchor Point, junio de 1995, Anchor Point Assoc., Salt Lake City, Utah.

——, *NLP, Self-Organization and Strategies of Change Management*, Anchor Point, julio de 1995, Anchor Point Assoc., Salt Lake City, Utah.

——, «Let NLP Work for You»; en *Real State Today*, febrero de 1982, vol. 15, núm. 2.

Dilts, R. B.; Epstein, T., y Dilts, R. W., *Tools for Dreamers: Strategies of Creativity and the Structure of Innovation,* Meta Publications, Capitola, California, 1991.

Eicher, J., *Making the Message Clear: Communicating for Business,* Grinder, DeLozier & Associates, Santa Cruz, California, 1987.

Erickson, M. H., *Advanced Techniques of Hypnosis and Therapy;*

Selected Papers of Milton H. Erickson, M. D., J. Haley, ed., Grune & Stratton Inc., Nueva York, 1967.

Gordon, D., *Therapeutic Metaphor*, Meta Publications, Capitola, California, 1978.

Haley, J., *Uncommon Therapy; The Psychiatric Techniques of Milton H. Erickson, M. D.*, W. W. Norton & Co., Inc., Nueva York, 1973.

Korzybski, A., *Science and Sanity*, The International Non-Aristotelian Library Publishing Company, Lakeville, CN, 1980.

Laborde, G., *Influencing With Integrity: Management Skills for Communication and Negotiation*, Syntony Inc., Palo Alto, California, 1982.

Lofland, D., *Thought Viruses*, Harmony Books, Nueva York, 1997.

McMaster, M, y Grinder, J., *Precision: A New Approach to Communication*, Precision, Los Ángeles, California, 1981.

Moine, D., «Patterns of Persuasion», en *Personal Selling Journal*, 1 (4), 1981, p. 3.

O'Connor, J., y Seymour, J., *Introducing Neurolinguistic Programming*, Aquarian Press, Cornualles, 1990.

Glosario de PNL
y de habilidades de formación

A través del tiempo	*Through time*	Estar fuera del «ahora» de nuestra línea de tiempo. Representación disociada del tiempo, normalmente mediante una línea que pasa por delante de nosotros, con el pasado a la izquierda y el futuro a la derecha.
Acceder a los recursos del público	*Accessing audience resources*	Extraer y utilizar los recursos y estados de aprendizaje de los alumnos o del auditorio.
Acompaña-miento, seguimiento	*Pacing*	Igualar el comportamiento, postura, lenguaje y predicados de otra persona, para conseguir sintonía con ella. Proceso de utilizar y realimentar indicadores clave de la otra persona, tanto los verbales como los no verbales, para igualar su modelo o visión del mundo, antes de conducirle hacia algo distinto. Se trata de un proceso importante para muchos de los aspectos esenciales de la comunicación, tales como el establecimiento de sintonía y confianza, que implica disponer de la flexibilidad necesaria para tomar el vocabulario y el comportamiento de otras

personas, e incorporarlos a los nuestros propios.

Al «acompañar», intentamos ponernos en la piel del otro, para experimentar su modelo del mundo. Ello nos permite comunicar con él en su propio lenguaje y a través de su propia forma de pensar.

Podemos acompañar comportamiento, valores, creencias e identidad.

Administración del marco temporal	*Time frame management*	Utilización del tiempo de la forma más provechosa durante una formación, de manera que las actividades no se prolonguen ni se abrevien innecesariamente.
Agudeza sensorial	*Sensory acuity*	El desarrollo de una capacidad cada vez más refinada para detectar diferencias sutiles en lo que vemos, oímos y sentimos. Es parte importante en la interpretación del **Lenguaje corporal**. La capacidad aprendida de observar, escuchar y percibir **Cinestésicamente**, las mismas claves o pistas que otra persona ofrece en su analogía.
Ajuste de objetivos	*Dovetailing outcomes*	Proceso de combinar distintos objetivos, con el fin de crear la mejor situación, en la que ambas partes salgan beneficiadas. Es la base de los acuerdos y las negociaciones. Parte de la tarea del formador consiste en ajustar los distintos objetivos de la formación.

Alineamiento	*Alignment*	Emular o emparejar el comportamiento o la experiencia de otra persona, colocándose en su mismo ángulo de visión y/o pensamiento.
Ambigüedad en la puntuación	*Punctuation ambiguity*	Ambigüedad creada uniendo dos proposiciones separadas en una sola persona.
Ambigüedad fonética	*Phonological ambiguity*	Palabras que al oído suenan iguales pero que son diferentes, como por ejemplo: Va a ver, Va a haber.
Ambigüedad sintáctica	*Syntactic ambiguity*	Frase ambigua, como por ejemplo: «El burro de Pedro». ¿Es Pedro un burro o tiene un burro?
Análogo	*Analogue*	Algo que varía continuamente dentro de determinados límites, como un regulador de voltaje eléctrico.
Ancla	*Anchor*	Un estímulo específico —visión, sonido, palabra, olor o sensación táctil— que evoca automáticamente un determinado recuerdo y un estado corporal y mental. El estímulo externo se conecta con el estado interno. Por ejemplo, «nuestra canción». Las anclas pueden formarse tanto espontánea como deliberadamente.
Anclado de recursos	*Resource anchoring*	Proceso sencillo para traer estados de plenitud de recursos al momento presente, cada vez que sean necesarios.
Anclado; Anclaje	*Anchoring*	Establecer determinada asociación entre un estímulo y una respuesta.

		Proceso de crear asociaciones mediante anclas. Ver **Ancla**.
Aprendizaje	*Learning*	Proceso de adquisición de conocimientos, habilidades, experiencias o valores, por medio del estudio, la experiencia o la formación.
Ascender / descender	*Stepping up/down*	Cambiar las percepciones, ascendiendo o descendiendo respecto a determinado nivel lógico. Ascender consiste en considerar un nivel que engloba a lo que se está tratando; por ejemplo, considerar la intención que motiva determinada pregunta. descender consiste en pasar a un nivel inferior, desde el cual considerar un elemento o fragmento específico de lo que se está tratando; por ejemplo, utilizar una forma de expresión positiva para formular un objetivo.
Asociado	*Associated*	Vinculado a la experiencia. Experimentarla con el propio cuerpo y verla con los propios ojos. *Ver también* **Primera Posición**. *Contrastar con* **Disociado** y **Tercera Posición**.
Auditiva	*Auditory*	Modalidad sensorial de escucha y habla, incluyendo sonidos y palabras. *Ver* **Sistemas de Representación**.
Búsqueda transderivacional	*Transderivational (T-D) search*	Denominada habitualmente «búsqueda T-D». Proceso en el cual se ancla una sensación y, utilizando

el ancla, se lleva la sensación atrás en el tiempo, hasta anteriores ocasiones en que la persona haya experimentado esa misma sensación.

Calibrar	*Calibrating*	Reconocer con precisión el estado de otra persona o de un grupo, mediante la interpretación consciente de señales no verbales. Por ejemplo, observas que cuando no está de acuerdo contigo, tu interlocutor tensa el lado derecho de su cara. La próxima vez que lo haga, sabrás que no está conforme con lo que le estás diciendo.
Calidad de la voz	*Voice quality*	El segundo canal de comunicación e influencia en las presentaciones, por orden de importancia. Según los estudios realizados al respecto, representa el 39 por ciento del impacto total de la comunicación.
Callejón sin salida	*Impasse*	Una cortina de humo. La persona se queda en blanco, se bloquea, o experimenta confusión.
Cambiar la historia personal	*Change personal history*	Proceso de **Anclado** de PNL, que añade recursos a situaciones pasadas en las que éstos faltaron.
Campo unificado	*Unified field*	Encuadre unificador de la PNL. Matriz tridimensional formada por los niveles neurológicos, las posiciones perceptivas y el tiempo.
Canales sensoriales	*Sensory channels*	Nuestros seis sentidos, en tanto que canales de comunicación con el mundo exterior: vista oído, olfato,

gusto, tacto y cinestésico. *Ver*
Sistemas de representación.

Capacidad	*Capability*	Conjunto de estrategia y recursos adecuados para realizar determinada tarea. Es uno de los *niveles neurológicos.*
Ciclo de aprendizaje	*Learning cycle*	Etapas del aprendizaje en la adquisición de habilidades automáticas: incompetencia inconsciente, seguida de incompetencia consciente, seguida de competencia consciente y por último, competencia inconsciente.
Cinestésico	*Kinesthetic*	Relativo a la sensación del propio cuerpo. Sentido por el que se percibe el equilibrio, el movimiento muscular, la posición, el peso, etc., del propio cuerpo.
Claves de acceso	*Accessing cues*	Formas de utilizar nuestra fisiología como, por ejemplo, adoptar determinada postura, manera de respirar o movimiento ocular, que nos facilitan el acceso a determinada manera de pensar. Normalmente, no somos conscientes de nuestras claves de acceso. Comportamientos inconscientes —incluyendo respiración, gestos y movimientos de cabeza y ojos— que indican qué modalidades sensoriales específicas están siendo utilizadas para pensar, o para el procesado interno de información.

Claves de acceso ocular	*Eye-accessing cues*	Movimientos oculares inconscientes que denotan el procesado interno de información, y que nos permiten saber si una persona está viendo imágenes internas, escuchando sonidos internos, o experimentando emociones. *Ver* **Claves de Acceso**, **Sistemas de Representación** y **Modalidades Sensoriales**.
Comillas	*Quotes*	«Modelo lingüístico en el cual expresamos nuestro mensaje como su fuera el de otra persona.»
Compartir	*Pacing*	*Ver* **Acompañamiento**.
Competencia consciente	*Conscious competence*	La tercera etapa del ciclo de aprendizaje, en la que todavía se necesita la plena atención consciente para desempeñar una actividad. La habilidad no está aún plenamente integrada, ni es automática.
Competencia inconsciente	*Unconscious competence*	La cuarta etapa del ciclo de aprendizaje, en la que la habilidad ya ha sido plenamente integrada y es automática.
Comportamiento	*Behaviour*	Cualquier actividad que realizamos, incluidos los procesos mentales. Constituye uno de los *niveles neurológicos*. Cualquier activación muscular, incluyendo movimientos micromusculares tales como las **Claves de Acceso**

Comportamiento externo	*External Behavior*	El comportamiento aparente, visible a todos.
Condiciones de un Objetivo Bien Formado	*Well-Formed Goal Conditions*	Las cinco condiciones que deben darse para que un sueño o un deseo sea un objetivo alcanzable son: (1) formulado en positivo; (2) iniciado y mantenido por uno mismo; (3) basado en los sentidos; (4) específico en cuanto a cómo, dónde y cuándo; (5) ecológico para el resto del individuo y del sistema (familia, trabajo, negocios, comunidad, etc.) en el que vive.
Conducta	*Behaviour*	*Ver* **Comportamiento**.
Congruencia	*Congruence*	Estado en el que objetivos, pensamientos y comportamientos están de acuerdo entre sí. Las palabras que se dicen, en contraposición con la manera en que se dicen. personal: Alineación de creencias, valores, habilidades y acciones en uno mismo. Estar en sintonía consigo mismo. mensajero-mensaje: Cuando el comunicador encarna y es modelo de las habilidades o valores que intenta transmitir. de alineación: Cuando las diversas partes de la comunicación (palabras, tono de voz y lenguaje corporal) transmiten el mismo mensaje.
Consciencia	*Consciousnes*	Conocimiento que el ser humano tiene de su propia existencia, de sus estados y de sus actos.

Consciente	*Conscious*	Todo aquello de lo que se tiene consciencia en el momento presente.
Contenido	*Content*	El quién y el qué de una situación. *Contrastar con* **Proceso**.
Contexto	*Context*	El cuándo y el dónde de una situación.
Coreografía	*Choreografy*	El empleo sistemático de distintas disposiciones para la realización de determinadas actividades (formación, comunicación, interacción, etc.) Por ejemplo, ponerse de pie o sentarse en una posición distinta para dar información, organizar un ejercicio, aceptar y responder preguntas, narrar anécdotas, etc. De esta manera se establecen anclas. *Ver también* **Psicogeografía**.
Credibilidad	*Credibility*	Nuestra posición ante los demás, el grado en el que se nos considera sinceros, competentes y congruentes. Establecer credibilidad ayuda a establecer un conjunto de expectativas positivas, que favorecen la comunicación y la interacción. A veces podrá ser necesario manifestar la autoridad sobre el tema de que se trate.
Creencias	*Beliefs*	Generalizaciones sobre uno mismo, sobre los demás y/o sobre el mundo. Las creencias actúan como profecías que se dan cumplimiento a sí mismas e influyen en todo

nuestro comportamiento. Es uno de los *niveles neurológicos*.

Criterios (Valores)	*Criteria* (*Values*)	Rasero o estándar según el que se evalúa algo. Se averigua preguntando: «¿Qué es importante para ti?»
Criterios equivalentes	*Criterial equivalents*	Las reglas de cumplimiento para que se cumplan los criterios. Lo que tiene que suceder para que los criterios sean satisfechos.
Cuantificado-res universales	*Universal quantifiers*	Término lingüístico para palabras como «cualquiera» y «todos» que no admiten excepciones. Una de las categorías del Metamodelo.
Cuarta Posición	*Fourth Position*	Ver o experimentar un acontecimiento desde la perspectiva global de todo el sistema. Posición de «nosotros». Visión mental del sistema. *Ver* **Posición perceptiva**.
Dar un salto	*Overlap*	Utilizar un sistema representativo para acceder a otro, por ejemplo, imaginar una escena para escuchar luego sus sonidos.
Demostración	*Demostration*	Proporcionar un modelo de la actividad a realizar. Una buena demostración proporciona un modelo claro, siendo uno de los factores que más influyen en la buena realización de la actividad.
Descender	*Stepping down*	*Ver* **Ascender**.

Descripción basada en los sentidos	*Sensory-Based Description*	Información directamente observable y verificable por los sentidos. Describir o interpretar un acontecimiento en términos de lo que se puede ver, oír y tocar, en lugar de por lo que uno cree que está ocurriendo. Es la diferencia existente entre decir: «Tiene los labios estirados y las comisuras de la boca hacia arriba, dejando ver parcialmente los dientes» y decir: «Está feliz», lo cual constituye una interpretación.
Descripción múltiple	*Multiple description*	Adoptar distintos puntos de vista (1ª, 2ª, 3ª y 4ª posición), para reunir la máxima información posible acerca de una persona o situación.
Desigualación, desempareja-miento, falta de correspon-dencia	*Mismatching*	Adoptar pautas de comportamiento distintas a las de la otra persona, con el propósito de cambiar el rumbo de una reunión o conversación. Rompe de inmediato la sintonía, por lo que será necesario restablecerla en otros términos si se desea proseguir con la interacción.
Diálogo interno	*Internal dialogue*	Hablar consigo mismo sin pronunciar palabras audibles.
Digital	*Digital*	Variación entre dos estados diferentes únicamente posibles, como por ejemplo un interruptor eléctrico en «marcha» o en «paro».
Dirección de la Motivación	*Motivation Direction (Meta-Program)*	Programa mental que determina que una persona tienda a moverse «hacia» o «lejos de» determinada experiencia.

Dirigir	*Leading*	*Ver* **Liderar**.
Diseño	*Design*	La estructura, el proceso y el contenido de una formación, establecidos para alcanzar los objetivos de dicha formación.
Disociado	*Dissociated*	Desvinculado de la experiencia. Visión o experiencia de una situación desde fuera del propio cuerpo. *Ver también* **Observador** y **Tercera Posición**. Por ejemplo: Verse a sí mismo en una pantalla de cine o flotando por encima de un acontecimiento. *Contrastar con* **Asociado**.
Disposición o psicogeografía	*Layout*	La manera en que se estructura el entorno de la comunicación; por ejemplo, colocar los asientos en hilera o en círculo. La colocación transmite un metamensaje acerca de la comunicación.
Distorsión	*Distortion*	Proceso por el cual algo es representado inadecuadamente y/o en forma limitadora.
Ecología	*Ecology*	De la ciencia de la biología. Del griego *oikos* (casa, hogar)+ *logos* (comprensión, conocimiento). Análisis de la globalidad de la persona u organización, como un sistema equilibrado e interactuante. Equilibrio dinámico de los elementos en cualquier sistema. Cuando un cambio es ecológico, se benefician de él en su totalidad la persona, la organización o la familia. Preocupación por el

conjunto de relaciones entre la persona, organización o familia y su entorno.

También puede designar la ecología interna, o el conjunto de relaciones entre la persona y sus pensamientos, estrategias, conductas, capacidades, valores y creencias.

Ejercicios	*Exercices*	Actividades estructuradas con un objetivo. Constituyen el núcleo de la formación por la experiencia. Los buenos ejercicios crean un contexto en el que resulta fácil aprender. Las etapas de un ejercicio son: diseño, organización, demostración, adiestramiento y tratamiento.
Eliminación	*Deletion*	Pérdida de parte de la experiencia al pensar o hablar.
En el tiempo	*In time*	Estar asociado al «ahora» de nuestra línea de tiempo.
Encuadrar, enmarcar	*Framing*	Dar instrucciones sobre cómo entender e interpretar el material que viene a continuación, a qué se debe prestar atención y qué no debe ser tenido en cuenta, para alcanzar los objetivos deseados. *Ver también* **Preencuadrar** y **Reencuadrar**.
Encuadre abierto	*Open frame*	Situación en la que se puede formular cualquier pregunta o comentario que interese sobre el material presentado.

Encuadre de control	*Control frame*	Límite impuesto al ámbito o a la duración de una actividad.
Encubierto	*Covert*	Sutil, fuera de la percepción consciente.
Enmarcar	*Framing*	Ver **Encuadrar**.
Entorno	*Environment*	El contexto o marco psicofísico en que se desarrolla una actividad, interacción o comunicación. Ver también **Disposición o psicogeografía**.
Epistemología	*Epistemology*	El estudio de cómo sabemos lo que sabemos.
Equivalencia compleja	*Complex equivalence*	Afirmaciones a las que se atribuye el mismo significado, por ejemplo: «No me está mirando, luego no escucha lo que estoy diciendo».
Equivalencias de criterio	*Criterial equivalents*	Las reglas de cumplimiento para que se cumplan los criterios. Lo que tiene que suceder para que los criterios sean satisfechos.
Equivalencias de valor	*Value equivalents*	Las reglas de cumplimiento para que se cumplan los valores. Lo que tiene que suceder para que los valores sean satisfechos.
Estado	*State*	La suma total de los procesos físicos y neurológicos de una persona en un momento dado. El estado en que nos encontramos influye en nuestras capacidades, así como en nuestra interpretación de la experiencia. Administrar el propio estado y el de

		los alumnos es, probablemente, la habilidad de formación más importante.
Estado de plenitud de recursos	*Resourceful state*	Experiencia total física y neurológica de una persona, cuando se siente con recursos. Combinación de pensamientos, sensaciones y fisiología, que convierte a una tarea en más agradable y fructífera.
Estado de recursos	*Resource state*	Típicamente una experiencia positiva, enfocada a la acción y llena de potencial en la vida de una persona, si bien toda experiencia puede constituir un estado de recursos.
Estado de ruptura	*Break State*	Abrupta interrupción del estado corriente. Utilizado normalmente para interrumpir los estados denominados negativos o sin salida.
Estado emocional	*Emotional state*	Llamado también simplemente «estado» o «estado interno». Un complejo formado por todos nuestros pensamientos y sensaciones, que percibimos normalmente como emoción dominante.
Estilos de aprendizaje	*Learning styles*	Las distintas maneras preferidas de aprender. Existen muchos modelos diferentes, tales como distintos sentidos, metaprogramas o secuencias concepto-estructura-aplicación. Una habilidad clave en formación consiste en emplear todos los

		estilos, en lugar de enseñar según el propio estilo preferido e inconsciente. Por otra parte, el grupo puede tener una preferencia común.
Estrategia	*Strategy*	Secuencia de representaciones internas (imágenes, sonidos, palabras y sensaciones) que conducen a un objetivo.
Secuencia de pensamientos y conductas, empleada para la obtención de determinado objetivo o resultado.
Programa mental predispuesto, diseñado para producir un resultado específico. Ejemplo: Responder Cómodamente ante la Crítica.
Estrategia de recuperación	*Recovering strategy*	Técnica para volver a sentirnos en plenitud de recursos y generar nuevas opciones, cuando nos encontramos atascados o presionados.
Estrategias de aprendizaje	*Learning strategies*	Secuencias de imágenes, sonidos y sensaciones que conducen al aprendizaje. En formación, es aconsejable proporcionar una combinación de vista, oído y acción, para atender así a todas las estrategias.
Estrategias generadoras de nuevo comportamiento	*New behaviour generator strategies*	Proceso mediante el cual la persona revisa una situación en la que no se comporta como desearía, añadiendo a continuación nuevos recursos a dicha situación. Para ello puede (1) elegir un recurso al

que ya haya tenido acceso en el pasado; (2) fingir que tiene el recurso (ver **Marco «Como si»**) y (3) elegir a otra persona que disponga del recurso, para utilizarla como modelo.

Estructura profunda	*Deep structure*	Forma lingüística completa de una afirmación, de la que se deriva la estructura superficial.
Estructura superficial	*Surface structure*	Término lingüístico para la comunicación oral o escrita, que se deriva de la estructura profunda mediante la eliminación, distorsión y generalización. La parte «visible» de la comunicación.
Exteriorización	*Uptime*	Estado en el que la atención y los sentimientos están volcados hacia afuera.
Facilitador	*Facilitator*	La persona que facilita determinado proceso. En la visión de vanguardia de la educación, se considera al educador como un *facilitador del aprendizaje*, más que como un mero transmisor de conocimientos. *Ver* **Habilidad de adiestramiento**.
Filtros	*Filters*	*Ver* **Filtros perceptivos**.
Filtros perceptivos	*Perceptual filters*	Ideas, experiencias, creencias y lenguaje exclusivos, que conforman nuestro modelo del mundo. El mundo siempre es más rico que nuestra experiencia de él.

		Nuestros filtros perceptivos determinan qué percibimos y qué suprimimos. Por ejemplo, no podemos percibir la luz infrarroja ni los ultrasonidos, a pesar de que sean parte integrante del mundo que nos rodea.
Fisiología	*Physiology*	Parte física de la manifestación. Para saber cómo interpretan los demás lo que está ocurriendo, es indispensable aprender a calibrar e interpretar los cambios sutiles en su fisiología.
Fisiológico	*Physiological*	Relativo a la parte física de la persona.
Flexibilidad	*Flexibility*	Disposición de elección de comportamiento en determinada situación. Requiere un mínimo de tres alternativas posibles. Con una sola posibilidad eres un robot, con dos, un dilema.
Flexibilidad de comportamien-to	*Behavioral Flexibility*	La capacidad de modificar las propias acciones para provocar determinada reacción en otra persona.
Formación por la experiencia	*Experiential training*	Creación de aprendizaje por medio de la experiencia directa. La mejor manera de aprender habilidades es por medio de la acción, puesto que ésta implica tanto a la mente consciente como a la inconsciente. El conocimiento cognitivo implica tan sólo a la mente consciente y a la memoria. A este respecto Platón dijo lo siguiente:

> «*El aprendizaje forzado no permanece en la mente. Dejad pues que el aprendizaje de vuestros hijos adquiera la forma de juego. Ello os permitirá además desvelar sus predisposiciones naturales.*»

Fragmentar	*Chunking down*	Cambiar de percepción desplazándose arriba y abajo de los niveles. División de temas u objetivos en porciones que estemos en condiciones de asumir y cuya consecución podamos comprobar. Fragmentación en etapas realizables y reconocibles del camino que nos conduce al objetivo.
Futuro condicional	*Conditional close*	«**Si** sucediera tal cosa, ¿harías **entonces** tal otra…?» Lleva un poco más allá el marco «como si». Se emplea para comprobar el grado de compromiso, así como para estudiar soluciones, más que problemas.
Generador de nuevo comportamiento	*New behaviour generator*	Sencilla y eficaz técnica para ensayar mentalmente nuevas habilidades y conductas, o para introducir cambios en el comportamiento existente.
Generalización	*Generalization*	Proceso mediante el cual una experiencia específica es utilizada para representar toda una clase de experiencias.
Gustativa	*Gustatory*	**Modalidad Sensorial** del gusto.
Habilidad	*Skill*	Acción o pensamiento consistente y

eficaz, que logra el objetivo y es respaldada/o por creencias capacitadoras.

Habilidad de adiestramiento	*Coaching skill*	Saber cuándo y cómo intervenir en un proceso, para posibilitar el aprendizaje. A menudo consiste en utilizar preguntas para desviar la atención de una persona, de tal manera que el cambio de comportamiento deseado se produzca espontáneamente. En este sentido, en la visión de vanguardia de la educación se considera al educador como un *facilitador* del aprendizaje, más que como un mero transmisor de conocimientos.
Identidad	*Identity*	La propia imagen o la idea de sí mismo. Lo que uno cree ser. La totalidad de lo que uno es. Constituye uno de los niveles lógicos.
Igualación cruzada	*Cross over matching*	Corresponder al lenguaje corporal de otra persona con movimientos de otro tipo, por ejemplo, marcar con el pie el ritmo de su lenguaje.
Igualación, emparejamiento, correspondencia	*Matching*	Adoptar parte del comportamiento de otra persona, con la intención de establecer sintonía con ella o de incrementarla. Igualar no equivale a imitar, que sería copiar consciente y exactamente el comportamiento de la otra persona
Incompetencia consciente	*Conscious incompetence*	La primera etapa del ciclo de aprendizaje, en la que no tenemos

		consciencia alguna de determinada habilidad.
Incongruencia	*Incongruence*	Estado en el que objetivos, pensamientos y comportamientos están en conflicto entre sí. Ejemplo: Cuando una persona dice algo y hace lo contrario. El conflicto interno se refleja en el comportamiento de la persona. La incongruencia puede ser secuencial (una acción seguida de otra que la contradice) o simultánea (una afirmación positiva expresada en un tono de voz dudoso o negativo). Puede producirse tanto a nivel individual, como de la organización.
Inconsciente	*Unconscious*	Cualquier cosa de la que no somos conscientes en el momento presente.
Inducción	*Induction*	Evocar un estado mediante la propia conducta. La habilidad de conseguir que otra persona adopte determinado comportamiento. Ello puede hacerse verbalmente o no, de modo encubierto o descubierto.
Influencia	*Influence*	Afectar a otros mediante lo que decimos, nuestra presencia y nuestro lenguaje corporal. Es imposible no influir. La influencia es universal y puede ser espontánea o premeditada. Constituye el propósito de cualquier encuentro o reunión.

Información útil	*Feedback Negative*	*Ver* **Realimentación**.
Instrucción negativa	*Command*	Decir a alguien lo que no debe hacer, lo que le conduce a pensar en ello. Ejemplos: "No te preocupes», «No te relajes del todo hasta que no estés cómodamente sentado», «No pienses en lo que te estoy diciendo».
Integración de polaridades	*Visual squash*	Proceso de negociación entre dos «partes» internas o polaridades, consistente en identificar la **Intención positiva** de cada una de ellas y **Negociar** un acuerdo entre las dos, que resulte en una integración.
Integridad	*Integrity*	Congruencia y sinceridad. Para alcanzar un elevado nivel de habilidad de formación y/o liderazgo, son imprescindibles la integridad personal y la ética en las acciones. Sin ellas, las habilidades de PNL darán unos resultados desagradablemente distintos de los esperados.
Intención	*Intention*	Propósito, resultado esperado de determinada acción. El deseo u objetivo subyacente en un comportamiento, presumiblemente positivo.
Intención positiva	*Positive intention*	El propósito que subyace en cualquier comportamiento; aquello que dicho comportamiento consigue para la persona que lo muestra y que es importante para ella. Descubrir la intención positiva proporciona la clave para responder eficazmente.

Interiorización	*Downtime*	En un estado de trance ligero, centrar la atención en el interior, en los propios pensamientos y sentimientos. «Cortar» temporalmente con el mundo exterior.
Interrupción de pauta	*Pattern interruption*	Cualquier intervención encaminada a detener el comportamiento presente, de forma que podamos encaminarnos hacia otro punto más útil.
Intervención	*Intervention*	Interrumpir una interacción para cambiar de objetivo. Para que una intervención sea eficaz es necesario saber cuándo hacerla (agudeza sensorial) y cómo hacerla (flexibilidad de comportamiento). El propósito que hay que mantener en mente es la obtención de la máxima ganancia con la mínima intervención.
Lenguaje	*Language*	Canal de comunicación que, a pesar de no representar más que el 7 por ciento del volumen de ésta, tiene una importancia crítica. En una presentación, el lenguaje se compone de declaraciones y/o preguntas, que pueden ser muy específicas (metamodelo) o ingeniosamente vagas (*ver* **Modelo de Milton**).
Lenguaje corporal	*Body language*	El modo en que empleamos nuestro cuerpo —consciente o inconscientemente— para comunicarnos. Incluye nuestra vestimenta, nuestro peinado, nuestra postura y nuestros gestos.

Constituye el principal canal de comunicación (55 por ciento). Es fundamental que, en toda interacción, utilicemos conscientemente nuestro lenguaje corporal y sepamos interpretar el de los demás.

Lenguaje digital	*Digital language*	Lenguaje carente de predicados sensoriales, muy utilizado en documentos académicos, legales y corporativos.
Liderar	*Leading*	Disponer de suficiente sintonía mediante el acompañamiento, como para cambiar el propio comportamiento e inspirar a otros a seguirnos. Cambiar lo que uno hace con la suficiente sintonía para ser seguido por la otra persona o el grupo.
Liderazgo	*Leadership*	El acto de liderar. A nivel individual, la capacidad para inspirar y motivar a otros mediante sus propios valores, para crear con ellos una comunidad a la que deseen pertenecer. A nivel organizacional, la capacidad de transformar una visión en acción, a través de uno mismo y de otros.
Línea de tiempo	*Timeline*	Secuencia en la que almacenamos escenas, sonidos y sentimientos de nuestro pasado, presente y futuro. La disposición inconsciente de los recuerdos pasados y las expectativas futuras de una persona. Típicamente vista como una hilera o «línea» de imágenes.

El sujeto puede estar situado «en el tiempo», si se encuentra en el «ahora» y su línea de tiempo pasa a través de él; o «a través del tiempo», cuando experimenta el «ahora» y su línea de tiempo como externos a él.

Manipular	*Manipulating*	Intento de producir un resultado que la otra persona perciba como a costa suya, tanto durante como después de la interacción.
Mapa de la realidad	*Map of reality*	Representación única del mundo, que se construye cada persona a partir de sus propias percepciones y experiencias.
Marcado análogo	*Analogue marking*	Utilización de tono de voz, lenguaje corporal, gestos, etc., para subrayar alguna pieza clave de la comunicación.
Marcado espacial	*Spatial marking*	Uso coherente de distintas zonas del espacio para distintas acciones, con la finalidad de asociar ubicación con acción. *Ver* **Coreografía** y **Disposición** o **psicogeografía**. *Ver también* **Metaespejo**.
Marcado tonal	*Tonal marking*	Uso de la voz para *destacar* ciertas palabras como significativas.
Marco «Como si»	*«As If» Frame*	Pensar desde la suposición de que determinado acontecimiento ocurriera realmente, estimulando así la solución creativa a los posibles problemas y dirigiéndose mentalmente más allá de los obstáculos aparentes, hacia las metas deseadas.

Método para generar recursos, que consiste en «fingir» o comportarse «como si» algo fuera cierto.

Mensaje   *Message*   Elemento básico de comunicación. Los mensajes pueden ser verbales (tanto hablados como escritos) y no verbales (desde claves visuales hasta tonos de voz y gestos).

Al considerar el «mensaje» como elemento de comunicación, se impone una primera distinción entre mensaje «deseado» o intentado y mensaje realmente «recibido». Un aforismo de PNL reza, «el significado de tu comunicación está en la respuesta que obtienes, sea lo que fuere lo que intentaste comunicar», o como decía el gran psicólogo humanista Carl Rogers, «Si B no entendió, A no comunicó». En otras palabras, el «significado» de un mensaje es para el receptor lo que realmente «recibe» del mismo, con independencia de la intención del «emisor».

Una de las habilidades de comunicación más importantes consiste en asegurarse de que el mensaje intentado se corresponde realmente con el recibido. Esencialmente, la comunicación eficaz es un bucle de realimentación entre «emisor(es)» y «receptor(es)», cuya intención consiste en optimizar la congruencia entre los mensajes deseados y los recibidos.

Mensaje deseado o intentado	*Intended message*	El contenido que intenta comunicar quien emite el mensaje.
Mensaje recibido	*Received message*	El contenido que llega a percibir el receptor del mensaje.
Mente consciente	*Conscious mind*	La parte de la mente que está en la percepción del momento presente. Sólo puede prestar atención a unas cuantas variables al mismo tiempo y no puede ver ni a largo plazo ni las consecuencias profundas.
Mente inconsciente	*Unconscious mind*	Consta de todo lo que hacemos con nuestra realidad interior, sin percibirlo en el momento presente.
Meta	*Meta*	Lo que existe en un nivel distinto al de otra cosa. Del griego *meta*, más allá de, además de, después de.
Metacognición o metaconocimiento	*Metacognition*	Tener el conocimiento necesario de determinada habilidad no sólo para hacerla bien, sino para poder explicar a otros cómo la hacemos bien. Implica un punto de vista desapegado de las propias habilidades.
Metacomentario	*Metacomment*	Un comentario sobre un proceso que está ocurriendo; por ejemplo, «Usted está leyendo esta explicación». En formación es conveniente marcar espacialmente los metacomentarios (*ver* **Marcado espacial**).
Metaespejo	*Metamirror*	Técnica desarrollada en 1987 por Robert Dilts, consistente en desplazarse uno mismo (o

acompañar a la persona a la que se trata de ayudar) por las 4 posiciones perceptivas, recabando información y recursos de cada una de ellas.

Metáfora   *Metaphor*   Un relato o figura de expresión, que implica una comparación.
Comunicación indirecta mediante un relato o una figura, que impliquen una comparación.
En PNL, la metáfora incluye símiles, parábolas y alegorías.

Metamensaje   *Metamessage*   Los metamensajes son mensajes sobre otros mensajes. El contenido de un mensaje viene generalmente acompañado por «metamensajes» de nivel superior (frecuentemente no verbales), que enfatizan el mensaje principal o proporcionan pistas sobre cómo debe ser interpretado. En muchos casos, el «contenido» se relaciona con el aspecto puramente verbal de la comunicación, mientras que los metamensajes lo hacen con la parte no verbal de la misma.
Nuestro comportamiento está transmitiendo constantemente metamensajes, tanto sobre nosotros mismos como sobre nuestros mensajes.

Metamodelo   *Metamodel*   Conjunto de pautas de lenguaje y preguntas de PNL, que vincula el lenguaje con la experiencia sensorial. Desarrollado por Richard Bandler y John Grinder en 1975 y expuesto en su libro *The Structure of Magic*.
Diecisiete distinciones de lenguaje,

que se utilizan para recopilar información sumamente específica basada en la **percepción sensorial**.

Conjunto de particularidades y cuestiones lingüísticas que denotan, a partir del lenguaje, el **modelo del mundo** de una persona.

Modelo que identifica pautas o patrones de lenguaje, que obscurecen el sentido de una comunicación a través de los procesos de **distorsión**, **eliminación** y **generalización**, así como cuestiones específicas para clarificar e impugnar el lenguaje impreciso, a fin de volverlo a conectar con la **experiencia sensata** y la **estructura profunda**.

Metaposición   *Meta-Position*   La tercera posición perceptiva, la del observador neutral y desapegado.

Metaprograma   *Metaprogram*   Programa mental habitual que opera a través de múltiples contextos distintos de la vida de una persona.

Conjunto de filtros habituales, sistemáticos y típicamente inconscientes, que condicionan nuestras experiencias. Por ejemplo, tratar con los detalles más fácilmente que con el conjunto, es decir, tener mayor facilidad para fragmentar hacia abajo que hacia arriba.

La obtención y el conocimiento del Metaprograma de una persona facilita enormemente la comunicación y la inducción.

Metarresultado   *Meta-Outcome*   El máximo valor conseguido por determinado comportamiento (el valor por encima de todo valor).

Misión	*Mission*	El sentido de propósito que te atrae hacia el futuro. Unifica tus creencias, tus valores, tus acciones y tu sentido de quién eres. Es una tela tejida con las distintas hebras de tus intereses, deseos y objetivos. En ocasiones es grande, global e incluso grandiosa, pero antes que nada, toda misión es divertida. Cuando vives tu misión, tiendes a comportarte como Steven Spielberg, quien dice, «Me levanto tan entusiasmado, que no puedo ni desayunar». Como dijera Henry David Thoreau, «Si uno avanza con seguridad en la dirección de sus sueños... se encontrará con el éxito insospechado en el momento menos esperado».
Modalidades sensoriales	*Sensory Modalities*	Los cinco sentidos a través de los cuales absorbemos las experiencias vista, oído, olfato, gusto y tacto. *Ver* **Sistemas de representación**.
Modelado, emulación o imitación consciente	*Modelling*	Proceso de PNL para el estudio de la secuencia de ideas y conductas que le permiten a alguien realizar excelentemente determinada tarea. Constituye la base de la PNL y del aprendizaje acelerado.
Modelo	*Model*	Descripción de las características esenciales de una experiencia o capacidad. Copia generalizada, eliminada o distorsionada.
Modelo de Milton	*Milton Model*	Lo contrario del Metamodelo. Utiliza ingeniosamente patrones lingüísticos vagos para que cada persona capte, según su propia

		experiencia, el significado preciso más útil para ella.
Modelo del mundo	*Model of the world*	La forma en que vemos, oímos y sentimos el mundo. Una combinación de creencias, valores, estados emocionales y sistemas de representación. Lo que nos permite conferir significado a nuestras experiencias. Suma total de los principios personales de operación de una persona. La descripción del mapa mental de la experiencia de una persona. *Ver* **Mapa de la realidad.**
Negociación	*Negociation*	La habilidad para intercambiar diferencias y llegar a un acuerdo en que ambas partes salgan ganando.
Nivel lógico	*Logical level*	Algo estará en un nivel lógico más alto, cuando incluya a algo que esté en un nivel lógico más bajo.
Niveles lógicos	*Logical levels*	Los cinco niveles de percepción útiles para el individuo o la organización. Estos niveles son: Entorno, comportamiento, capacidad, creencias e identidad.
Niveles neurológicos	*Neurological levels*	Conocidos también como los diferentes niveles lógicos de la experiencia: entorno, conducta, capacidad, creencias, identidad y lo espiritual.
Nominalización	*Nominalization*	Término lingüístico que denota el proceso de convertir un verbo en un substantivo abstracto, así como

a la palabra del substantivo así formado, por ejemplo, dirección, motivación y educación.

Nuevo código — *New code* — Descripción de la PNL proveniente de la obra de John Grinder y Judith DeLozier en su libro *Turtles All the Way Down*.

Objetivo — *Goal* — Resultado final, que presenta una evidencia definida de éxito, basada en la percepción sensorial.

Resultado específico deseado, fundamentado en los sentidos y que reúne los siguientes criterios para estar <u>bien formado</u>:

El objetivo es positivo, es lo que hay que hacer y no lo que hay que evitar.

Quieres hacerlo, es un «quiero» y no un «debería».

Lo haces tú, no otra persona.

Puedes hacerlo, no es imposible.

El objetivo es específico, no general.

El objetivo es ecológico, puedes prever sus efectos y asegurarte de que sean positivos para todos los afectados por su consecución.

Obtención — *Elicitation* — Técnica de PNL para conseguir información, ya sea mediante la observación directa de indicadores no verbales, o por medio preguntas según el Metamodelo.

Olfativa/o — *Olfactory* — Relativa/o a la **Modalidad Sensorial** del olfato.

Operador modal de necesidad — *Modal operator of necessity* — Término lingüístico para reglas (debe, hay que, etc.)

Operador modal de posibilidad	*Modal operator of possibility*	Término lingüístico para palabras que denotan lo que se considera posible (puede, tal vez, etc.)
Órdenes incrustadas	*Embedded commands*	Destacar ciertas frases que podrían considerarse por sí solas como órdenes, cambiando el tono de voz o el lenguaje corporal, de manera que los destinatarios no lo capten conscientemente, sino tan sólo inconscientemente.
Partes	*Parts*	Complejos de comportamientos o estrategias. Por ejemplo: «Una parte de mí quiere adelgazar.» Subpersonalidades con intenciones a veces conflictivas. Término que describe el sentimiento de que dentro de uno mismo conviven distintos comportamientos, objetivos e intenciones, organizados alrededor de valores específicos tales como seguridad, creatividad, «ir a por ello», etc. Ejemplo: «Una parte de mí anhela seguridad, mientras que otra simplemente quiere ir a por ello».
Patrón de cita	*Quotes pattern*	Patrón lingüístico mediante el que expresamos nuestro mensaje como si procediera de otra persona.
Patrón de substitución	*Swish Pattern*	Técnica generativa de submodalidades, en la que la clave de la dificultad se transforma en el desencadenante de su superación. Muy útil para modificar hábitos y respuestas emocionales.

Pensamiento sistémico	*Systemic thinking*	Pensar en términos de influencia mutua, relaciones y causa-efecto, separados en el tiempo y en el espacio. Percibir las interrelaciones entre experiencias o acontecimientos aparentemente inconexos. Capacidad para tratar con complejos de acontecimientos, en lugar de hacerlo con acciones individuales de forma lineal.
Pistas de acceso	*Accessing cues*	Ver **Claves de acceso.**
Posición perceptiva	*Perceptual position*	El punto de vista del que somos conscientes en todo momento. Puede ser el nuestro (1ª posición), el del otro (2ª posición), el de un observador objetivo y neutral (3ª posición), o el de todo el sistema o globalidad (4ª posición).
Postulado de conversación	*Conversational postulate*	Forma hipnótica de lenguaje. Una pregunta que se interpreta como una orden.
Predicados	*Predicates*	Palabras basadas en los sentidos, que indican qué sistema representacional está siendo conscientemente empleado. Por ejemplo: «Tal como yo lo veo», «Le pedí que me escuchara», «Notaron que no estaban en contacto».
Preencuadrar	*Outframing*	Establecer previamente un encuadre que excluye posibles objeciones.
Presuposiciones	*Presuppositions*	Ideas o afirmaciones que hay que dar por supuestas para que una interacción tenga sentido.

Las presuposiciones básicas en PNL
son las siguientes:

El mapa no es el territorio.

Toda experiencia tiene una estructura.

Si una persona puede hacer algo,
cualquier otra puede aprender a
hacerlo.

Mente y cuerpo son partes del mismo
sistema.

Las personas están dotadas de todos
los recursos que necesitan.

No puedes NO comunicarte.

El significado de tu comunicación es
la respuesta que obtienes.

Bajo todo comportamiento subyace
una intención positiva.

Las personas toman siempre la mejor
opción disponible.

Si lo que haces no funciona, haz otra
cosa. Haz cualquier otra cosa.

Primera posición	*First Position*	Visión o experiencia del mundo a través de los propios ojos y del propio cuerpo. Una de las tres principales posiciones perceptivas. *Ver* **Asociado** y **Posición perceptiva**.
Proceso	*Process*	El cómo de una acción o de una situación.
Programación futura	*Future Pacing*	Representarse mentalmente un objetivo, para asegurar que tendrá lugar la conducta deseada. Ensayar mentalmente nuevos conocimientos, habilidades o actitudes, para un futuro imaginario en el que serán necesarios. Una vez el cerebro ha ensayado un proceso de esta manera, el comportamiento se

hallará automáticamente
disponible, cada vez que se presente
este contexto futuro.

Proceso que tiene como objetivo
conectar estados de recursos con
claves específicas o anclas, de modo
que tales recursos emerjan de forma
automática en presencia de dichas
claves. *Ver también* **Anclado** y
Estados de Recursos.

Programación Neurolingüística (PNL)	*Neuro-Linguistic Programming (NLP)*	Proceso de creación de modelos de excelencia humana, en el que la utilidad y no la autenticidad es el criterio más importante para el éxito. Estudio de la estructura de la experiencia subjetiva.
Prueba de relevancia o de pertinencia	*Relevancy challenge*	Cuestionar de qué manera una afirmación o un comportamiento específicos contribuyen a alcanzar determinado objetivo, aceptado por todos.
Pseudo orientación en el tiempo	*Pseudo-orientation in time*	Reorientar a una persona en el pasado o en el futuro. *Ver* **Línea del tiempo**.
Psicogeografía	*Psychogeography*	*Ver* **Disposición**.
Realimentación o retroalimentación	*Feedback*	Información visual, auditiva y cinestésica que vuelve a nosotros como respuesta a nuestro comportamiento. La **Realimentación Positiva** anima a continuar con los mismos comportamientos, mientras que la **Realimentación Negativa** indica diferencia y anima al cambio de comportamientos.

Recapitulación	*Baktracking*	Confirmar los puntos clave del discurso de otra persona, empleando principalmente para ello sus propias palabras y expresiones. Habilidad muy útil para resumir, mantener la sintonía y consolidar el compromiso. Un resumen muy preciso, utilizando las mismas palabras clave y el mismo tono de voz que se utilizaron originalmente. Evita que se distorsionen las ideas originales y es útil para repasar las puntos clave.
Recursos	*Resources*	Cualquier medio que podamos utilizar para alcanzar un objetivo: fisiología, estados, pensamientos, estrategias, experiencias, los demás, acontecimientos y posesiones.
Reencuadre	*Reframing*	Cambiar el marco o el significado de referencia de un acontecimiento. En PNL, un proceso de redefinición en el que se valida el beneficio secundario que corresponde a la intención de un comportamiento determinado. Dicho proceso cambia la perspectiva de la persona, proporcionando nuevas opciones.
Reencuadre del contenido	*Content reframing*	Tomar una afirmación y darle otro sentido, dirigiendo la atención a otra parte de su contenido mediante la pregunta: «¿Qué otra cosa podría significar esto?»
Reencuadre del contexto	*Context reframing*	Cambiar el contexto de una afirmación para darle otro sentido, preguntando: «¿Dónde quedaría bien esta afirmación?»

Reflejar	*Mirroring*	Colocarse en la posición de otra persona para sintonizar con ella. Proceso espontáneo de comunicación.
Reflejo cruzado	*Cross over mirroring*	Corresponder al lenguaje corporal de otra persona con movimientos de otro tipo, por ejemplo, marcar con el pie el ritmo de su lenguaje.
Relación	*Rapport*	Ver **Sintonía**.
Representación	*Representation*	Codificación o almacenamiento en la mente de la información basada en los sentidos.
Representaciones internas	*Internal representations*	Todos nuestros pensamientos y sensaciones. Patrones de información que creamos y almacenamos en nuestra mente, combinados con imágenes, sonidos, sabores, olores y sensaciones.
Resistencia	*Resistance*	Cualquier obstáculo para la comprensión o la acción. Toda resistencia existe únicamente en virtud de un empuje continuado en la dirección contraria.
Resultado	*Outcome*	Un objetivo, deseo o sueño, que cumple las Condiciones de Buena Formación del logro de objetivos. Ver también **Objetivo**. La consecuencia lógica del proceso de obtención de un objetivo.
Saltar	*Overlap*	Ver **Dar un salto**.
Seguimiento	*Pacing*	Ver **Acompañamiento**.

eguir la pista	*Tracking*	Prestar atención a determinados aspectos de la interacción. Puede hacerse de modo consciente o, con la práctica, inconsciente.
eguir múltiples istas	*Multitracking*	La capacidad para atender a muchas variables a la vez. Por ejemplo, ante una pregunta, evaluar qué es lo que realmente quiere el que la formula, el tiempo disponible para responderla, los niveles de interés de la misma para el resto del grupo, y lo que éste obtendría de cada respuesta posible. Todo ello... ¡antes de abrir la boca!
egunda osición	*Second Position*	Ver o experimentar un acontecimiento desde la perspectiva y la experiencia de la persona con la que estamos interactuando. Una de las cuatro principales posiciones perceptivas. *Ver* **Posición perceptiva**.
ignos / Seña- s de acceso / xploración	*Accessing cues*	*Ver* **Claves de acceso**.
inestesia	*Synesthesia*	Enlace automático entre un sentido y otro.
intonía	*Rapport*	El estado correspondiente a encontrarse en la misma «longitud de onda» que otra persona, a estar «sintonizado» con ella. La sintonía se presenta cuando se refleja o se comparte el comportamiento de otra persona en una diversidad de niveles, igualando sus palabras, su lenguaje corporal, su tono de voz y

		acompañando sus valores y creencias. Constituye la base de la influencia.
Sintonizar	*Rapport stablishing*	Proceso natural de emular y alinearse con otra persona. Capacidad para generar respuestas de otra persona.
Sistema director	*Lead system*	Sistema representacional que está recabando información para traspasarla a la consciencia.
Sistema representacional preferido	*Preferred Representational System*	La **Modalidad Sensorial** más desarrollada y utilizada por una persona, para pensar conscientemente y organizar su experiencia.
Sistemas de representación	*Representation al systems*	Sentidos internos, la forma en que pensamos. En PNL existen cinco sistemas de representación principales: Visual (vista), Auditiva (oído), Cinestésica (sensaciones corporales), Olfativa (olfato) y Gustativa (gusto). Se denominan de representación, por ser las formas en que el cerebro humano representa los recuerdos e ideas.
Sistémico	*Systemic*	Relativo a los sistemas, que contempla las relaciones y las consecuencias en el tiempo y en el espacio, antes que la relación lineal de causa y efecto.
Suavizadores	*Softeners*	Patrones lingüísticos destinados a amortiguar el impacto de una afirmación o de una pregunta directa, utilizando un tono de voz suave o una introducción como:

		«¿Podría Vd. decirme X?», en lugar de «Dígame X».
Subconsciente	*Unconscious*	Ver **Inconsciente**..
Submodalida-des	*Submodalities*	Distinciones y matices, dentro de cada sistema representativo. Cualidades de nuestras representaciones internas. Las unidades estructurales más pequeñas de nuestros pensamientos. Los componentes que forman una modalidad sensorial. Ejemplo: En la modalidad visual, las **Submodalidades** incluirán movimiento, color, brillo, enfoque, dimensión, etc.
Submodalida-des críticas	*Critical Submodalities*	Aquellas que, al ser modificadas, provocarán automáticamente cambios en las restantes submodalidades. *Ver* **Patrón de Substitución**.
Substantivos inespecificados	*Unespecified nouns*	Substantivos que no especifican a qué o a quién se refieren.
Tamaño de la porción	*Chunk Size*	Cantidad de información o nivel de especificidad considerado en cada momento. Las personas orientadas al detalle utilizan «pequeñas porciones». Aquellas que en cambio piensan en términos generales, lo hacen mediante «grandes porciones», ven la gran panorámica. George Miller estableció que los seres humanos estaban capacitados para manejar simultáneamente 7 ± 2 fragmentos de información; de ahí la extensión de los números de teléfono.

Tercera Posición	*Third Position*	Ver o experimentar un acontecimiento como un observador externo al mismo. *Ver* **Posición perceptiva**.
Trance	*Trance*	Estado alterado, con un foco de atención dirigido al interior, mediante pocos estímulos.
Tratamiento de los ejercicios	*Exercices processing*	Sesión de comentarios y preguntas después de realizar un ejercicio, con el fin de poner de relieve los distintos aspectos del aprendizaje.
Triple descripción	*Triple description*	Proceso por el que percibimos la experiencia a través de las posiciones 1ª, 2ª y 3ª. Considerar una experiencia desde las tres posiciones perceptivas básicas: **Primera**, **Segunda** y finalmente **Tercera Posición**.
Utilización	*Utilisation*	La habilidad de aprovechar cualquier comportamiento o incidencia, para favorecer los objetivos de la formación.
Valores	*Values*	Lo que es importante para nosotros. Lo que impulsa nuestros actos. *Ver* **Criterios**. Los estados o experiencias que nos importan. Constituyen uno de los *niveles lógicos*. Se averiguan preguntando: «¿Qué es importante para ti?»
Valores equivalentes	*Value equivalents*	Las reglas de cumplimiento para que se cumplan los valores. Lo que tiene que suceder para que los valores sean satisfechos.

ariedad equerida	*Requisite Variety*	Capacidad de flexibilidad de pensamiento y conducta. La teoría de sistemas postula que el elemento de un sistema dotado de la mayor flexibilidad de comportamiento, será el elemento que controle el sistema.
erbos aespecificados	*Unespecified verbs*	Verbos cuyo adverbio ha sido eliminado y que no especifican cómo se realizó la acción. El proceso no queda especificado.
incular	*Linking*	Explicitar las conexiones entre las distintas partes de la comunicación al pasar de una a la siguiente, con el fin de dotar de continuidad a la misma.
isión	*Vission*	La proyección mental del camino futuro que te conduce al cumplimiento de la **Misión**, así como de los **Resultados** producidos por ella. La película mental de cómo alcanzarás tu **Misión**. *Ver también* **Estrategia**, **Generador de nuevo comportamiento** y **Programación futura**.
isión de la rea- lad	*Map of reality*	Ver **Mapa de la realidad** y **Modelo del mundo**.
sión del mun-)		
sual	*Visual*	Relativo a la **Modalidad Sensorial** de la vista.
sualización	*Visualization*	Proceso de ver imágenes en nuestra mente.